中公新書 1754

一坂太郎著

幕末歴史散歩 東京篇

中央公論新社刊

はじめに

東京人、というよりも江戸っ子の信条のひとつに、
「箱根から西の人間は信用できねえ」
というのがある。それはどうも、幕末から明治維新の歴史に起因するところが大らしい。江戸はいまから四百年前、徳川家康が幕府を開いて以来、日本の中心地だった。そこへ西日本の薩摩・長州を中心とする田舎侍たちが暴れ込んできて、威張り散らしたというのが、江戸っ子たちの維新観なのだ。

「官軍」として江戸入りした新政府軍兵士の権威の象徴である錦《きん》ぎれ（肩章）を奪い取り、歓声を挙げる彰義隊《しょうぎたい》士を描いた錦絵がある。あるいは新政府軍が江戸に乗り込んでくるさい、魚河岸の若者たちが魚包丁・竹槍・鳶口《とびぐち》等で武装し、迎え撃つつもりだったという話も残る。

都内の霊園や寺院にいまなお覇を競うように並ぶ、「維新の元勲《げんくん》」たちの巨大な墓碑を見るたび、江戸っ子にとって面白くなかったのは、なんとなく理解できる。特に文京区の護国寺などは、五代将軍徳川綱吉《つなよし》の生母の発願で創建された徳川ゆかりの寺なのに、墓地には山県有朋《やまがたありとも》・山田顕義《あきよし》・三条実美《さねとみ》・大隈重信《おおくましげのぶ》・田中光顕《みつあき》・清岡公張《きよおかたかとも》等々といった、討幕運動の大物たちの墓碑がずらりと並び、いささか残酷な気がしないわけではない。

上野公園の西郷隆盛《たかもり》銅像（明治三十一年建立）が、滅びゆく幕府に殉じた彰義隊士の墓所に尻を向けているのも気にかかる。西郷は彰義隊討伐の中心人物なのだ。もう少し敗者に対する配慮があっても、よかったのではないかとも思う。やっぱり江戸っ子は面白くなかっただろう。それとも、あまりにもユニークな高村光雲作の西郷銅像に度肝を抜かれ、怒ることを忘れてしまったのかもしれない。

江戸が生んだ「最大のヒーロー」であるはずの幕臣勝海舟《かいしゅう》や榎本武揚《えのもとたけあき》が、いまひとつ地元人気に乏しいのは、明治になって新政府に入り高官の椅子を占めたからではないか。榎本銅像は墨田区向島《むこうじま》で「知る人ぞ知る」といった感じで、ひっそりと埋もれているし、海舟銅像にいたっては平成十五年になって墨田区役所隣にやっとお目見えした。

いずれにせよ、江戸を襲った天地がひっくり返るほどの変革の嵐が、いまなお複雑な感情を残していることは確かなようだ。日々激しく変動する大都会における暮らしの中では、考える機会もなかなかないのだが、ふとしたきっかけで見え隠れする江戸っ子たちの思いは面白いと思う。

東京を巨大な「幕末テーマパーク」と考える私が、そこに生きた人物や勃発《ぼっぱつ》した政治事件を、いまに残る痕跡《こんせき》を飛び石のように配しながらたどってみたのが本書である。歴史散歩を楽しみながら、我々の先祖が経験した百数十年前の激動を考える一助になれば幸いである。

なお、元号は、原則としてその年の途中で改元されたとしても一月から改めた。たとえば慶応四年（一八六八）は九月八日から明治元年となるのだが、本文中では一月一日から明治を用いている。また、所在地や地名についても、「現在の」と断らなければならない場合も煩雑になるため多くは省略した。

幕末歴史散歩　東京篇　目次

第三章　内戦の炎

桜田門外の変　「桜田烈士」その後　ヒュースケン暗殺事件
東禅寺イギリス公使館襲撃事件　和宮と縁切榎　和宮像と墓
坂下門外の変　勅使東下と伝奏屋敷　松陰改葬と松陰神社創建
海舟と龍馬　高杉晋作と梅屋敷事件　御殿山イギリス公使館焼き打ち
浪士組募集　近藤勇のふるさと　土方歳三のふるさと
清河八郎暗殺事件　長州藩邸没収　「義士」の墓　幕府軍戦死者の葬儀
幕府軍の戦死者たち　靖国神社に祭られた浜田藩戦死者　品川宿の打ち毀し
御用盗の江戸攪乱　薩摩藩三田屋敷焼き打ち事件
焼き打ち事件の犠牲者たち　殿木春次郎の碑　落合源一郎と小仏の関
相楽総三と赤報隊　慶喜、江戸へ帰る　会津藩の悲劇
新選組、品川に上陸　沖田総司の死　堀直虎の自決
慶喜謹慎の「葵の間」　海舟・南洲の会見　江戸開城と西郷隆盛銅像

第四章　挫折する夢たち

数字は本文ページ
金子家 145
卍西福寺・彰義隊士供養碑 189
おうじ
桜賦の碑 19
きたせんじゅ
金蔵寺 27
不動院・彰義隊人夫供養塔 189
小塚原回向院
51,74,87,213
寺・千葉周作墓 37
染井霊園 239
円通寺・旧寛永寺黒門・
彰義隊士合葬墓 175,176
南泉寺 244
かねがふち
吉祥寺・榎本武揚墓 195
経王寺 182
浄閑寺（投げ
込み寺） 26
にっぽり
善性寺・旧浜田藩
殉難諸士碑 120
大円寺・高島秋帆墓 4
寛永寺 150,183
白鬚神社・岩瀬
忠震の碑 58
今戸神社・沖田総司
終焉之地碑 146
東光院 180
通院・処静院跡 101,110
東照宮151
伝法院（浅草寺本坊） 109
うえの
清水観音堂
175,184
浅草本願寺 168
藤田東湖先生護母
致命之処碑 29
おかちまち
昌清寺・山岡
八十郎墓 14
西福寺・彰義隊
士供養塔 188
能勢妙見堂・勝
海舟胸像 157
すいどうばし
講武稲荷神社 35
講武所跡 34
神社・大村
郎銅像 173,244
おちゃのみず
りょうごく
新徴組屯所跡
109
勝海舟生誕地碑 22
士官学校跡 242
回向院・「義士」の墓 113
お玉が池種痘所記念碑 43
食違見附跡 230
坂下門 86
伝馬町牢跡・吉田松陰辞世碑 55
大久保利通追悼碑
246
とうきょう
外桜田門 73

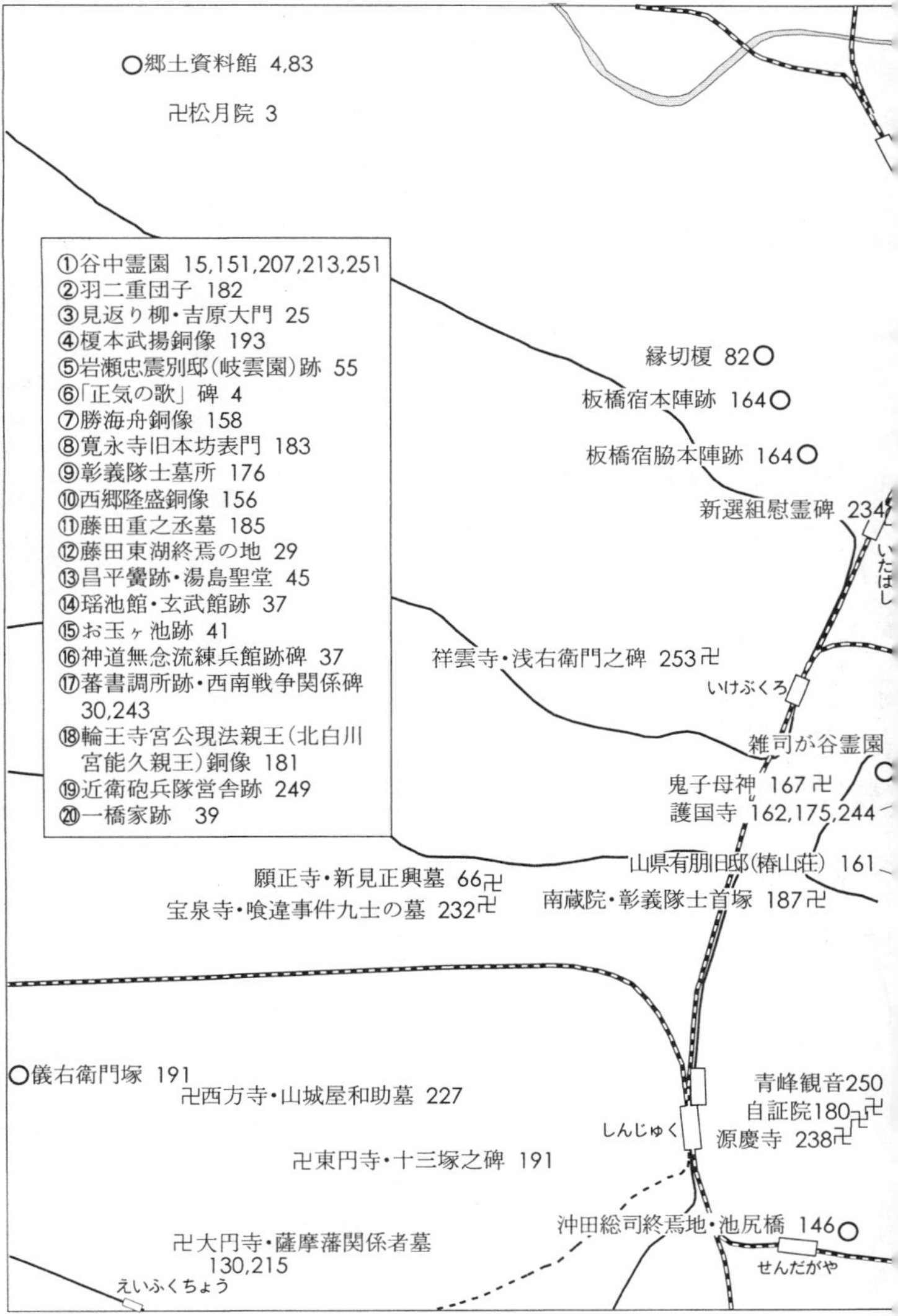
○郷土資料館 4,83
卍松月院 3
①谷中霊園 15,151,207,213,251
②羽二重団子 182
③見返り柳・吉原大門 25
④榎本武揚銅像 193
⑤岩瀬忠震別邸（岐雲園）跡 55
⑥「正気の歌」碑 4
⑦勝海舟銅像 158
⑧寛永寺旧本坊表門 183
⑨彰義隊士墓所 176
⑩西郷隆盛銅像 156
⑪藤田重之丞墓 185
⑫藤田東湖終焉の地 29
⑬昌平黌跡・湯島聖堂 45
⑭瑶池館・玄武館跡 37
⑮お玉ヶ池跡 41
⑯神道無念流練兵館跡碑 37
⑰蕃書調所跡・西南戦争関係碑 30,243
⑱輪王寺宮公現法親王（北白川宮能久親王）銅像 181
⑲近衛砲兵隊営舎跡 249
⑳一橋家跡 39
縁切榎 82○
板橋宿本陣跡 164○
板橋宿脇本陣跡 164○
新選組慰霊碑 234
いたばし
祥雲寺・浅右衛門之碑 253卍
いけぶくろ
雑司が谷霊園
鬼子母神 167卍
護国寺 162,175,244
山県有朋旧邸（椿山荘） 161
願正寺・新見正興墓 66卍
宝泉寺・喰違事件九士の墓 232卍
南蔵院・彰義隊士首塚 187卍
○儀右衛門塚 191
卍西方寺・山城屋和助墓 227
青峰観音250
自証院180卍
しんじゅく
源慶寺 238卍
卍東円寺・十三塚之碑 191
沖田総司終焉地・池尻橋 146○
卍大円寺・薩摩藩関係者墓 130,215
せんだがや
えいふくちょう

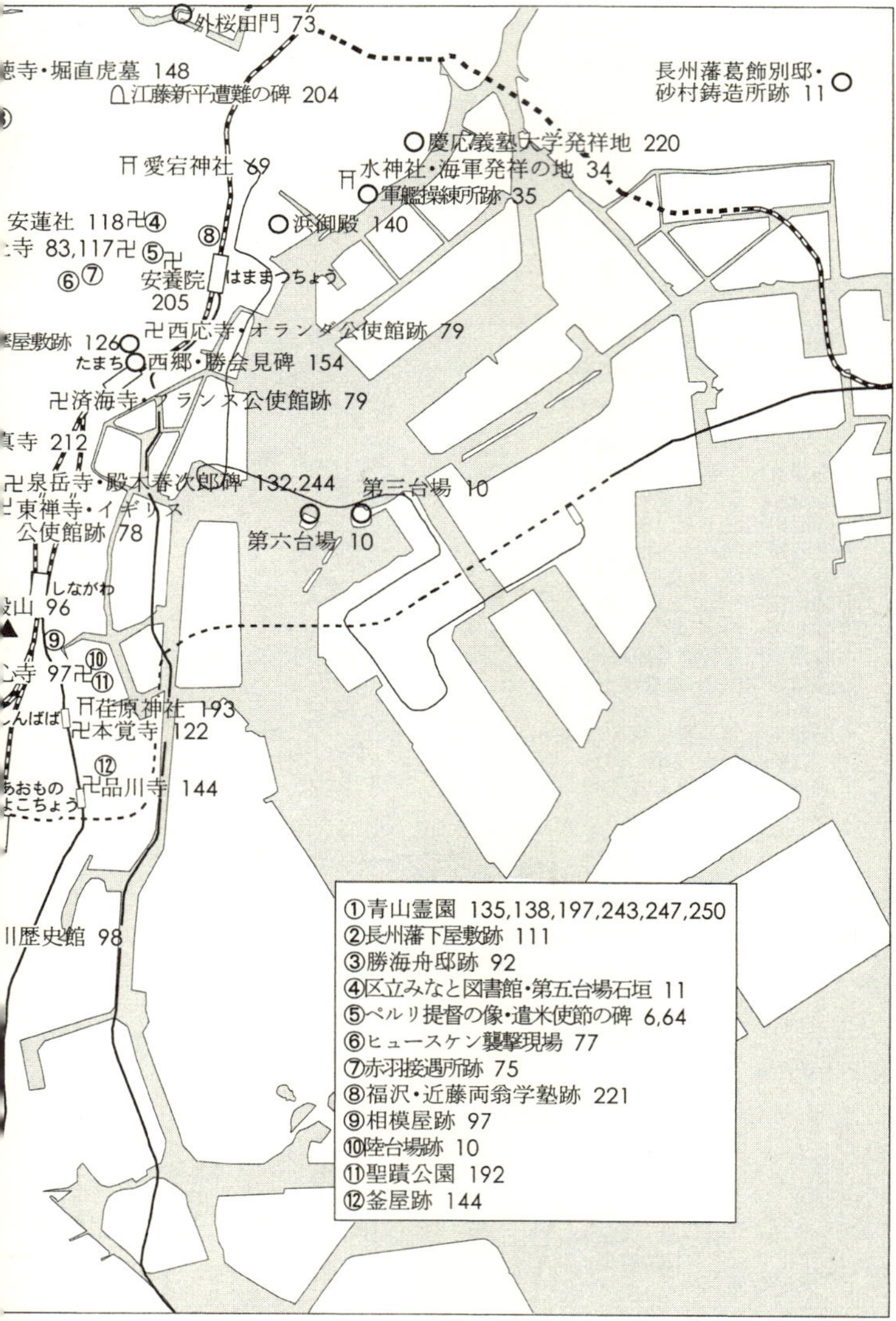

外桜田門 73
寺・堀直虎墓 148
江藤新平遭難の碑 204
長州藩葛飾別邸・
砂村鋳造所跡 11
慶応義塾大学発祥地 220
愛宕神社 69
水神社・海軍発祥の地 34
軍艦操練所跡 35
安蓮社 118
寺 83,117
浜御殿 140
安養院
205
はままつちょう
西応寺・オランダ公使館跡 79
屋敷跡 126
たまち
西郷・勝会見碑 154
済海寺・フランス公使館跡 79
寺 212
泉岳寺・殿木春次郎碑 132,244
第三台場 10
東禅寺・イギリス
公使館跡 78
第六台場 10
しながわ
山 96
寺 97
荏原神社 193
本覚寺 122
品川寺 144
あおもの
よこちょう
歴史館 98
①青山霊園 135,138,197,243,247,250
②長州藩下屋敷跡 111
③勝海舟邸跡 92
④区立みなと図書館・第五台場石垣 11
⑤ペルリ提督の像・遣米使節の碑 6,64
⑥ヒュースケン襲撃現場 77
⑦赤羽接遇所跡 75
⑧福沢・近藤両翁学塾跡 221
⑨相模屋跡 97
⑩陸台場跡 10
⑪聖蹟公園 192
⑫釜屋跡 144

福泉寺・斎藤弥九郎墓 38
①
しぶや
専称寺 14
善福寺・アメリカ
公使館跡 60,76,
豪徳寺・井伊直弼墓 71
西郷山公園 228
だいかんやま
松陰神社・
吉田松陰墓
91,112,216
祥雲寺・九志士之墓 202
光林寺・ヒュースケン
ボーイ伝吉墓 78
興禅寺・会
藩士墓 14
祐天寺 171
勝海舟墓 158
せんぞくいけ
東光院・勇士碑 190
ぬまべ
数字は本文ページ
池上本門寺 152,219
理境院 152
いけがみ
うめや
梅屋敷跡

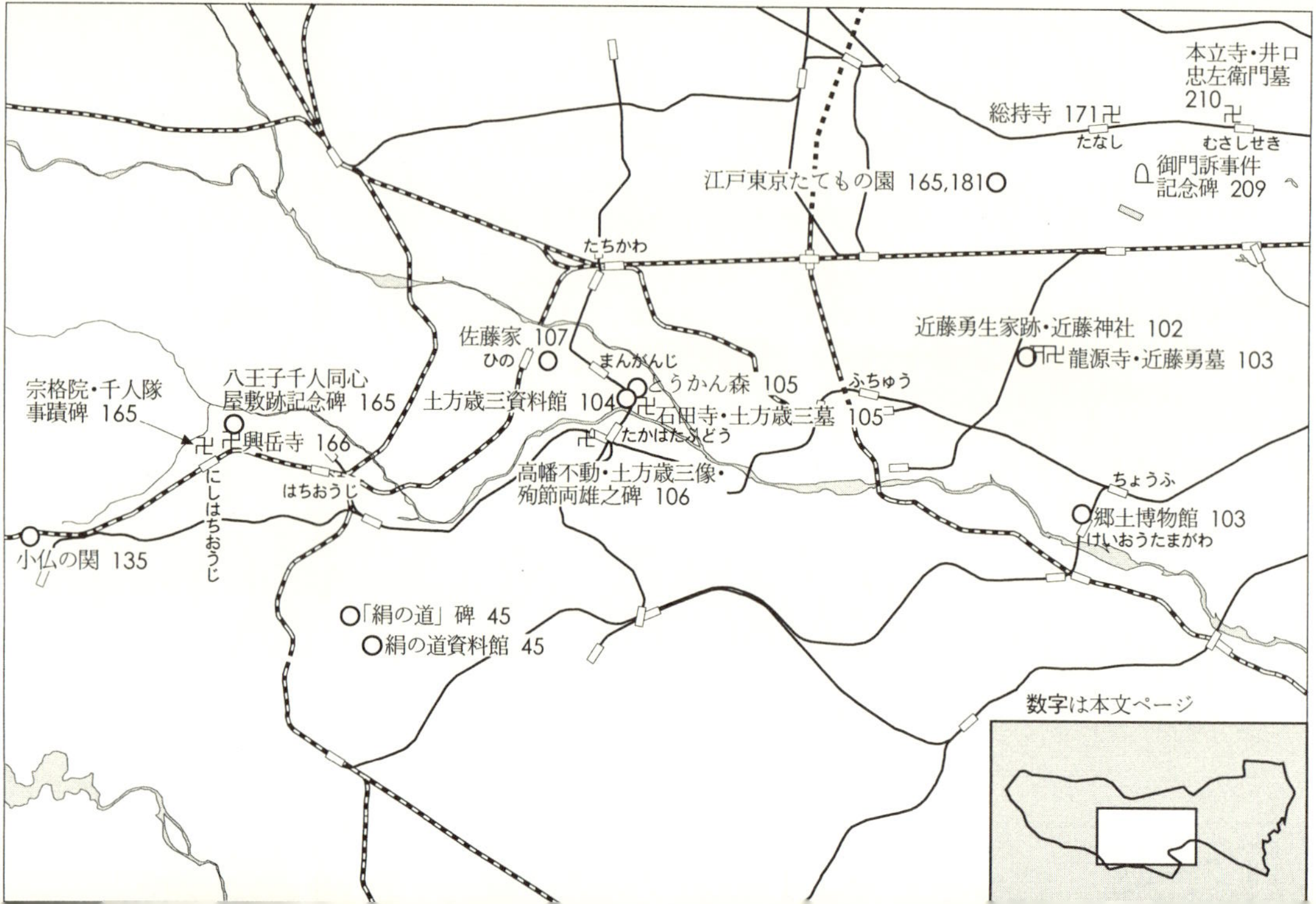
本立寺・井口
忠左衛門墓
210
総持寺 171
たなし
むさしせき
御門訴事件
記念碑 209
江戸東京たてもの園 165,181
たちかわ
近藤勇生家跡・近藤神社 102
龍源寺・近藤勇墓 103
佐藤家 107
ひの
まんがんじ
とうかん森 105
ふちゅう
八王子千人同心
屋敷跡記念碑 165
宗格院・千人隊
事蹟碑 165
土方歳三資料館 104
石田寺・土方歳三墓 105
たかはたふどう
興岳寺 166
にしはちおうじ
はちおうじ
高幡不動・土方歳三像・
殉節両雄之碑 106
ちょうふ
郷土博物館 103
けいおうたまがわ
小仏の関 135
「絹の道」碑 45
絹の道資料館 45
数字は本文ページ

第一章
開国の激震

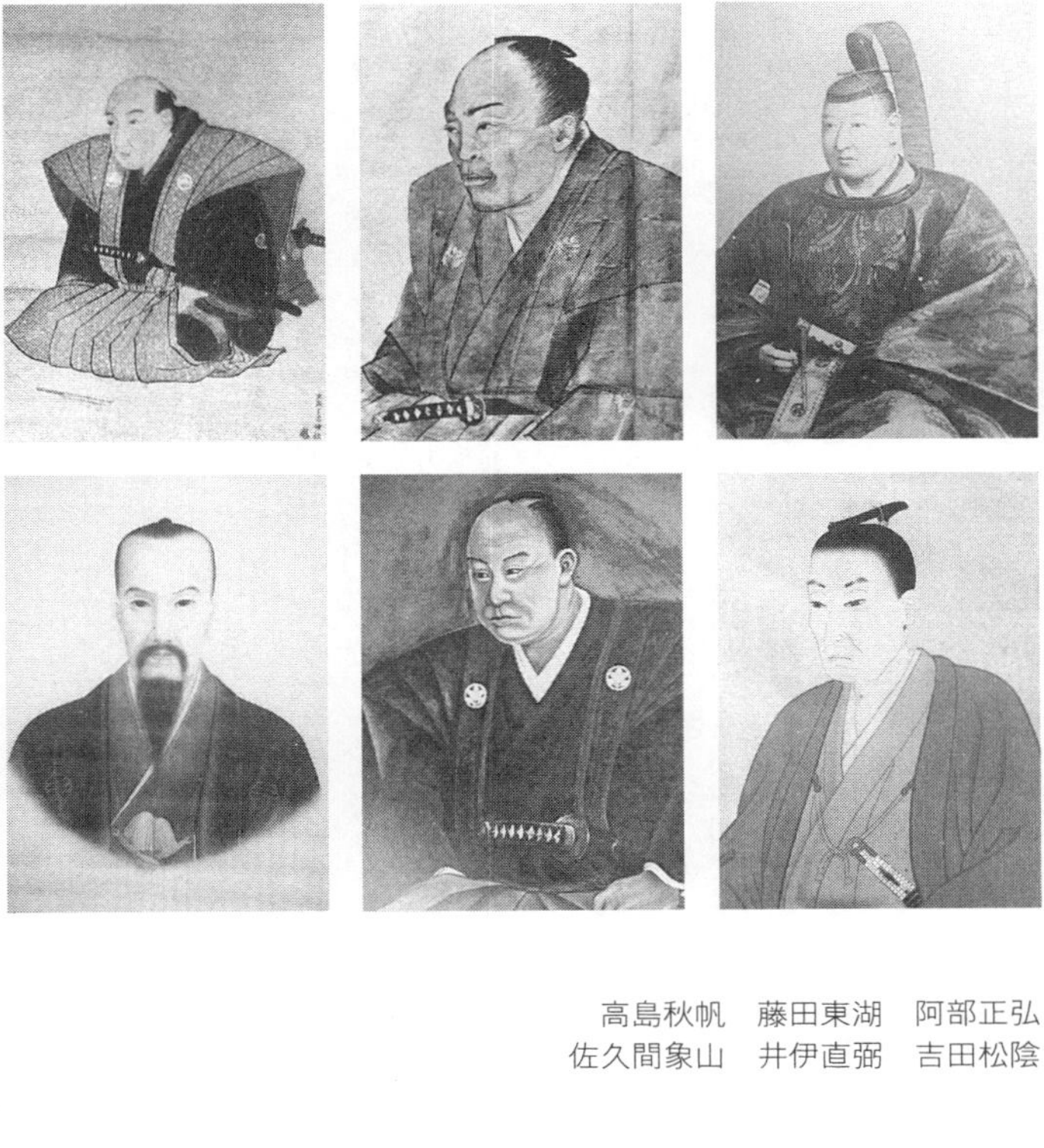

高島秋帆　藤田東湖　阿部正弘
佐久間象山　井伊直弼　吉田松陰

高島秋帆の洋式調練

都営地下鉄三田《みた》線の駅名にもなっている板橋区の「高島平《たかしまだいら》」という地名は、幕末の砲術家として知られた、高島秋帆《しゅうはん》に由来する。このあたりはかつて、徳丸ヶ原《とくまるがはら》と呼ばれていた。

高島秋帆（喜平）は、長崎の人である。町年寄と鉄砲方を兼ねる家に生まれ、長崎に渡来するオランダ人から西洋砲術を学んだ。また私財を投じて鉄砲を買い、門人三百人に洋式訓練を施したりもした。

そんな秋帆が日本に迫りくる危機を強く感じたのは、中国船によって長崎にもたらされた、アヘン戦争にかんする情報を得てからだ。

産業革命により資本主義を確立したイギリスは、市場獲得を目指して清《しん》朝中国に襲いかかり、一八四〇年から二年におよぶ戦争のすえ、これを打ち負かした。これがアヘン戦争だ。その結果、結ばれた南京《ナンキン》条約により、中国は香港を奪われ、上海《シャンハイ》・寧波《ニンポー》・福州・厦門《アモイ》・広州の五港を貿易港として開かされる。さらには貿易の主導権もイギリスに奪われ、最恵国約款や領事裁判権なども規定されてゆく。

上海から長崎までは、三日間の航海といわれた時代だ。秋帆はやがて同様のことが日本でも起こりかねないと、強い危機感を抱くにいたる。そこで天保十一年（一八四〇）、長崎奉行に洋式砲術採用を訴える上書を提出し、やがてこれが幕府の目に止まることになった。

秋帆の意見に注目した幕府は、秋帆を江戸に呼び寄せた。翌十二年、秋帆は門弟百余名を率い、大砲四門・小銃五十挺などを携えて江戸へ出る。そして五月、武蔵国徳丸ヶ原において洋式砲術調練を実演して見せたのだった。

この調練は見る者を感嘆させた。また秋帆は、幕臣の江川《えがわ》太郎左衛門（英龍《ひでたつ》、坦庵《たんあん》）や下曽《しもそ》根《ね》金三郎《きんざぶろう》らに西洋砲術を伝授する。しかし秋帆の名声が高まるにつれ、幕府内にはそれを妬《ねた》む者が出てきた。そしてついには長崎貿易に不正の取り扱いがあったとの疑いを秋帆にかけ、獄に投じてしまう。その後、秋帆は十数年もの長きにわたり獄中生活を強いられることになった。

松月院の「火技中興洋兵開祖」の碑（板橋区赤塚8—4）

徳丸ヶ原の松月院（板橋区赤塚8—4）は、調練のさい秋帆が本陣とした寺だ。いまも当時のままの本堂が残り、砲弾や調練図などの史料も保存されている。また境内には秋帆の調練を記念した「火技中興洋兵開祖」の碑が建てられている。天に向かって真っすぐに立つ大砲に、火を吹く砲弾を添えた、ユニークな形の碑だ。

なお秋帆は嘉永六年（一八五三）、アメリカのペリー艦隊来航後に赦《ゆる》され、幕府に雇われて講武所砲術師範役・武具奉行格として後進の指導と武備の充実に貢献し、慶応二年（一八六六）一月十四日、小石川指ヶ谷《さすがや》町において六十九歳で他界した。墓は大円寺（文京区向丘1—11—3）にある。国の史跡に指定されているが、関東大震災と戦災の被害を受けて傷つき、残念ながら刻まれた文字もほとんど読むことができない。また大円寺本堂前には明治十八年（一八八五）に建てられた、秋帆の顕彰碑もある。

時は流れて平成十四年（二〇〇二）、高島流鉄砲隊（西洋式火術鉄砲保存会）が板橋区立郷土資料館（板橋区赤塚5—35—25）の呼びかけにより結成された。職業も年齢もさまざまな隊員約三十人が週に一度、三時間の稽古を行い、各種行事で実演しているという（『日本経済新聞』平成十六年三月十六日）。

「正気の歌」の碑

墨田区向島《むこうじま》の隅田川堤にある隅田公園は、徳川御三家のひとつ水戸藩の小梅別邸（下屋敷）の跡地である。かつては二万坪（六・六ヘクタール）の敷地を占める広大な屋敷だった。園内の自由広場には日米開戦翌年の昭和十七年（一九四二）、東湖《とうこ》会により建立された「正気《せいき》の歌」を刻む石碑がある。

水戸藩の九代藩主徳川斉昭《なりあき》が、藩内での派閥争いのすえ、幕府から慎《つつしみ》・隠居を命じられたことがある。そのさい、改革派の側近で、水戸学の大家として知られた藤田東湖も失脚し、弘化二年（一八四五）二月から二年間、小梅別邸で幽囚の日々を送った。

東湖作の長編漢詩「正気の歌」（「文天祥正気の歌に和す、序有り」）は、この幽囚時の作だ。日本古来の国体を賛美した五言七十四句からなり、獄中の文天祥《ぶんてんしょう》（中国南宋《なんそう》末の忠臣）に東湖は自らをなぞらえる。「天地正大の気、粋然として神州に鍾《あつ》まる」に始まり、「死しては忠義の鬼となり、極天、皇基《こうき》を護らん」と結ぶ、忠君愛国・尊王攘夷《そんのうじょうい》の「正気」は日本に集まるという内容だ。

隅田公園に建つ「正気の歌」の碑

幕末、東湖はじめ水戸学の学者たちは、皇室・朝廷を尊び、外敵を打ち払うことで日本を守ろうとする尊王攘夷論を熱心に説いた。水戸藩は二代藩主徳川光圀《みつくに》による『大日本史』編纂《へんさん》が始まった江戸前期から勤王思想が強く根づいていたし、領地が太平洋に面しているため、外敵の襲来には神経を尖《とが》らせていたのだ。

元来「尊王」と「攘夷」は別個の言葉だったが、併せて一語にしたのは、斉昭が天保九年（一八三八）に著した『弘道館記』が最初だといわれる。これを下書きしたのが東湖だった。

嘉永六年（一八五三）、ペリー艦隊来航により開国問題が沸騰するや、斉昭は海防参与として幕閣に復帰し、東湖もその片腕として奔走した。尊王攘夷を幕府によって実現させるためだ。ところが尊王攘夷論は、勅許を得ずに開国した幕府を非難、攻撃するための理論的拠り所を提供してゆく。「正気の歌」も、長州や薩摩などの幕府打倒を考える過激な若者たちに愛誦《あいしょう》される。

だが御三家のひとつ水戸藩に、幕府否定の考えはなかった。尊王攘夷論は幕末の激流の中で、斉昭や東湖らの思惑を越え、一人歩きをしてしまうのである。

ペリー提督の像

江戸を「開府」した徳川家康の銅像が、東京にお目見えしたのはあまりにも遅い。平成五年（一九九三）に江戸東京博物館が開館するにあたり、その前庭に建立されたのが最初と聞く。その理由はよく知らないが、考えてみたら不思議な気がしないわけではない。というのも、日本を「開国」させた功労者としてアメリカで称《たた》えられ、戦後日本でも「開国の恩人」とも評されるマシュー・C・ペリー提督の像なら、ずっと以前より東京にあるからだ。

増上寺《ぞうじょうじ》三解脱《げだつ》門前の芝公園（港区芝公園2―1）の中に建つ、ペリー提督の頭部をかたどったブロンズ像がそれだ。台座には、「ペルリ提督の像」と銘打ったプレートがはめ込まれている。日本開国百年（一九五四年）を記念し、ペリーの出身地で、日本訪問のさいの出港地でもあるロードアイランド州ニューポート市から、親善のしるしとして東京都に贈られたものだ。アメリカ人フェリックス・ド・ウェルドン作。日本に「開国」を押し売りしたペリーを称える像が、アメリカから贈られたというのも面白い。

アメリカの東インド艦隊司令長官ペリー提督率いる黒船四隻が、日本を開国させるべく江戸湾入り口に姿を現したのは、嘉永六年（一八五三）六月三日のことだ。

江戸時代はじめに、いわゆる鎖国政策をとって以来、日本は、ヨーロッパ諸国の中ではオランダとのみ接触を持ってきた。しかし欧米において発達した資本主義の波は、市場を求めてアジアの国々をも否応《いやおう》なくのみ込んでゆくことになった。

ペリーの態度は、後に「砲艦外交」と呼ばれるほど強引だった。黒船に積まれた大砲には弾が込められ、乗組員たちはそれぞれの部署につき戦闘態勢をとっている。さらに黒船は幕府の制止を無視して湾内に進み、勝手に測量を始めたりした。

アヘン戦争の情報などから、幕府は黒船を撃退する力が自分たちにないことを知っている。しかたなく、ペリーの要求を容《い》れてアメリカ大統領の国書を久里浜《くりはま》（神奈川県横須賀《よこすか》市）で受け取り、翌年回答することを約し、いったん艦隊に去ってもらうことになった。

アメリカ・ニューポート市から贈られたペリー像（港区芝公園２—１）

「泰平のねむりをさます上喜撰《じょうきせん》たつた四はいで夜もねられず」

当時の日本の狼狽《ろうばい》ぶりを風刺した、有名な狂歌だ。「上喜撰」は煎茶《せんちゃ》の銘柄で、「蒸気船」にかけているのだが、実際は四隻からなる艦隊のうち蒸気船は二隻で、あとは帆船だった。実力を見せつけたペリー艦隊が去ったのは、六月十二日のことである。窮したあげく、幕府はアメリカ大統領の国書を示し、諸大名やさらには一般からも意見を求めるという異例の措置をとる。その結果、大名だけでも二百五十名から意見が寄せられたが、これといった妙案はなかった。

いったん去ったペリー艦隊は七隻に増強され、安政元年(一八五四)一月に再来日した。幕府は確答を与えない、いわゆる「ぶらかし策」で交渉にあたろうとしたが、数回の交渉を経た三月三日、日米和親条約(神奈川条約)が調印される。ペリーの態度に、幕府が屈したのだ。

ペリーが大統領から命じられていた日本への要求とは、アメリカ捕鯨船の遭難者救助と、汽船による太平洋横断のための石炭補給所確保と、自由貿易だった。

しかし実際結ばれた条約では、下田・箱館(函館)の開港、薪水・食料・石炭といった必要品の補給、漂流民の救助、外交官の下田滞在許可などを幕府に認めさせたものの、自由貿易については触れられていなかった。

にもかかわらずペリーは「十二分のものを達成しえた」「日本は西洋諸国家のために開国された」(『ペルリ提督日本遠征記』)と、満足げだ。それは、日本に最恵国待遇を約束させたからだ。日本が他のヨーロッパ諸国に日米和親条約にない権利や利益を与えたさいは、自動的にアメリカにも同様のものが与えられる仕組みなのだ。これでアメリカは日本との交渉において、最優先の立場を勝ち取ることに成功したのである。

こうして起こった開国の勢いは、もう止めることはできなかった。幕府は同年八月にはイギリスと、十二月にはロシアと、翌安政二年十二月にはオランダとの間にそれぞれ和親条約を締結するのである。

品川台場の築造

最初のペリー艦隊来航後、幕府はただちに海防強化の検討に入った。そして内海防備の充実を目的とし、品川台場の築造を計画する。南品川猟師町《りょうし》から東北の深川洲崎《すざき》（江東区）にいたる間の海中に十一基からなる大砲を据えるための人工島を設けようというのだ。

ペリーが去って二ヵ月後の嘉永六年（一八五三）八月から、伊豆《いず》韮山《にらやま》代官で砲術家でもある江川太郎左衛門（英龍）の指揮のもと、品川台場築造が着工された。

工事は昼夜兼行で行われた。関東各地から集められた材木や石材、土砂を運ぶ船は二千隻、石工・土工・土取人夫などは五千人、築造経費は七十五万両にもおよんだという。

そして八ヵ月後の安政元年（一八五四）四月、第一から第三までの台場が竣工。第五・第六は一月に着手し、十一月に竣工した。第四と第七は財政難などの理由から未完に終わり、第八以下は着手されないままであった。しかし安政元年三月には日米和親条約が締結され、日本は開国への道を歩みはじめるから、これらの台場は実戦に使用されることなく役目を終える。

明治になり品川台場は、陸軍省の管轄に入った。その後、昭和元年（一九二六）に国史跡指定を受けた第三・第六を残し、他は埋め立て地に埋没したり、海上交通の邪魔になるとの理由で撤去されたりと、姿を消してゆく。

史跡として整備されているのは亀甲型の第三台場（港区台場1—10）だ。陸続きの都立台場公園である。面積約三万平方メートル、堤の内側は高さ五メートルで掘りくぼめられている。高さ十メートルの整然と積まれた石垣に、当時の素晴らしい技術を見ることができ、また砲台の一部やかまど場も復元されている。第六台場（港区台場1—11）は海上に当時のまま、ぽつんと浮かんでいるのが第三台場からも眺めることができる。

第三台場の石垣（港区台場1—10）

品川台場の周囲は、東京臨海副都心計画により昭和六十一年から開発が進められた。平成に入ると新交通網の整備が進み、レインボーブリッジが開通し、ホテルや集合住宅、店舗が並ぶようになり、テレビ局が移ってきた。こうしてあらためて「お台場」が、人々から注目されるようになった。

また、第四・第七の工事を中止したため、そのかわりとして安政元年五月に着工し、十二月に完成した御殿山《ごてんやま》下の台場は、他の台場と違って陸続きのため、「陸台場《おかだいば》」と呼ばれた。五稜郭《ごりょうかく》形の跡地は海員寄宿所、暴風警報信号所を経て、昭和三十二年、区立台場小学校（品川区東品川1—8—30）になった。校庭には灯台のレプリカが置かれている。台場から品川宿へ数百メートル続く小径は、台場通りと呼ばれた。

なお、第五台場の石垣石のひとつが、区立みなと図書館（港区芝公園3－2－25）玄関右手に展示されている。伊豆周辺から運ばれてきた安山岩と見られ、側面は百年間の波に洗われた痕跡をとどめる。

フランスに渡った大砲

長州藩（毛利家、三十六万九千石）が江戸葛飾《かつしか》に抱《かかえ》屋敷を持ったのは、寛政二年（一七九〇）七月のことだ。「葛飾別邸」などと呼ばれた。その跡地（江東区南砂2－3付近）は後年、機関車製造工場となり、現在は公社南砂《みなみすな》団地となっている。最寄りの駅は地下鉄東西線東陽町《とうようちょう》駅。

フランスに渡った長州砲のレプリカ（江東区南砂2－3）

ここで降りて永代《えいたい》通りを東へ二、三分歩くと、左手に南砂団地があり、外周に沿って約一キロ、緑道公園が続く。
その中に、長さ約二メートルの古めかしい青銅製大砲一門が据えられている。現在、フランス・パリのセーヌ川のほとり、アンヴァリッド（廃兵院）にある長州藩の大砲を、約三分の二に縮小したレプリカだ。なぜ、長州藩の大砲がパリにあるのか。そのことを述べる前に、大砲が生まれた経緯から簡単に見てゆくことにしよう。
嘉永六年（一八五三）六月三日のペリー来航に動揺した幕府は、

諸藩に江戸湾の警備を命じる。すでに長州藩の江戸屋敷では、火砲三門と和銃百余挺で武装した五百余人の藩兵を編成しており、七日に幕府の命が届くと、その日のうちに大森海岸の警備に出動するという迅速な対応を見せた。三方を海に囲まれた本州最西端に領地を持ち、つねに海防に神経を尖らせていた長州藩の面目躍如たるものがあった。

さらに幕府は十一月十四日、長州藩に相州（神奈川県）の防備を正式に任せる。そこで長州藩では葛飾別邸の中に砂村鋳造所を設け、大砲鋳造に乗り出した。幕府の許可が出たのは安政元年（一八五四）一月十五日、鋳造所が落成したのは二月五日のことである。

長州萩《はぎ》から鋳物師《いもじ》の郡司右平次《ぐんしうへいじ》が呼び寄せられ、西洋学者佐久間象山《さくましょうざん》の指導を受けながら砲身約三メートルの十八ポンド砲が三十六門鋳造された。これらは外敵への備えとして、江戸湾の入り口である三浦半島の砲台に据えられた。長州藩の相州防備は安政五年六月二十一日に解任されるまで、約四年半続く。

やがて長州藩は藩論を攘夷と定め、文久三年（一八六三）五月からは、関門海峡を通航する外国艦を下関（馬関《ばかん》・赤間関《あかまがせき》）の砲台から次々と砲撃した。ところが元治元年（一八六四）八月になり、貿易の不利益を受けた英・米・仏・蘭の四ヵ国からなる連合艦隊十七隻が、下関に襲来。長州藩では奇兵隊などが壇ノ浦や前田村の砲台を死守して奮闘したが、敗北する。やがて講和条約が締結され、以後、長州藩は攘夷の旗を下ろした。そして幕府との対決へと、方向転換が行われるのである。

三浦半島の大砲は下関に運ばれ、これら攘夷戦で使用された。長州藩が敗れた後、四ヵ国は七十門の大砲（百九門説もあり）を戦利品として軍艦に積み込み、それぞれ祖国に持ち帰る。当時、青銅はヨーロッパでも貴重品だったから、長州藩の大砲の大半は鋳潰《いつぶ》され、新たな大砲として再生されたと考えられる。

現在、パリのアンヴァリッドに残る長州藩の大砲は三門。記念に残されたものだろう。うち天保十五年（一八四四）に鋳造された一門は、昭和五十九年（一九八四）に下関市立長府《ちょうふ》博物館に貸与され、以来、同館に展示されている。その他の二門は、安政元年（嘉永七年）、葛飾別邸で鋳造されたもので、「十八封度礮《ポンドほう》　嘉永七歳次甲寅季春、於江都《こうと》葛飾別墅《べっしょ》鋳之」の銘文や、毛利家の紋である一に三ツ星が刻まれている。南砂緑道公園に置かれているのは、このレプリカなのだ。

阿部正弘と山岡八十郎の死

二度にわたるペリー艦隊来航時、幕府の老中首座（筆頭）は備後《びんご》（広島県）福山藩（十万石）の藩主阿部伊勢守正弘《まさひろ》だった。阿部は寺社奉行を経て天保十四年（一八四三）、二十五歳の若さで老中に列せられ、弘化二年（一八四五）に水野忠邦《ただくに》にかわり老中首座となった。まさに「青年宰相」である。

実は阿部ら幕府首脳は、一年前からアメリカ使節の来日を、オランダからの情報により知っていた。これを受けた阿部は江戸湾の防御《ぼうぎょ》強化を唱えたが、財政逼迫《ひっぱく》を理由に海防掛《がかり》の反対を受けて思うように進まない。

そこで阿部は、開明派の外様大名である薩摩・佐賀・福岡各藩主からの応援をとりつけて頑張るが、結局は幕閣内で孤立の色を深めてしまう。そして、はっきりとした対策も立てられぬまま、ペリー艦隊を迎えることになってしまったのだ。

阿部の家臣に、山岡八十郎《はちじゅうろう》という男がいた。少年のころから文武に優れ、福山藩校弘道館の句読《くとう》・近習密書・大目付・郡奉行・寺社奉行などを歴任した能吏である。安政元年（一八五四）早春、藩の元締に任ぜられた山岡は家族を引き連れ、ペリー艦隊再来で揺れる江戸にやって来た。

山岡は熱烈な攘夷論者だったという。その年の三月三日、日米和親条約の調印がなされたと知るや、開国中止を主君である阿部に直言しようとこころみたが、許されなかった。そこで憂憤のあまり長文の上書をしたため、八月二十四日、家族を外出させたあとの藩邸の一室で、切腹し果てる。享年三十九。遺骸は水道橋に近い、昌清寺《しょうせいじ》（文京区本郷1―8―3）に土葬された。

通例なら勝手な死はお家断絶となるところだが、憐《あわ》れんだ阿部は嗣子《しし》敬太郎に家禄百二十石を継がせた。山岡が主君阿部の苦境をどこまで理解していたかは、知るすべもない。家臣から開国を非難された阿部の胸中もまた、複雑なものだったろう。

開国に抗議した山岡の死は、当時の攘夷論者たちにも、少なからぬ衝撃を与えた。後年、長州藩の久坂玄瑞《くさかげんずい》や高杉晋作も、山岡を称えた詩文を残している。

それから七十年以上経った昭和三年（一九二八）、昌清寺の山岡墓所が掘り起こされた。土葬の墓を火葬して改葬するという、関東大震災後の行政の方針にもとづくものだ。このとき、地上に現れた山岡の遺骸は、赤毛布にくるまれていたそうである。おそらくは山岡が切腹した場に敷かれていた赤毛布で、そのさい使われたであろう短刀も添えられていた。山岡の遺骸は遺族が火葬して大阪に持ち帰り、一族の墓に埋葬したという。

昌清寺には、「一剣院纔了斯心居士」という山岡が生前、自分で作っていた戒名を刻む船形の墓碑が残された。高輪泉岳寺《たかなわせんがくじ》の赤穂四十七士の墓碑と同型だ。山岡が、四十七士を敬愛していたからである。

昭和二年までは毎年春になると近所の小学生が参列し、山岡の墓前で勤王祭が行われていた。山岡の名を記した過去帳は戦災で失われたが、墓碑はいまも残っている。

開国に反対し自刃した山岡八十郎墓（昌清寺、文京区本郷1—8—3）

優柔不断のそしりを受けた阿部は、安政四年六月十七日、三十九歳の若さで没した。心労が積もりに積もったせいかもしれない。墓は台東区谷中《やなか》霊園（台東区谷中7—5）の寛永寺《かんえいじ》墓地にある。立派な五輪塔で、「良徳院高誉信義節道大居士」「備後福山城主侍従伊勢守従四位下阿部朝臣《あそん》正弘墓」などと刻まれている。

水車小屋爆発

二度にわたるペリー艦隊来航により、軍備拡大は急速になされた。泰平の世に馴《な》れきった江戸の市中は大騒ぎとなり、いまにも戦が始まるとの流言飛語が飛び交う。普段は十両で買えた鎧《よろい》が、七、八十両に跳ね上がったと伝えられる。

幕府や諸藩は川口の鋳物工場、浅草新堀端、小伝馬《こでんま》町の鋳物師に大砲や小銃の製造を注文したが、暴利を貪《むさぼ》ったり、不正を行う者たちが後を絶たなかった。そこで幕府は、嘉永六年(一八五三)八月に湯島桜ノ馬場(文京区湯島1―5、東京医科歯科大学あたり)に湯島鋳砲場を設け、大砲の鋳造を始める。

さらに幕府や諸大名は江戸各所の水車小屋で、火薬を製造させた。ほんらい米麦をひくための水車小屋で慣れない火薬を製造させるなど、しょせんは無茶な話だ。やがて事故が相次ぐようになる。

日米和親条約が締結された二日後の安政元年(一八五四)三月五日、酒井雅楽頭《うたのかみ》忠績《ただしげ》の命で火薬を製造していた板橋宿(板橋区仲宿)の農民太左衛門の水車小屋が爆発し、多数の死傷者を出した。水車の心棒から発火したのが原因だ。続いて四月六日には、現在の新宿区矢来《やらい》町にあった水車小屋も火薬製造中に爆発した。

四月二十二日には、現在の品川区小山の御嶽《みたけ》の森にあった農民三次郎《さんじろう》方の水車小屋が、またもや火薬製造中に誤って爆発。小屋は崩れ落ち、即死者三名、重傷者二名を出した。当然ながら、他の水車小屋付近の住民たちは、次は自分たちの番ではないかと、恐怖におののいた。

現在の新宿区北新宿2丁目、青梅街道の成子坂下《なるこざかした》には、江戸時代初期から神田上水を利用した淀橋《よどばし》の水車小屋があった。『江戸名所図会』にも描かれた、間口約二十メートル、奥行き約十メートルという、わりと大きな水車小屋だ。ここでも嘉永六年七月から幕府に命じられ、火薬製造が行われていた。

爆発を恐れる淀橋の住人たちは、水車小屋の持ち主である久兵衛に、場所替えを申し入れたが、久兵衛は承知しない。そこで住人は名主らにも相談して安政元年五月九日、町奉行池田播磨守《はりまのかみ》頼方に場所替えの嘆願書を提出した。

ところが、交渉中の六月十一日午前六時ごろ、作業をしていた者の不注意から、淀橋の水車小屋が三度にわたり大爆発を起こしてしまう。震動は凄《すさ》まじく、空は真っ黒になり、近隣の角筈《つのはず》村、本郷村、中野村等にいたるまで人家は潰れ、大木は傾いた。爆発の鳴動は江戸近辺はもちろん、近国へも響き渡ったと伝えられるほど凄まじいものだった。『武江年表《ぶこう》』には「淀橋町、長さ十九間、幅六間余焼亡す（中略）怪我人五十余輩ありと聞けり」とある。

六月二十七日、幕府は住人たちに補償金を出し、さらに水車が再建されても火薬製造はさせないとの約束を交わした。同じ年だけでほかに、三田村（目黒区）・王子（北区）でも火薬の爆発事故が起こったという。このように、幕府の急激な軍備拡大は、庶民の生活にも否応なく影を落としていったのである。

幕府は安政三年、将軍の狩猟地であるお留山《とめやま》付近四万坪に、千駄ヶ谷の焔硝蔵《えんしょうぐら》を移して火薬製造所を設置しようと計画した。この地を流れる三田用水で水車を動かそうというのだ。

ところが、三田用水で生活していた付近十ヵ村、特に三田・中目黒・上目黒の各村の住民たちから反対の声が起こる。幕府と村民たちの紛争は六年にもおよび、文久元年（一八六一）、幕府が土地を召し上げられた者たちに代替え地の代金を支払うことで、決着がついた。幕府の威信もだいぶ落ちて、逆に庶民が強くなっていたのだろう。だが、案の定、ここも文久三年九月二十六日の昼すぎ、爆発事故を起こし、「即死怪瑕《けが》の者七十余人」（『武江年表』）を出した。このお留山の火薬製造所は海軍技術研究所を経て、現在、防衛庁技術研究所（目黒区中目黒2―2）になっている。

なお、幕府の焔硝蔵は杉並区永福1―9―1あたりにもあった。明治大学和泉《いずみ》校舎や本願寺派築地別院和田堀廟所《わだぼりびょうしょ》付近がその跡地である。五棟、二町三反九畝五歩（約二万三千平方メートル）という規模だった。こちらの焔硝蔵は明治元年（一八六八）三月十四日、新政府軍が近くの甲州街道を通過したさい、番人の子供が焔硝蔵に入ったのがきっかけで発見され、無傷で接収されたと伝えられる。そして幕府が長年かけて蓄えた武器や弾薬が、彰義隊《しょうぎたい》攻撃や奥羽越《おううえつ》方面での戦いに使われ、威力を発揮したのだから皮肉というか、残酷な話である。

佐久間象山「桜賦」の碑

JR京浜東北線王子駅南側、標高二十七メートルの丘の上に、江戸時代中期に開かれた飛鳥《あすか》山《やま》公園（北区王子1―1）があり、園内一角の覆屋《おおいや》の中に、幕末の西洋学者佐久間象山の「桜《おう》賦《ぶ》」という漢詩を刻んだ古い石碑が建っている。もとは回転展望台付近にあったが、昭和四十一年（一九六六）、現在地に移された。

佐久間象山（啓《ひらき》）は信州松代《まつしろ》藩士で、最初は儒学者として名をあげ、江戸神田お玉が池で塾を開いていた。ところが天保十二年（一八四一）、藩主真田《さなだ》幸貫《ゆきつら》が幕府の海防掛老中に任じられるや、顧問となった象山は、海外事情を調べ、西洋砲術や蘭学を研究する。さらに嘉永三年（一八五〇）には、江戸深川の藩邸で砲術を教授し、西洋学者としても一流の評価を得るようになった。象山の門をくぐり指導を受けた中には、勝海舟・橋本左内《さない》・吉田松陰・河井継之助《つぎのすけ》・小林虎三郎《とらさぶろう》・坂本龍馬《りようま》らがいる。

儒学と洋学の両方を究めた象山は、

「東洋の道徳、西洋の芸術」

と説いた。東洋の儒学の精神をもって政治を行い、西洋の進んだ

佐久間象山「桜賦」の碑
（飛鳥山公園、北区王子1―1）

科学技術をとりいれるというのが、今後の日本の進むべき道だというのだ。また、優秀な若い人材を海外留学させるよう、幕府に対し意見を述べたが、聞き入れられなかった。

このような象山の影響を強く受けた長州藩の吉田松陰（寅次郎）は、安政元年（一八五四）三月二十七日夜、伊豆下田港に停泊中のペリー艦隊に近づき、アメリカへの密航を企てた。しかし密航者を連れて帰ることをペリー側が拒否したので、松陰は幕府に捕らえられて獄に投ぜられる。

このとき、松陰の密航を激励した象山にも罪がおよび、国もと松代で蟄居《ちっきょ》させられてしまった。こうして象山は、四十四歳から五十二歳までの働き盛りを無為に過ごすことになるのである。万延元年（一八六〇）に作られた「桜賦」の内容は次のようなもので、この間の思いが託されている。

「桜の花が陽春のうららかな野山に爛漫《らんまん》と輝き、人々の心を動かし、日本全土に壮観を呈し、その名声はインド・中国までに響き、清く美しいさまは他に比数《ひすう》がない。深山に幽閉中で、訪れ来る人もないが、自ら愛国の志操は堅く、この名花の万香のように遠く聞こえる」

二年後、この詩は孝明天皇から宸賞《しんしょう》を受けることとなった。その後、象山は文久二年（一八六二）末に蟄居を許され、元治元年（一八六四）には幕府の命により、宮家や公卿に開国論を説くため京都に上る。ところが七月十一日、三条木屋町《きやまち》で攘夷派に暗殺されてしまった。享年五十四。

象山は癖の強い人物で、尊大で人を見下す癖があったという。そのため暗殺されても藩内では同情する者が少なく、佐久間家も断絶させられた。しかし、象山が近代日本のために残した指針は、いまなお高く評価されている。

飛鳥山公園の「桜賦」の碑は、明治十五年（一八八二）四月十日、勝海舟の提唱で門人小松彰《あきら》ら有志により建てられた。碑の下には石室が設けられ、いまも象山が暗殺されたとき身につけていた血染めの袋が納められている。

勝海舟ら登用される

幕末という大きな時代のうねりは、眠っていた幾多の人材を覚醒させ、歴史の表舞台に引きずり出した。

老中首座阿部正弘は、幕臣の中から優秀な人材を身分にかかわらず次々と抜擢《ばってき》していった。ペリー艦隊来航前後に引き立てられ、幕末の幕政第一線に立って活躍した川路聖謨《としあきら》・堀利熙《としひろ》・永井尚志《なおゆき》・岩瀬《いわせ》忠震《ただなり》・井上清直《きよなお》・大久保忠寛《ただひろ》らがその代表で、彼らの多くは身分制度でがんじがらめになった泰平の世だったら、部屋住みや下級役人で一生を終わったかもしれない。後年、江戸城無血開城の立役者になる勝海舟（麟太郎《りんたろう》）もまた、こうした時代の寵児《ちょうじ》の一人であった。

ＪＲ総武線両国駅に近い、本所署《ほんじょ》のま裏に位置する両国公園（墨田区両国４—25）あたりは、かつて本所亀沢町といい、勝海舟が文政六年（一八二三）一月三十日、産声をあげた男谷《おだに》家の

勝海舟生誕地（両国公園、墨田区両国4―25）

あった地だ。公園の一角には法務大臣西郷吉之助（西郷隆盛孫）の筆になる、「勝海舟生誕之地」の石碑が建つ。父の勝小吉《こきち》は旗本小普請組、禄四十俵、無役だったから旗本としては最下級だった。海舟は生まれてから三年弱この家に住んでいる。

海舟の曾祖父は越後小千谷《おぢや》（新潟県）から江戸へ出て来た盲人であるという。利殖の才があり、やがて幕臣（旗本）男谷家の株を買い、息子の平蔵を当主とした。平蔵の三男が、勝家に養子に入った小吉である。

若き日の海舟は、島田虎之助から剣を、永井青崖《せいがい》から蘭学を学んだ。また妹順子の夫でもある佐久間象山の海防論にも影響を受けた。

住居は本所南割下水《みなみわりげすい》、本所入江《いりえ》町などと移り、弘化三年（一八四六）春からは赤坂田《あかさかた》町《まち》に住む。場所は現在の港区赤坂3―12、ビルが並ぶ一角である。前年九月に結婚し、子供も生まれる中で、勝家の生活は貧乏を絵に描いたようだったという。この家で海舟は、蘭日辞典『ドゥーフハルマ』を筆写し、読書に励んだ。また嘉永三年（一八五〇）には、自宅ではじめて私塾を開いた。

「貧、骨に至る」と自身で述べるような生活を送っていた海舟に、一条の光が差し込む。三十一歳の嘉永六年六月、ペリー艦隊の来航がきっかけだ。

このとき、幕府に寄せられた多くの意見書の中で、海舟が出した七月十二日付の上書二通は、開国・鎖国には触れず、海防の充実を繰り返し訴えた点が特徴的だった。

一通は、水戸の前藩主で幕府の海防参与だった徳川斉昭にあてたものだ。海舟は万一、黒船と交戦することになった場合、幕府が力を注いできた安房《あわ》・相模《さがみ》の湾岸警護など、何の役にも立たないという。黒船が「江戸海へ乗入れ候を止め候ことは、難事中の難事」だともいう。

だから江戸を固めた上、「海寇《かいこう》の防禦には軍艦ござなく候ては、全備つかまつらず」であるとする。さらに軍艦があっても、それを動かせる人間がいなければ意味がない。乗組員の教育も急務だと説く。

いま一通は幕府の老中にあてた。五ヵ条に分けて次のような主旨の意見を述べる。

第一、海防や外交にあたる役人の「御人選」を厳重に行うべきだ。

第二、「海国兵備の要《かなめ》」として軍艦を製造しなければならない。しかしその費用は、庶民から絞り取るのではなく、貿易を行って、その利益を充てることとする。

第三、江戸防備の必要。

第四、防備の主力となる旗本を経済的に救済し、西洋風兵制へ改正し、さらにそのための教育施設を設置する。

第五、火薬や武具の製造。

いずれも海舟の日ごろの研鑽《けんさん》のほどをうかがわせる、先見性に富んだ内容である。これらの多くが、以後の幕府の進路に影響を与えた。海舟の二通の上書は阿部たちに注目され、熱心に読まれたのだろう。

海舟自身が登用されたのは、上書から一年半後の安政二年（一八五五）一月のことである。下田取締掛手付《てつき》の名目で、洋書の翻訳や調査にあたることになり、ようやく表舞台に姿を現したのだ。ずいぶん遅い登場に感じられるが、逆にそれが海舟の生命を救ったとも言える。日米和親条約調印問題や将軍継嗣問題の政争のあげく、安政五年九月から始まる安政の大獄で、ペリー艦隊来航前後に阿部が抜擢した開明派グループは弾圧され、一掃されてしまうからだ。

そのころ海舟は長崎の海軍伝習所で修業に明け暮れていた。もし江戸にいたなら、政争の渦に巻き込まれ、大獄に連座していたかもしれない。三年余りの長崎における海軍修業を終え、安政六年一月に江戸に帰った海舟は、軍艦操練所教授方頭取に任じられた。歴史が海舟を必要とするのは、まだ先のことである。

投げ込み寺

開国による世情不安に追い打ちをかけるかのように、安政二年（一八五五）十月二日午後十時ごろ、江戸でマグニチュード6・9といわれる大地震が起こった。いわゆる「安政の大地震」である。江戸時代二百数十年の間、江戸では大小百五十余の地震が記録されているというが、この安政の大地震が最も激しかった。

幕府の調査では町方の被害は倒壊家屋一万五千戸以上、死傷者は八千人余り。武家地でも大きな被害が出たため、死者だけでも総計七千人を上回るだろうとされている。火災などによる二次被害より、圧死者の数が多かったのが、安政の大地震の特徴だった。

被害は特に市中東部の下町低地に集中し、なかでも新吉原《しんよしわら》は地震直後の出火によって郭内がほぼ完全に焼失した。そして逃げる自由さえ与えられなかった多数の遊女たちが、焼死するという惨劇が起こる。

葦《あし》の茂った二町四方の湿地帯（中央区日本橋人形町付近）に、江戸唯一の幕府公認遊郭である「吉原」ができたのは、元和《げんな》三年（一六一七）のことだ（営業は翌年から）。その後、周囲に町並みが密集したため風紀上の問題が起こり、明暦三年（一六五七）、明暦の大火を機に浅草日本堤の南側（台東区千束《せんぞく》4丁目）へと移転を命ぜられた。それまでの地を「元《もと》吉原」と呼ぶのに対し、こちらは「新吉原」と呼ばれる。

新吉原は万治元年（一六五八）からは昼夜営業を許されて繁盛し、最盛期には三千人もの遊女を抱える、日本最大の遊郭になった。遊郭は戦後の売春防止法で姿を消したが、いまも新吉原は風俗営業店が軒を並べる歓楽街だ。吉原大門《おおもん》バス停の近くに、「見返り柳」が残る。客が帰り際、後ろ髪を引かれる思いで振り返ったという、さまざまな思いがこもったところだ。

さて、安政の大地震による新吉原の死者数は一説によると、遊女八百三十一人、客人・ひやかし・見物人四百五十四人、茶屋男・禿《かむろ》・若者一千四百十五人で、計二千七百人という。おびただしい男女の黒焦げの死骸が重なり合うさまは異様で、悲惨で、どこか猥雑《わいざつ》だったことだろう。

主人により穴蔵に避難させられた十四人の遊女が鎮火後、蒸し焼きとなり、青く膨れた遺骸となって発見されたという話が残る。あるいは遊女と同衾《どうきん》中に上から梁《はり》が落ちてくるという目にあった男は、遊女と二人でなんとか這《は》い出て火のない方向へ走った。逃げ惑う人々の群れにまじって、はじめて自分たちが丸裸だったことに気づいたという。

浄閑寺の新吉原総霊塔（荒川区南千住２—１—12）

大地震で亡くなった、引き取り手のない遊女の遺骸は、真っ裸で簀《す》巻《ま》きにされ、三《み》ノ輪《わ》の浄《じょう》閑寺《かんじ》（荒川区南千住2—1—12）に掘られた穴に投げ込まれた。遊女は身を売ったときから人別帳（戸籍）より外されているので、本名・生国・親もとを探すのは不可能に近かった。

浄閑寺は「投げ込み寺」の異名で知られた、新吉原遊女の共同墓地だ。「生まれては苦界《くがい》、死しては浄閑寺」と詠《うた》われた。新吉原で死んだ遊女は二万人にもおよぶといわれ、平均寿命は二十一・五歳。衛生面も劣悪で、一度病にかかると、ろくな治療も施されないまま、死を待つしかなかった。

現在、浄閑寺本堂裏には、昭和四年（一九二九）に改修された「新吉原総霊塔」が残る。脇の鉄格子から薄暗い塔の中をうかがうと、遊女たちの骨壺が所狭しと安置されているのが見える。社会の底辺で虐げられた女たちの怨念《おんねん》を感じずにはいられない。

また非公認ではあったが、江戸時代、新吉原のほかにも品川・内藤新宿・板橋・千住《せんじゅ》などの宿場には飯盛女《めしもりおんな》と呼ばれる遊女がいた。必要悪として黙認されていたのだ。

安政の大地震の被害を受けた千住宿でも多くの飯盛女が亡くなり、遺骸は現在のJR常磐線北千住駅に近い、真言宗の金蔵寺《こんぞうじ》（足立区千住2―63）に投げ込まれた。

金蔵寺は江戸時代、無住の時期が続き、しかも日光街道から少し離れた寂しい場所にあったから、いつしか「投げ込み寺」になったのだという。境内に入りすぐ左手に、明治十四年（一八八一）建立の遊女の供養塔がある。塔には「南無阿弥陀仏《なむあみだぶつ》」と刻まれ、台座には店ごとに分けられた遊女の法名が数多く列記されている。

藤田東湖圧死

安政の大地震は、江戸市街の六割を占める武家地にも甚大な被害をおよぼした。しかし武家では幕府側に被害を届け出ても、事実より少なくしたり、あるいは公表しない建前だったから、その実態はつかみがたい。

将軍家定《いえさだ》は地震に驚き、江戸城の玄関まで一人で飛び出した。真っ先に江戸城に登城したのは、彦根藩主井伊直弼《なおすけ》である。老中首座の阿部正弘は、脇差だけの姿で駆けつけてきた。
風評も飛び交い、江戸城和田倉門《わだくらもん》前の会津藩邸（千代田区皇居外苑）では、一棟で百三十人もが亡くなったと噂《うわさ》され、「夫《それ》火事といふを会津に燃え出し逃げる間もなく皆ひごふ（肥後）の死」という残酷な落首が作られた。会津藩主は松平肥後守である。

あるいは品川台場の第二台場を守っていた五十人の会津藩士のうち、半分の二十五人（異説あり）が倒壊家屋の下敷きになり、火災に巻き込まれてしまった。はじめはアメリカの砲撃と誤解した者もいたらしい。それから台場は四日間燃えつづけたが、二十五人の焼け焦げる臭いが、対岸の品川や高輪台上の伊皿子《いさらご》あたりまで漂ってきたという。

この夜、小石川の水戸藩邸（上屋敷）も最初の激しい縦揺れにより大破し、藤田東湖と戸田忠敞《ただたか》（銀次郎、蓬軒《ほうけん》）が圧死している。東湖五十歳、戸田五十二歳であった。

つねに藩主徳川斉昭の左右に在り、弘道館創設や領内検地、海防にいたるまで活躍し、「水府（水戸）の二田」とか「両田」と称された二人を一度に失ったことは、水戸藩にとって大きな政治的打撃だった。越前藩の前藩主松平春嶽《しゅんがく》（慶永《よしなが》）などは、斉昭に失策が増え、万事不都合が生じるようになったのは、両田の死以来であると断言して憚《はばか》らない（『逸事史補』）。他に水戸藩では五人が亡くなり、百数十人が倒壊家屋の下から救出されたという。

東湖が老母梅子を助け、自らは圧死したという逸話は、後日孝明天皇が「忠孝両全の士と云ふべし。ああ遺憾千万なるべし」と称えたこともあり、美談として人口に膾炙《かいしゃ》した。

老母も東湖も、いったんは助かり庭に出た。ところが老母が大切な品を取ってくると言い、再び屋敷内に入った。それを追った東湖の頭上に太い梁が落ち、東湖は即死した。しかしその瞬間、東湖は両手で老母を前に押しやっていたから、老母は無事だったという。

あるいは東湖は片手で落ちて来た鴨居《かもい》を持ち上げ、もう片方の手で老母を庭に投げ出したので、老母は助かったともいう。こちらの方は、ちょっと誇張されている気がしないでもない。いずれにせよ東湖の遺骸は十月七日に故郷水戸に運ばれ、九日に葬儀が行われ、常磐共有墓地（茨城県水戸市）に埋葬された。

東湖終焉《しゅうえん》の地は、現在の文京区後楽1―3―40あたりだ。都営三田線水道橋駅に近い白山《はくさん》通りの道端に、平成十一年（一九九九）、文京区教育委員会が「藤田東湖護母致命《ごぼちめい》の処」と題した史跡説明板を設けている。かつてここには、東湖先生遺蹟顕彰会などによって昭和十七年（一九四二）に建てられた「藤田東湖先生護母致命之処」と刻む立派な石碑があった。しかし白山通りの拡張に伴い、道の中になってしまったため、石碑は小石川後楽園（文京区後楽1―6）の北東隅に移されて今日にいたる。

藤田東湖護母致命の碑（小石川後楽園、文京区後楽1―6）

現在一般公開されている小石川後楽園は、寛永六年（一六二九）に造営された水戸藩上屋敷の庭園の一部である。園内には東湖護母致命の碑のほか、斉昭が愛し「駐歩泉《ちゅうほせん》」と命名した泉の碑などもある。「最後の将軍」となった徳川慶喜《よしのぶ》が天保八年（一八三七）九月二十九日、斉昭の七男として生まれたのもここだった。

蕃書調所から洋書調所へ

ペリー艦隊の来航が契機となり、幕府は自らの手で洋書の禁を解く。

さらに勝海舟の上書などを参考に、安政二年（一八五五）一月、天文方の蕃書和解御用《ばんしょわげごよう》（洋書翻訳部門）を独立させ、洋学所の設置がはかられた。外交文書翻訳の秘密を守り、西洋軍事科学の翻訳や研究を進める目的だ。それまで長崎奉行の役目であった外交事務を、幕府は直接行わねばならなくなったのである。

頭取に古賀謹一郎（茶渓《さけい》）、教授には箕作阮甫《みつくりげんぽ》・杉田成卿《せいけい》、教授手伝には薩摩藩の松木弘安（寺島宗則《てらしまむねのり》）、佐倉藩の手塚律蔵《りつぞう》、宇和島藩の村田蔵六《ぞうろく》（大村益次郎《ますじろう》）ら一流の蘭学者が集められた。しかし「洋学」という言葉は、儒学に対するもので許しがたいという漢学者らの抗議を受け、翌三年二月には洋学所を「蕃書調所《しらべしょ》」と改称せねばならなかった。「蕃」の字は野蛮に通じる。日本以外はみな野蛮国という、排他的な考えが支配していたのだ。

蕃書調所の施設には、九段坂下の旗本竹本図書頭正雅《ずしょのかみまさつね》の屋敷があてられた。牛ヶ淵の濠《ほり》のきわに建つ、現在の九段会館（もと在郷軍人会館、千代田区九段南1―6―5）駐車場あたりで、九段下交番の傍らには「蕃所調所跡」と記した標柱と説明板がある。

竹本の屋敷は安政二年十二月二十八日に公収されることが決まった。正月準備を整えていた竹本家は、あわてて撤収したという。その規模は二千四十二坪、建物は七百八十六坪であった。こうして、安政四年一月十八日に開校した蕃書調所では、有用な原書の調査が行われ、幕府のための政治判断資料が提供された。

さらに洋学者を養成しようと、オランダ語講義には別に句読教授が置かれた。入学希望者は千人にものぼったというが、この中から百九十一人が選ばれた。授業は午前八時から午後四時まで、休日は年五回の節句と八月一日、盆休みは七月十三日から四日間、年末年始は十二月二十一日から一月十日までという厳しさだった。

最初、蘭学だけだったが、やがて英学、フランス学、ドイツ学の研究も加えられ充実していった。また万延元年（一八六〇）には、西洋科学の研究も進められ、プロシア（ドイツ）から贈られた電信機・石版機械・写真機が据えられた。さらには物産方や数学科も設けられた。

蕃書調所跡（千代田区九段南1－6－5付近）

蕃書調所は万延元年に神田小川町に、さらに二年後の文久二年（一八六二）五月には一ツ橋門外の護持院《ごじいん》原《はら》に用地を与えられ、翌年五月に洋風の校舎を建てて移り、名称も「洋書調所」と改められた。「蕃」から「洋」へ、たった一字の変更だが、それは幕府や世間の認識の変化であり、大きな意味をもっていたと言えよう。さらに洋書調所は文久三年八月、幕府の西洋医学部門と合体し、開成所《かいせいじょ》と改められた。そして、現在の東京大学へとつながってゆくのである。

講武所開かれる

ペリー艦隊来航により、幕府は防衛力不足を痛感せねばならなかった。そこで安政元年（一八五四）五月十三日、老中首座阿部正弘は、幕府の武芸稽古場である校武場を、浜御殿（のち浜離宮）南側の泉水蓮池などを埋め立てて建設するとの令を発した。しかしその後、安政の大地震後の復興などの多くの問題を抱えたため、計画は思うように進まず、「永くなるのは講武所の噂、むしん（無心）の文」と風刺されたりした。

そして結局は、海岸に近い築地《つきじ》鉄砲洲《てっぽうず》（中央区）の堀田備中守正篤《まさひろ》（正睦《まさよし》）中屋敷（七千余坪）を上知《あげち》させて用地とした。名称は最初校武場で、次いで講武場となり、講武所になった。阿部正弘は常に文武両道を理想としていたから、学問所に対する名称である。こうした背後には水戸前藩主徳川斉昭や、剣豪男谷精一郎の尽力もあった。

築地の地に総建坪一千六百坪あまりの建物がほぼ落成した安政三年春、スタッフの発表があった。総裁は久《く》貝《がい》因幡守《いなばのかみ》正典《まさのり》と池田《いけだ》甲《か》斐守《いのかみ》長顕《ながあき》の二人。指導にあたる教授方は槍術十名、剣術十一名、砲術十四名で、その頭取には新知識を代表する下曾根金三郎・江川太郎左衛門（英敏《ひでとし》、英龍の子）・勝麟太郎（海舟）が任ぜられた。これら一流の人材を選んだ点を見ても、幕府が講武所に賭《か》けた意気込みの大きさが感じられる。

つづいて三月二十四日には、創設の布達が出た。これによると、入学資格は諸役人はじめ旗本、御家人とその関係者になっているが、将来的には諸藩の藩士や浪人まで、枠を広げるつもりだったらしい。規則によると、午前十時から午後四時まで、剣術・槍術・砲術の稽古が行われ、夏場には水泳もあった。

正式な開場式は四月二十五日だったが、それに先立つ四月十三日には、非公式ながら将軍家定の来臨もあった。

稽古は武術の型を排し、実力主義の試合を主とした。このため槍の試合のたびに、足搦《あしがら》みで相手を倒すという妙技を遣う者がいた。あるいは剣の試合では、五百石どりの旗本の喉を突き破り、絶命させるという事故も起こった。老中や若年寄などの大官も、時々稽古の視察に姿を見せた。また、稽古に通う若者たちの間では、月代《さかやき》を狭く剃る講武所風と呼ばれる髪形が流行するなど、当時の風俗にも影響を与えた。

調練の中でも麴町《こうじまち》の馬場で行われた騎馬訓練は、珍妙なので評判となり、多くの見物人を集めた。東西に分かれて戦い、相手の大将の兜に付いているほうろく（素焼きの土器）を割れば勝ちというものだった。西洋銃の調練が行われる一方、それを潔しとしない風潮も根強く、このような古色蒼然とした訓練も行われていたのである。馬鹿にした庶民の中には「ちょぼくれ」という風刺文句を作る者もいた。

秋葉原に残る講武稲荷神社
（千代田区外神田１－9）

安政四年四月には、かねてから準備を進めてきた軍艦教授所（海軍教授所とも呼ばれる。元治元年〔一八六四〕五月に軍艦操練所と改称）が設けられることになった。そして七月十九日より、旗本、御家人の有志を集め、海辺の講武所を利用し、オランダから贈られた蒸気船を使い教授を始めた。

後にこれは幕府の海軍として独立することが決まり、築地は軍艦操練所に譲られ、万延元年（一八六〇）一月、講武所は小川町（千代田区三崎町2丁目）に一万三千坪の敷地を得て移転した。

二月三日の開場式には、大老井伊直弼はじめ大官たちが列席して華やかだったという。ちなみに井伊はちょうどひと月後に起こる、桜田門外の変で暗殺される運命が待っていたから、最後の晴れ舞台だったのかもしれない。慶応二年（一八六六）十月、幕府の軍制改革により遊撃隊が生まれ、十一月に講武所は陸軍所に再編成されてゆく。

小川町の講武所跡は現在のJR水道橋駅南側一帯で、当時の遺構は残っていないが、日本大学法学部図書館前に、史跡を示す標柱がある。軍艦操練所の地には維新後、海軍兵学寮、海軍省などが置かれたが、今日では国立がんセンターの敷地になっている。こちらには当時を偲《しの》ばせるものとして、築地中央卸売市場の一角（中央区築地5－2）に、海軍卿旗を掲げたという旗山の跡があり、水神を祭る祠《ほこら》が建てられている。平成十一年（一九九九）には、築地市場駐車場（中央区築地6―20）に中央区教育委員会により「軍艦操練所跡」の説明板が設けられた。

あるいは講武所の名残として、秋葉原電気街の石丸電気本店裏に、講武稲荷神社（千代田区外神田1―9）というのがある。大貫伝兵衛なる者が、このあたりの講武所附属地の払い下げを出願した。大貫は浅草橋場《はしば》の長昌寺《ちょうしょうじ》の稲荷に参詣、祈念していたが、安政三年五月二十二日に許可が出た。喜んだ大貫が翌四年、ここに小さな稲荷を祭ったのが始まりだという。

剣術ブーム

ペリー艦隊の来航は、多くの若者たちの危機感を刺激し、日本の将来を真剣に案じさせる契機となった。「いざ鎌倉」という言葉に象徴されるように、武士は子供のころから天下国家の一大事が起こったさいは、真っ先に駆けつけねばならないとの教えを受けて育っている。彼らは自らを「志士」と称し、過激な政治運動に首を突っ込んでゆく。

剣術修行のため嘉永六年（一八五三）三月、四国土佐を旅立った十九歳の坂本龍馬も、江戸に着くなり、黒船騒動を体験した一人だ。千葉定吉《さだよし》（周作の実弟）の門下となった龍馬は、臨時兵員として土佐藩が品川に築いた台場に詰めさせられている。

このとき、龍馬が国もとの父に書き送った手紙の中に、

「異国船処々に来り候由に候へば、軍《いくさ》も近き内と存じ奉り候。その節は異国（外国人）の首を打ち取り、帰国つかまつるべく候」

とある。

若者の多くは、剣術により外国勢力を撃退できると考えていた。なるほど、軍艦からの砲撃には敗れるだろうが、続いて上陸する外国兵と白兵戦を演じさせたら、刀槍に慣れた日本の武士の方が強いと信じて疑わなかった。水戸学の大家である藤田東湖らが説く攘夷も、そんなところだ。のち、長州藩が関門海峡で実際に外国艦砲撃を行い、そうした考えが机上の空論にすぎないことを思い知らされるのだが、それはまだ先の話である。

このような外圧の影響もあり、幕末の剣術の世界には活気が漲《みなぎ》った。刀槍に対する信仰が最後の花を咲かせた時代といってもいいだろう。全国の若者たちは続々と、江戸へ剣術修行のためにやって来た。

当時、評判の高かった三つの剣術道場の主《あるじ》は、「幕末の三剣士」と呼ばれたという。彼らは「技の千葉、力の斎藤、位の桃井《もものい》」との評判だったともいう。もっともこれは、後世の講釈師の創作であるともいわれる。ともかくこの三つの道場が、当時の若者たちの人気を集めたことは間違いないようだ。

「技の千葉」は、陸奥《むつ》国栗原郡花山村（宮城県花山村）出身の剣客千葉周作が主宰する玄武館《げんぶ》である。千葉は師中西《なかにし》忠兵衛子正《たねまさ》の一刀流と父千葉常胤《つねたね》の伝える北辰《ほくしん》流を併せ、北辰一刀流をあみだし、文政六年（一八二三）には神田お玉が池に道場玄武館を開いた。後に新選組幹部となる山南《やまなみ》敬助や藤堂平助《へいすけ》も、ここで剣を学んだという。

玄武館の西隣に、文政四年に東条一堂が開いた漢学塾瑶池館《ようち》があった。「異端」を個性として認める塾風で、門下生には頼三樹三郎《らいみきさぶろう》や鳥山新三郎がいた。出羽《でわ》庄内《しょうない》から出てきた清河八郎は両方の塾に入り、北辰一刀流兵法箇条目録を授けられ、瑶池館の塾頭になっている。しかし瑶池館は嘉永四年に閉じられ、その敷地は千葉に譲られた。現在、両塾を記念する「右文《ゆうぶん》尚武《しょうぶ》」と題した石碑が旧千桜《ちざくら》小学校（千代田区神田東松下町22）に建てられている。

千葉は、天保十年（一八三九）四月に水戸藩主徳川斉昭に招かれ、同十二年六月からは百石を給せられて馬廻り役に列せられた。安政二年（一八五五）十二月十三日、六十二歳で没。墓は豊島区巣鴨《すがも》5―35―6の本妙寺にある。

東条一堂・千葉周作の塾跡「右文尚武」の碑（千代田区神田東松下町22）

「力の斎藤」こと斎藤弥九郎は越中（富山県）出身。十五歳で江戸へ出て岡田十松《とおまつ》の門で剣を学び、文政九年、二十九歳のとき、飯田町俎橋《まないたばし》に神道《しんとう》無念流《むねんりゅう》の剣道場を開き、練兵館と称した。その後、練兵館は九段坂上の三番町に移り、門弟は三千人を越すといわれた。長州藩の桂小五郎（木戸孝允《たかよし》）・太田市之進（御《み》堀耕助《ほりこうすけ》）や、肥前《ひぜん》大村藩の渡辺昇《のぼり》などが塾頭を務めたのは、このころだ。なお練兵館は、明治二年（一八六九）、招魂社（のちの靖国神社）建設のために牛込見附《うしごめみつけ》に立ち退いている。靖国神社（千代田区九段北3―1―1）南門のそばには「神道無念流練兵館跡」の碑が、平成になって建てられた。

斎藤には、江川太郎左衛門（英龍）を助けて品川台場の工事監督を行ったり、長州藩世子毛利定広（のち元徳《もとのり》）に尊攘の大義を進言したりと、新知識や政治に積極的に関係した一面もある。維新後は新政府に出仕して造幣局権判事などを務めたが、明治四年十月二日、七十四歳で東京で没した。墓は渋谷区代々木5―2―1の福泉寺にある。

「位の桃井」こと鏡新明知流《きょうしんめいちりゅう》の桃井春蔵《しゅんぞう》が主宰したのが、江戸南八丁堀大富《おおとみ》町の蜊河岸《あさりがし》にあった士学館だ。場所は現在の中央区新富1―4あたりである。桃井は沼津藩士田中十郎左衛門の次男として生まれ、十七歳のとき、見込まれて桃井氏の養子となり、二十五歳で四代目桃井春蔵を名乗った。講武所でも剣を教授し、維新後は大阪に出たが、明治十八年十二月八日、六十一歳で病没した。

士学館の近くには土佐藩の下屋敷（中央区役所あたり）があったから、後に土佐勤王党首領になる武市半平太《たけちはんぺいた》（瑞山《ずいざん》）や、「人斬り」の異名をとった岡田以蔵《いぞう》など、門下には特に土佐藩士が多かった。武市は桃井に懇願されて塾頭になり、道場の風紀を厳正にしたという。

こうして坂本龍馬・桂小五郎・武市半平太など、江戸に出てきた若者たちは、藩や身分の枠を越えて交流を深め、ときには口角泡を飛ばして時事問題を論じたりした。道場対抗の試合なども行われたようだ。講談では龍馬と桂の試合というのもあるが、これは後年の創作らしい。いずれにせよ剣術を通し、縦の人間関係が基本の封建社会に、横の繫《つな》がりが生まれ、それがやがて変革へのネットワークとなってゆくのである。

将軍継嗣問題

現在の皇居北側、KKR東京竹橋、日本政策投資銀行、気象庁などが軒を並べる千代田区大手町1丁目あたりには、かつて田安家・清水家と並ぶ御三卿のひとつで、安政の将軍継嗣問題の片側の牙城《がじょう》である一橋家（十万石）の広大な屋敷があった。丸紅本社西側の内堀通りに面した植え込みの中に、史跡を示す石碑が建てられている。一橋家は八代将軍徳川吉宗の四男宗尹《むねただ》が、江戸城一ツ橋門内に屋敷を与えられ、一家を立てたのを始まりとする。

ペリー艦隊が来航した嘉永六年（一八五三）、家慶《いえよし》の跡を継いで十三代将軍となった家定は病弱だったため、安政四年（一八五七）秋から翌五年にかけ、早くも将軍継嗣問題が発生した。

家門筆頭の越前藩主松平慶永（春嶽）や外様大名薩摩藩主島津斉彬《なりあきら》・土佐藩主山内豊信《やまうちとよしげ》（容《よう》堂《どう》）・宇和島藩主伊達宗城《だてむねなり》、それに水戸藩前藩主徳川斉昭らは改革を望み、英明で聞こえた一橋家の慶喜（徳川斉昭の実子。安政四年当時二十一歳）を推した。これを一橋派と呼ぶ。

一方、井伊直弼を中心とする溜間《たまりのま》詰めの譜代大名らは、将軍家定の従兄弟という血縁を重視し、十二歳の紀州藩主徳川慶福《よしとみ》（のち家茂《いえもち》）を推す。こちらは南紀派と呼ばれる。彼らは、元来保守的な大奥勢力と結び、一橋派に対抗した。

阿部正弘にかわり、溜間詰大名の支持を受けて老中首座となった堀田正睦は、南紀派に傾きがちだった。そこで一橋派は情勢を挽回するため、将軍継嗣決定に天皇の沙汰である勅諚《ちょくじょう》を得ようと画策する。

そのころ、日米修好通商条約に調印もやむなしと考えるようになっていた幕府は、反対意見を封じ込めるため、天皇の許可である勅許を得ようと考えていた。

ここに目を着けた一橋派は、朝廷工作のため京都に上る堀田正睦を援助し、抱き合わせに「年長・人望・英明」が将軍後継者の条件であるとの勅諚を、持ち帰らせようとする。周旋のため慶永は橋本左内を、斉彬は西郷吉之助（隆盛）を京都に送り込んだ。

堀田は安政五年一月、三万両の工作資金を持って京都に赴いた。そして有力公家を訪問するなど、三ヵ月余りも奔走したが、孝明天皇の攘夷の意志は固く、勅許は得られなかった。また、時局多端の折から将軍後継者の決定を急ぐようにとの勅諚は下ったが、一橋派が期待した条件は、ひとつも示されていなかった。これは、一橋派の謀略に気づいた井伊直弼の腹心長野主膳《しゅぜん》が、関白九条尚忠《ひさただ》を説き、南紀派側に取り込んでいたからである。

この失敗により、堀田は朝廷の信任があつい水戸藩生まれの一橋慶喜こそが、将軍にふさわしいのではないかと考えるようになっていった。さらに松平慶永を大老職に就任させるよう、将軍に進言した。大老は幕政全般を統轄する最高職だが、常置ではない。徳川幕府が始まってから十三人しかいなかった。

ところが南紀派の周旋が功を奏し、四月二十三日になって、井伊直弼が突如、大老に就任した。政争に勝利した井伊は、強引にそれまでの懸案を片づけてゆく。六月十九日には日米修好通商条約に調印し、六月二十五日には紀州藩主徳川慶福を将軍後継者にすると公表した（慶福は七月二十一日、家茂を名乗る）。

勅許なしの調印に抗議し、徳川斉昭・水戸藩主徳川慶篤《よしあつ》・尾張藩主徳川慶恕《よしくみ》（のち慶勝《よしかつ》）が江戸城に押しかけ、井伊を難詰した。ところが井伊は七月五日になり斉昭に謹慎、慶恕と松平慶永に隠居・謹慎、慶篤と一橋慶喜に登城停止を命じた。また、山内豊信・伊達宗城らも隠居に追い込まれ、島津斉彬は七月十六日に病死してしまった。

さらに井伊は、五月六日に一橋派とみなされていた大目付土岐《とき》頼旨《よりむね》や勘定奉行川路聖謨を左遷し、六月二十三日には老中堀田正睦を罷免《ひめん》して、後任に間部《まなべ》詮勝《あきかつ》を起用した。こうして反対派を一掃した、井伊の独裁が始まったのである。

お玉が池種痘所

幕末、周囲に江戸文化人たちが住みついたことで知られるお玉が池は、池畔の茶屋の娘お玉が養父の死を悲しみ、池に身を投じたとの伝説からついた名だという。いまは何も残っていないが、ビルの谷間に「お玉ヶ池跡」と記した標柱（千代田区岩本町2―5―8）と、お玉を祭る小さな祠がある。

天保五年（一八三四）、この地に勤王詩人として知られた梁川星巌《やながわせいがん》が玉池吟社《ぎょくちぎんしゃ》を開いた。星

お玉が池種痘所跡（千代田区岩本町２―５）

巌は幕府の開国政策に反対して朝廷を説き、水戸藩に攘夷の密勅を下させるため一役買った。このため安政の大獄で逮捕されかかったが、寸前の安政五年（一八五八）九月二日、当時流行していたコレラで病死したため「死（詩）に上手」と謳《うた》われた。七十歳だった。

星巌を慕う佐久間象山が、お玉が池に「象山書院」あるいは「五柳精舎」と称する塾を開いたのは、天保十年のことである。その後、先述の東条一堂の「瑶池館」や千葉周作の「玄武館」、安政六年には清河八郎の私塾なども開かれ、文武両方が学べるお玉が池は、在野の学者・剣士・文人たちが往来する町として賑わいを見せた。

さらに安政四年、伊《い》東玄朴《とうげんぼく》をはじめとする箕作阮甫・竹内玄同《たけのうちげんどう》ら八十三名の蘭方医により、お玉が池松枝《まつがえ》町の幕臣川路聖謨の屋敷内に種痘所を設立しようとの動きが起こる。

天然痘（疱瘡《ほうそう》）は人類を苦しめつづけた病だが、このときから約半世紀前にイギリスの外科医ジェンナーが牛痘接種を行い、予防法を作り上げていた。弘化四年（一八四七）、佐賀藩で天然痘が大流行したさい、侍医の伊東玄朴は牛痘のことを藩主鍋島直正《なべしまなおまさ》（困叟《かんそう》）に話した。直正は長崎のオランダ商館から牛痘を取り寄せさせたが、これが日本における種痘のはじまりといわれる。

蘭方医たちは川路を通して幕府に働きかけ、許可を受けた。そして安政五年五月、蘭方医たちが資金を出しあい、江戸の種痘事業の中心であるお玉が池種痘所がスタートした。場所は現在の千代田区岩本町2―5の交差点角、東京大学医学部が建てた「お玉ヶ池種痘所記念」の石碑があるあたりだ。しかし十一月十五日、類焼に遭ったため下谷《したや》和泉橋《いずみばし》通りに移転し、万延元年（一八六〇）には幕府直轄となり、文久元年（一八六一）、西洋医学所と改称された。東京大学医学部の前身である。

幕末シルクロード

安政五年（一八五八）六月十九日午後、勅許を得られぬまま、神奈川沖のポーハタン艦上で調印された日米修好通商条約は、公使の江戸駐在、神奈川・長崎・箱館・新潟・兵庫の開港、江戸・大坂の開市・自由貿易、片務的領事裁判権、協定関税制を定めていた。さらに幕府は、七月にはオランダ・ロシア・イギリスと、九月にはフランスとの間に同種の条約を締結した。これらは一般に「安政の五ヵ国条約」と呼ばれる。

こうして始まった貿易の基本は、日本から生糸と茶を輸出し、綿糸・綿織物・毛織物を輸入するというものだった。当時、イタリアやフランスをはじめとするヨーロッパ諸国では蚕の微粒子病が広がり、生糸生産が大きく落ち込んでいた。また中国でも太平天国の乱の影響で生糸は大減産であった。そこで日本の安い生糸に、世界中から買い手が殺到する。

上州・甲州・信州・武州・福島などの寒村でとれた生糸が、開港したばかりの横浜に集められ、世界へ向けて旅だっていった。養蚕農家にとっては開国は福の神である。一年二十五両だった甲州のある養蚕農家の収入は、開国から五年後、三十四倍の八百五十九両に急増したというから、その激しい勢いがうかがえる。

ところが生糸の生産量は開国から三、四年で二倍に増大したものの、輸出はそれ以上に増えてしまった。このため国内市場にまわる分は、貿易開始前の半分になったという。開国は従来の江戸問屋中心の流通機構を破綻《はたん》させ、急激な物価高騰をもたらしたのだ。

驚いた幕府は万延元年（一八六〇）閏《うるう》三月、主要輸出品である五品（雑穀・水油《みずあぶら》・蠟《ろう》・呉服《ごふく》・生糸）に限り、産地から江戸に回送し、国内需要を考慮した後に横浜に出荷させるという「五品江戸廻令《ひんえどまわしれい》」を発し、貿易統制を行おうとした。その結果、生糸を除く四品についてはある程度の効果があったものの、最大の輸出品である生糸に関しては、思ったほどの成果が上がらなかった。

その原因のひとつに、「裏街道」の利用がある。関八州《かんはっしゅう》は天領、旗本領、大名領などが入り乱れ、取り締まりが緩やかで、信州や甲州の深い山ひだの中には、多くの裏街道が隠されていたのだ。しかも表街道と違い口銭《こうせん》（手数料）も取られず、宿場ごとに荷を付け換えなくてもいいから、裏街道は商人たちにとり、格好の道であった。上州や武州で生産された生糸は、こうした裏街道を通ってひそかに横浜に運び込まれたのである。

今日、多摩ニュータウンのはずれ、大塚山公園（八王子市鑓水《やりみず》405）に、「絹の道」と刻んだ石碑を見ることができる。昭和三十二年（一九五七）四月、多摩有志の手で建てられた裏街道の記念碑だ。台座には桑の葉がデザインされている。「絹の道」は昭和二十年代末、郷土史家橋本義夫の命名による。

ここから柚木《ゆぎ》街道に出るまでの一・五キロあまりが散策コース。江戸時代には八王子から相模国に入る山道のひとつだった。新横山村《しんよこやま》から片倉村、鑓水峠《やりみずとうげ》を越えて原町田《はらまちだ》につながる「鑓水―道了堂道《どうりょうどう》」（浜道《はまみち》）である。生糸を担いだ商人たちが、一攫千金《いっかく》を夢見ながら生糸を運んだ、「幕末シルクロード」ともいうべき道なのだ。なお散策コース途中にある絹商人木下要右衛門宅跡は絹の道資料館（八王子市鑓水989―2）になっている。

昌平黌の高杉晋作

JRお茶の水駅のプラットホームから青銅の大屋根が眺められる湯島聖堂（文京区湯島1―4―25）は、もと上野忍ヶ岡《しのぶがおか》に幕府儒官林羅山《はやしらざん》が建てた孔子廟《こうしびょう》だったが、五代将軍徳川綱吉《つなよし》の命により元禄三年（一六九〇）、いまの湯島の神田川ぞいに移された。

寛政二年（一七九〇）、老中松平定信《さだのぶ》は寛政の改革の一環として朱子学を正学とする、寛政異学の禁を諭達。さらに湯島聖堂は旗本・御家人の子弟のための幕府直轄の学問所、昌平黌《しょうへいこう》（昌平坂学問所）として拡充整備された。すべての工事が完成したのは、寛政十一年十月のことだ。これにより聖堂は、昌平黌の一施設となった。江戸時代の武士にとり最も大切なのは、仏教でも神道でもない。それは儒教であり、孔子を祭る聖堂は最も神聖な場所として崇《あが》められた。

現在の湯島聖堂は関東大震災後、昭和十年（一九三五）、鉄筋コンクリート造りで再建されたものだ。江戸時代の昌平黌はこの二倍の敷地を持ち、西隣には寄宿生のための寄宿寮と書生寮があった。

やがて幕府は、昌平黌に陪臣（諸藩の藩士）や浪人の入学を許すようになる。その数は弘化三年（一八四六）から慶応元年（一八六五）までの間で五百五人だった。在籍は一年間で、それ以上は更新の手続きもあった。公開講釈も行い、庶民教化の役割も担っていたのだ。

のちに奇兵隊を結成し、幕府軍と戦うことになる長州藩の高杉晋作も幕末の一時期、昌平黌で学んでいる。昌平黌書生寮の姓名簿によると、晋作は二十歳の安政五年（一八五八）十一月に入学し、翌六年十月に退学している。安政の五ヵ国条約が世論を沸騰させ、安政の大獄の嵐が吹いていた時代だ。師は実学的な学風で知られた朱子学者の安積艮斎《あさかごんさい》だった。

加賀藩出身（家老横山家の家臣）で維新後は文部省・司法省に出仕した野口之布《ゆきのぶ》もまた、晋作と同時期に昌平黌に在籍した一人だ。後年、特に親交があつかった晋作と芸州藩士星野文平との思い出を回顧している（永山近彰編『犀陽遺文』明治三十四年）。

それによると三人は演劇を好み、しばしば黌則を破って観に行った。晋作が最も好んだのは、市川米升（四代目市川小団次《こだんじ》）の芸だったという。あるいは三人は、共に酒を飲みに行くこともあった。しかし晋作の酒量は少なく、小杯（おちょこ）三ばいも飲むと、酔ってしまった。晋作は「酒楼が黌から近いと、帰る時に酔いがまだ醒めていないから、その勢いで激論するのが最も痛快だ。もし酒楼が黌から遠かったら、帰るころにはすでに醒めてしまっている」という意味のことを語ったという。あるいは漢学者三島毅《みしまつよし》（中洲《ちゅうしゅう》）の回顧録では、晋作はよく酒を飲みに行っていたが、帰ってくると喧噪《けんそう》きわまりなく、粗暴の一少年との印象を持っていたとある。

このころ、晋作は昌平黌入学のために奔走してくれた国もとの学者山県半蔵《やまがたはんぞう》（のち宍戸璣《ししどたまき》）に、礼状を出している。その中に近況報告として「この節は心中糸のごとく乱れ、学問の方角分明に相見《あいみ》え難く思案に尽きおり候。区々心中御推察頼み奉り候」と、自らの苦しい胸中を打ち明けている。これに関し昌平黌在学中に晋作が作った「自らを笑う」と題した漢詩に、次のようなものがある。

人生は元一夢
須《すべか》らく逸豪の娯《たの》しみを尽くすべし
自ら笑う我が心拙にして
終身腐儒を学ばんとするを

最後の「腐儒」を学ぶというのが、痛烈だ。時世に対応しようとしない形骸化された朱子学を、批判しているのだろう。他のいくつかの漢詩と共に学友たちに回覧したところ、「絶妙」

「豪放」という、共感を込めた評をもらった。自らは何をなすべきか分からない、悶々とした気持ちを、ときには酒で紛らわせながら、晋作ら昌平黌の若者は江戸での日々を送っていたことが分かる。

なお余談だが、帰国後、晋作は江戸で覚えた味として、「マグロの刺身が一番旨い」と語っていたという（横山健堂『高杉晋作』大正五年）。口の中でとろけるような、脂がのったマグロの味。しかし、これが一般受けするようになったのは意外と新しく、幕末のころからなのだ。

仙台では春に捕れるのを「シビ」、冬に捕れるのを「マグロ」と呼ぶ。江戸時代はじめは「シビ」は「死日」に通じると、武家では縁起が悪い魚であると嫌われた。庶民もあまり上品な食べ物とは考えていなかった。

ところが十九世紀ごろから、人目を忍んで食べる者が増えてきた。さらに天保三年（一八三二）の二月から三月にかけ、マグロの豊漁が続き、前代未聞の安値になって、江戸に一大ブームがやってきた。もっともこのころは、生だと肉がすぐに黒ずむため、醤油漬けにして食べることが多かったという。

安政の大獄

大老井伊直弼に追い詰められた一橋派は、朝廷の力を背景に勢力の挽回をはかろうとする。水戸・薩摩藩士や在野の運動家たちが京都に乗り込んで奔走した結果、朝廷は安政五年（一八五八）八月八日、幕府と水戸藩に対して密勅を下す。いわゆる「戊午《ぼご》の密勅」だ。その内容は、安政の五ヵ国条約調印を「勅答の御次第に相背《あいそむ》きたる軽率の取り計らいなり」と批判し、徳川斉昭らの処分を詰問し、三家・三卿・家門・列藩を集めて「一同群議評定《ひょうじょう》」（合議制）による幕政を実現せよと求めていた。

ともかく勅諚が一大名に直接下るだけでも前代未聞だ。水戸藩への密勅は、近衛忠熙《ただひろ》から水戸藩京都留守居役の鵜飼吉左衛門《うかいきちざえもん》に託された。朝廷は水戸藩に、密勅を諸大名に伝達するよう命じたが、幕府はこれを禁じる。

こうした動きに対する井伊側の猛反撃が安政五年から翌六年にかけて行われた、いわゆる「安政の大獄」だ。井伊は一橋派や開国反対派など、公卿や大名から在野の浪人や僧侶、商人にいたるまで、自分の政策の邪魔になる者を根絶やしにしようと、激しい弾圧を加えていった。

九月七日、京都における梅田雲浜《うんぴん》（源次郎）の逮捕で、大獄の幕は切って落とされる。雲浜はもと若狭《わかさ》（福井県）小浜《おばま》藩士の浪人儒者で、梁川星巌と並ぶ京都の在野の勤王運動の指導者だった。

ついで水戸藩士鵜飼吉左衛門・幸吉父子、鷹司《たかつかさ》家諸大夫《しょだいぶ》小林良典《よしすけ》、処士（浪士）頼三樹三郎、薩摩藩士日下部《くさかべ》伊三次《いそうじ》、西園寺《さいおんじ》家諸大夫藤井《ふじい》尚弼《ひさすけ》など朝廷関係者や藩士、浪人が京都において次々と捕らえられた。薩摩藩士西郷吉之助（隆盛）は、清水寺の勤王僧月照《げっしょう》を連れて京都を脱して薩摩藩に逃れたが、藩論が急変し、二ヵ月後鹿児島で入水自殺をはかった。しかし西郷のみが蘇生し、奄美大島に流されることとなる。

また江戸でも、越前藩士橋本左内や儒者の藤森弘庵《ふじもりこうあん》、地方では長州の吉田松陰（寅次郎）などが捕らえられた。

徳川斉昭は水戸に永蟄居《えいちっきょ》、一橋慶喜・尾張藩主徳川慶勝《よしかつ》は隠居・慎、松平慶永・山内容堂・伊達宗城らには慎・隠居が命ぜられ、鷹司政通《まさみち》・近衛忠熙・三条実万《さねつむ》らの有力公卿も辞官・落飾・慎に処された。

幕府内では、一橋派の岩瀬忠震・永井尚志が永蟄居、川路聖謨が隠居・慎に処されるなど、開明派官僚が葬り去られた。

このように連座者は、百余名を数えたといわれる。

うち、死刑に処されたのは八名だ。切腹は水戸藩士安島帯刀《あじまたてわき》、斬首は水戸藩士茅根伊予之介《ちのねいよのすけ》・同鵜飼吉左衛門・三条家士（元土浦藩士）飯泉喜内《いいずみきない》・橋本左内・頼三樹三郎・吉田松陰、獄門は密勅を水戸に運んだ水戸藩士鵜飼幸吉である。他にも遠島や追放などに処された者が四十名以上、なかには日下部伊三次・梅田雲浜や小林良典・藤井尚弼など獄死した者もいた。

彼らの遺骸の多くは、罪人として千住小塚原《こづかっぱら》にひそかに埋められ、当初は墓碑を建てることさえ許されなかった。

小塚原は江戸初期に設けられた重罪人の刑場で、二百二十余年の間に埋葬された遺骸は二十余万体といわれる。文政五年（一八二二）八月、津軽藩主暗殺を企んだ南部藩の浪人相馬大作《そうまだいさく》

（下斗米《しもどまい》秀之進《ひでのしん》）が江戸で処刑され、埋葬されて以来、小塚原は国事犯の遺骸の埋葬場所になった。

刑死者の菩提《ぼだい》を弔うため、寛文七年（一六六七）に創建された小塚原回向院《えこういん》（荒川区南千住5―33―13）の墓地には、いまも安政の大獄以来の国事犯の墓碑数十基が並ぶ。門を入るとまず右手のコンクリート造りの覆堂の中に、ほとんど摩滅しているが「蓼園墓《れいえんぼ》」と刻んだ古い墓碑がある。これは安政六年十月七日、伝馬町獄で二十六歳の若さで斬られた橋本左内の墓だ。

左内は適塾《てきじゅく》で西洋医学を修め、のち政治を志して藩主松平慶永の片腕となり、一橋慶喜擁立のため奔走した。関係者は最初「橋本左内墓」と刻んだ墓碑を建てたのだが、幕府によって倒されてしまう。そこで別号の蓼園を刻んだ墓を目立たぬように建てた。のち「蓼園墓」と遺骸は故郷福井に移されたが、福井でも墓碑を新造したため、「蓼園墓」は再び回向院に戻されたのだ。傍らには左内の事跡を刻んだ「橋本景岳之碑」（明治十七年建立。重野《しげの》安繹《やすつぐ》撰文、渋沢栄一篆額《てんがく》）も建てられている。

小塚原回向院に並ぶ松陰らの墓（荒川区南千住5―33―13）

その奥のブロック塀で囲まれた一角を中心に、安政の大獄や桜田門外・坂下門外の変などで刑死や獄死した者たちの墓碑が並ぶ。「松陰二十一回猛士墓」は吉田松陰、「鴨崖墓《おうがいぼ》」は頼三樹三郎の墓だ。同じく大獄で刑死した茅根伊予之介・鵜飼吉左衛門・幸吉父子（合葬）・飯泉喜内の墓、あるいは六物空満《ろくぶつくうまん》・小林良典・日下部祐之進《ゆうのしん》・梅田源次郎（雲浜）・水口秀三郎・成就院信海《じょうじゅいんしんかい》（月照の弟）・須山万《すやままん》・平尾信種ら獄死者たちの墓も建てられている。

伝馬町《てんまちょう》獄で斬られた松陰の遺骸は、門下生たちにより小塚原に埋葬されたが、ここに建てられた最初の墓は幕府により倒された。しかし文久二年（一八六二）十一月に、大獄の国事犯に大赦令が出たさい、門人久坂玄瑞らにより再建され、今日にいたる。碑銘は久坂の筆跡だ。ただし松陰の遺骸は文久三年一月、門人高杉晋作らの手で荏原《えばら》郡若林村太夫山《たゆうやま》（のち松陰神社）に改葬されたから、ここには埋まっていない。

吉田松陰の志

安政の大獄に連座した吉田松陰が、長州萩から江戸に送られてきたのは、安政六年（一八五九）六月二十四日のことである。松陰はただちに桜田門外の長州藩上屋敷に幽閉された。

七月九日、幕府の評定所に呼び出された松陰は、第一回の尋問を受けた。実は幕府が松陰を呼び出したのは、梅田雲浜との関係と、御所内にあった幕政批判の落とし文の筆跡が松陰のものではないかと、疑ったからだ。しかし松陰にとり、こんな嫌疑はいずれも身に覚えがなく、理路整然と弁明したら、たちまち晴れてしまった。

松陰は、かえって拍子抜けしたらしい。取り調べの奉行たちに求められるまま、自分の所信を熱っぽく語りはじめた。至誠をもってすれば、動かぬ者はないと信じていた松陰である。井伊大老が京都に送り込んだ老中間部詮勝の要撃を企てたことまで、曖昧《あいまい》な言い方ではあるが、うっかり自白してしまった。こうして松陰は、伝馬町獄の西奥揚屋《あがりや》に投ぜられてしまう。

伝馬町獄は二千六百十八坪もある江戸時代最大の牢獄で、慶長年間（一五九六〜一六一五）に常盤《ときわ》橋から小伝馬町に移され、明治八年（一八七五）五月まで存在した。

松下村塾で松陰の教えを受けた門人の高杉晋作は、当時、江戸遊学中だった。晋作は懸命になって金品や書籍、筆紙にいたるまで、獄中の松陰に差し入れた。獄での生活は、牢名主に贈るワイロなどで、結構金がかかる。晋作は松陰に直接面会することはできなかったが、松陰に共感する金六という獄卒が、その間を往復して便宜をはかってくれた。

ある日、獄中の松陰から晋作は一通の手紙を受けとる。そこには以前、晋作が松陰に発した「丈夫、死すべきところ如何《いかが》（男はどんな時に死ねばいいのですか）」という質問に対する答えが記されていた。

松陰は「死は好むべきにもあらず、また悪《にく》むべきにもあらず」という。そして、「世に身生きて心死する者あり。身亡びて魂存する者あり。心死すれば生くるも益なきなり。魂存すれば亡《ほろぶ》るも損なきなり」、つまり肉体が滅んでも、志が残るのなら価値があるではないかというのだ。よって、「死して不朽《ふきゅう》の見込みあらば、いつでも死ぬべし。生きて大業の見込みあらば、いつまでも生くべし。僕の所見にては生死は度外に措《お》て、ただ言うべきを言うのみ」という結

十思公園に建てられた松陰辞世を刻む碑（中央区日本橋小伝馬町５）

論に達するのである。志のためなら成否を考えず、ひたすらに進もうとする松陰の教えは、その後の晋作に強い影響を与えた。

アメリカ密航に失敗し、幽閉の身のまま萩で松下村塾を主宰していた松陰は、一橋慶喜擁立にも、戊午の密勅にもかかわっていない。それは、幕府側も分かっている。弁明次第では、生き延びる道はいくらでもあっただろう。しかし松陰は、あえてその道を選ばなかった。たとえ不利になると知っていても、自分の所信を述べつづけた。

その結果、安政六年十月二十七日、伝馬町獄の処刑場で松陰は斬首に処された。享年三十。流刑に決まりかけていたのを、井伊大老みずからが死刑に改めたという話が残る。松陰の影響力をよほど恐れたのだろうか。

松陰が処刑されると同時に、多大な犠牲者を出した安政の大獄も一応の幕が下ろされた。井伊は自分にとっての不穏分子を一掃できたと、安堵したようだ。久しぶりに、好きな茶会を催したという。ところが弾圧が激しければ激しいほど、志を継ごうとする者たちによって反幕運動は激化し、かえって幕府の崩壊を早める結果につながってしまった。それが読めなかったところが、独裁路線を暴走した井伊の失敗であったと言えよう。

伝馬町獄の獄舎や刑場の跡は現在、ビル街の谷間の大安楽寺《だいあんらくじ》や十思《じっし》公園、十思スクエアになっている。中央区日本橋小伝馬町3から5、地下鉄日比谷線の小伝馬町《こでんまちょう》駅からすぐのところだ。ここでは幕末の数年間で、安政の大獄はじめ桜田門外の変の関係者など、九十六名の国事犯が斬られた。介錯《かいしゃく》をしたのは「首斬り」の異名をとった、山田浅右衛門《あさえもん》（七代吉利）である。浅右衛門は松陰の最期の態度が立派だったと絶賛した。

十思公園の一角には、松陰が門下生たちに残した遺書『留魂録』の巻頭に記した辞世、「身はたとひ武蔵の野辺に朽ちぬとも留め置かまし大和魂　十月念五日　二十一回猛士」の直筆を拡大して刻む大きな石碑が昭和十四年（一九三九）六月に建てられた。自分の肉体が滅んでも、志はこの世に残すのだという凄まじい覚悟である。

岩瀬忠震の憤死

隅田川の東岸、都営墨田一第二団地（墨田区墨田1―4―54）の地は、井伊直弼に抵抗した開明派官僚の岩瀬忠震（肥後守）が不遇のうちに生涯を終えた岐雲園《きうんえん》の跡で、史跡を示す説明板も出ている。

岩瀬ありし日の岐雲園は広さ約五百坪、河水を引いた汐入りの池のある別荘風の構えだった。命名の由来は、岩瀬自身が所蔵していた明《みん》の魯《ろ》岐雲の画巻と交換に、この別邸を手に入れたからである。

「識見卓絶して才機奇警、実に政治家たるの資案を備へたる人なり」（福地源一郎『幕末政治家』）と評された岩瀬忠震は、文政元年（一八一八）、旗本設楽《しだら》家に生まれ、同じく旗本の岩瀬家の養子となった。昌平黌で頭角を現し、阿部正弘に認められて安政元年（一八五四）一月、目付に抜擢されて海防掛を命じられた。

安政四年十二月、岩瀬は井上清直と共に日米修好通商条約交渉の全権委員となり、蕃書調所においてアメリカ使節ハリスとの交渉にあたる。交渉は翌五年一月までに十四回行われ、井上と岩瀬は全知全能を尽くし、ハリス側が作成した条約案の得失を審議していった。ハリスは二人の態度に感嘆したといわれる。

安政五年一月、老中堀田正睦が条約勅許を得るため上京したさい、岩瀬も交渉を中断してこれに随行した。しかし勅許は得られなかった。京都を離れる前夜、橋本左内に会った岩瀬と平山謙二郎（幕臣。省斎《せいさい》）は、

「日本は最早淪没《りんぼつ》の時致り候や。御所は固陋蒙昧《ころうもうまい》、列侯は固執、将軍家は因循《いんじゅん》、強大な外寇はさし迫りこれ有り、実に如何ともすべからざる勢いに候」

と嘆いた。その打開策として、岩瀬ら開明派の幕府官僚たちは、次期将軍に一橋慶喜を擁立せねばならないと考えるようになる。

ところが、堀田より一足先に江戸に帰った岩瀬に、「大事件」が降りかかった。四月二十三

日、南紀派の井伊直弼が大老に就任し、五月はじめには徳川慶福（家茂）を将軍後継者に決めてしまったのだ。

岩瀬は大老を置くことに異論はないが、井伊はその器量ではないと考えていた。そこで目付の鵜殿長鋭《うどのながとし》・永井尚志と共に老中に会い、井伊の大老就任につき抗議したが、効果はなかった。大老となった井伊は、日米修好通商条約の締結には賛成である。しかし勅許はあくまで必要だと考え、調印を引き延ばさせようとした。

そんなおり、アロー号事件（第二次アヘン戦争）で清朝中国に勝利した英仏連合軍が、勢いに乗じて日本に押し寄せ、国交・通商条約を迫る、という情報が入る。そこでハリスは、日米条約が調印されていれば、英仏が無理難題を押しつけても、アメリカが同盟国のよしみで助けてやれると、井上・岩瀬を通じて締結を催促した。

これを受けて六月十九日、幕閣でも会議が開かれ、井伊も調印を覚悟せざるをえなくなる。それでも井伊は、引き延ばしを前提に交渉せよと井上・岩瀬に命じたが、二人はその足で神奈川沖のポーハタン号にいるハリスのもとに赴き、さっさと調印を済ませてしまった。幕府内からの非難に対し、岩瀬は徳川よりも社稷《しゃしょく》（日本国家）が重い、と答えたという。すでに岩瀬の意識は幕府を超越し、国家という高い観点にあったことが分かる。

井伊が、こうした岩瀬を危険視したことは言うまでもない。九月になると、井伊による安政の大獄が始まるのだが、幕府内では岩瀬が真っ先に標的になった。

白鬚神社の岩瀬忠震墓碑（墨田区東向島3―5―2）

井伊は、七月八日に外国奉行に就任したばかりの岩瀬を、九月五日には閑職である作事奉行に左遷した。さらに翌六年八月二十七日には役職を罷免し、永蟄居を命じたのである。井伊は、岩瀬が一橋派として奔走した罪を挙げ、本来なら死罪に値するが、条約締結の功をもって、寛典に処してやるのだと述べている。ペリー艦隊来航に刺激された阿部正弘が抜擢した開明派の官僚グループを、幕府は自らの手で葬り去ってしまったのだ。

向島の別宅である岐雲園に閑居した岩瀬は、詩作や書画に明け暮れた。やがて憂憤のあまり病を発し、何ヵ月か重態の床に伏したあげく、文久元年（一八六一）七月十一日、四十四歳で他界。その死を「憤死」と評する者もいた。

跡継ぎがなかったため岩瀬家は絶え、激変する時代と共に、岩瀬の功績は忘れられてゆく。しかし白野夏雲により、明治十六年（一八八三）、岐雲園に近い白鬚《しらひげ》神社（墨田区東向島3―5―2）に「岩瀬鷗所君之墓碑」が建立された（鷗所《おうしょ》は岩瀬の号）。白野は岩瀬に最後まで従った家来だ。碑文を書いたのは岩瀬の親友だった永井尚志である（ちなみに永井は明治九年に岐雲園を手に入れ、住居としていた）。墓碑というより顕彰碑といった方がいいだろう。

岩瀬の遺骸を葬った墓は一族の墓と共に小石川の蓮華寺にあったが、都市開発のため、明治四十二年十一月、甥の本山漸の手で雑司《ぞうし》が谷《や》霊園（豊島区南池袋4―25）に移され、今日にいたっている。

最初のアメリカ公使館

アメリカのペリー提督が幕府との間に締結した日米和親条約は、自由貿易については触れられていなかったが、調印から十八ヵ月後にアメリカ領事館を、伊豆下田（静岡県）に置くことができるとしていた。ところが、アメリカ領事館を「両国政府のどちらか一方が必要と認めた場合」に設置するという意味の英文を、幕府側は「両国政府において、拠《よんどころ》なき儀これあり候模様により」と誤訳してしまう。

だから安政三年（一八五六）、アメリカから初代駐日総領事としてタウンゼント・ハリスが下田に着任したとき、幕府は面食らった。それにしても五十一歳、独身というハリスのそれまでの経歴は、なかなかユニークなものがある。

ハリスはニューヨーク州ワシントン郡サンディヒルの生まれで、家業は陶器輸入業だったが、ニューヨークの大火がきっかけで倒産する。元来、東洋に対する関心が強かったハリスは旅に出、中国滞在中にペリー艦隊の日本渡航を聞き、同行を希望したが実現しなかった。

理由はハリスが民間人だったからだ。そこでハリスは国務省に働きかけ、まず中国寧波《ニンポー》駐在の領事に任命してもらう。それからさらに懇願を続けた結果、念願の初代駐日総領事の地位を

ハリス肖像をはめ込んだアメリカ公使館跡の碑（善福寺、港区元麻布１—６—21）

手にしたのだった。

ハリスは下田の玉泉寺《ぎょくせんじ》に領事館を開くが、江戸における条約交渉を主張し、執《しっ》拗《よう》に江戸出府を希望した。こうして翌四年十月、念願の江戸へ出たハリスは、九段坂下の蕃書調所を宿舎とし、幕府要人に世界情勢を聞かせ、貿易による富国強兵の必要を熱心に説く。

さらには要求が聞き入れられなければ、直接、朝廷と交渉するとの態度も示す。あるいは、英仏連合軍が清朝中国の天津《テンシン》を占領し、天津条約を押しつけたという情報を巧みに利用し、幕府の不安を煽《あお》った。こうして安政五年六月十九日、日米修好通商条約が調印される。明治から戦前にかけて活躍したジャーナリスト徳富蘇峰《とくとみそほう》は、ハリスを「日本開国宣教師」と評し、その「舌鋒《ぜっぽう》」を高く評価している。

この年の末、公使に昇格したハリスは江戸滞在中の住居を設けるよう希望した。これを受けた幕府は、安政六年六月三日に善福寺《ぜんぷくじ》（港区元麻布1—6—21）をアメリカ公使館に定める。ここにハリスはじめ、通訳のヒュースケンなど二十人が滞在することになった。ハリスは本堂南間の脇間を居室とし、次の間を応接室、下陣の南縁側を食堂として使った。

攘夷論者たちの反発も激しかった。万延元年（一八六〇）十二月にはヒュースケン暗殺事件が起こり、恐れた他国の公使には江戸を離れる者もいたが、ハリスは動じなかった。熱心なプロテスタント信者である彼は、日本を開国させることに、宗教的情熱を持っていたのだといわれる。

ハリスが帰国したのは、文久二年（一八六二）四月十二日のことだ。後任の公使はクラインである。ハリスは善福寺住職広海《こうかい》に感謝のしるしとして、金百両を贈った。帰国後のハリスは公職に就かず、一八七八年、ニューヨークで死去する。

以後アメリカ公使館は明治八年（一八七五）十二月、築地（中央区）に移るまで、善福寺に置かれた。その境内に日本初のアメリカ公使館を記念する碑が建てられたのは、昭和十一年（一九三六）のことだ。建てたのは益田孝・藤原銀次郎で、益田の筆で「本邦駐劄《ちゅうさつ》初代米国公使館址」とあり、反対側にはハリスの肖像（朝倉文夫作・寄贈）がはめ込まれている。

ところが間もなく日本はアメリカとの戦いに突入したため、この碑は土中に埋められることとなった。しかも昭和二十年の戦災では、ハリスゆかりの本堂なども全焼してしまう。

日米修好通商百年にあたり、記念行事運営会が碑を掘り出し、再び境内の一角に再建したのは、昭和三十五年五月になってである。同寺は都営地下鉄大江戸線麻布十番駅から近く、福沢諭吉の墓所（昭和五十二年、品川区常光寺より移葬）としても知られる。

第二章
攘夷の嵐

徳川家茂　安藤信正　坂本龍馬
高杉晋作　清河八郎　近藤勇

遣米使節の碑と新見正興の墓

港区芝公園の一角に、アメリカから贈られたペリー提督の像があることは前章で述べた。それと向き合って昭和三十五年（一九六〇）六月、日米修好通商百年記念行事運営会が建てた、書籍を開いて立てたような形の「万延元年、遣米使節記念碑」がある。これははじめての外交使節団で、はじめて太平洋を越えた日本人を記念するモニュメントだ。「遣米使節渡航より百周年にあたり、日米両国民の友好親善の基礎を築いたその壮途をここに記念するものである」と銘記されている。

アメリカへの使節団派遣の話が起こったのは、日米修好通商条約締結の交渉中のことだ。日本側全権の井上清直・岩瀬忠震《ただなり》は条約の確認作業である批准書交換を、ワシントンにおいて行いたいと提案した。ハリスもこれに賛成。井上や岩瀬は使節派遣を日本人が実地見聞する好機と考えたようである。

人選は政争などの影響で紆余曲折《うよきょくせつ》あったが、安政六年（一八五九）九月十三日に発表されたのは、正使に外国奉行兼神奈川奉行の新見豊前守正興《しんみぶぜんのかみまさおき》、副使に外国奉行兼神奈川奉行・箱館奉行の村垣淡路守範正《むらがきあわじのかみのりまさ》、目付に小栗上野介忠順《おぐりこうずけのすけただまさ》というものであった。使節に従うのは勘定組頭一

人、外国奉行支配組頭一人、同支配調役一人、徒目付二人、外国奉行支配定役二人、小普請役二人、小人目付二人、通詞二人、医師二人、従僕五十三人、賄方六人といった大所帯である。

使節団は翌万延元年（一八六〇）一月十八日夕、迎えに来たアメリカ艦ポーハタン号に品川沖から乗り組み、アメリカ本国に向けて出発した。ハワイからサンフランシスコを経て南下し、パナマ地峡を汽車で横断。大西洋側に出、アメリカ軍艦ロアノーク号で北上し、小蒸気船に乗り換えてポトマック河をさかのぼりワシントンに到着したのは閏《うるう》三月二十五日（太陽暦五月十五日）のことだった。

さらに幕府は海軍技術を試すため、オランダ製の咸臨丸《かんりんまる》（三百トン）を、使節団より一足先に浦賀《うらが》からサンフランシスコに向かわせていた。提督は軍艦奉行木村摂津守喜毅《よしたけ》（芥舟《かいしゅう》）、艦長は軍艦操練所教授方頭取勝麟太郎（海舟）。ペリー艦隊来航からわずか七年にして、日本人の操る軍艦が太平洋を横断したのだから、たしかに壮挙だった。

芝公園の万延元年遣米使節記念碑（港区芝公園２—１）

ワシントンに入った使節団は、チョンマゲ、二本差の物珍しさもあって、市民から大歓迎を受けた。閏三月二十八日、正使新見たちは狩衣《かりぎぬ》・鞘巻太刀《さやまきたち》などの最高の礼装で、大統領ジェームズ・ブキャナンに謁見した。

四十八歳の封建武士である副使の村垣は、大統領は四年目ごとの国中の入札（選挙）で決めるため、国君ではないとし、上下の別も、礼儀もない連中だから、狩衣を着たのも無益だったとの不満を、日記に記している。

しかし使節団の中には、アメリカ人と接触することで、素直にその平等観に感嘆し、それまでの単純な夷狄《いてき》観から脱皮してゆく者たちも多かった。

使節団は四月三日（太陽暦五月二十三日）、国務長官との間で条約批准という大役を成し遂げ、さらに国会議事堂や海軍造船所・天文台・博物館などの諸施設を見学した。こうして二十日間あまりワシントンで過ごした後、ボルチモア、フィラデルフィアを経てニューヨークに出、ここから米艦ナイアガラ号に乗って大西洋経由で帰国の途についた。行程一万四千九百八十里（村垣日記による）もの旅を終え、品川沖に到着したのは九月二十七日夜のことである。

ところが、使節団が留守にしていた九ヵ月の間に、日本の情勢は随分と変わっていた。三月には井伊大老が桜田門外で暗殺され、攘夷熱が高まっていた。せっかくアメリカで吸収した新知識を、発表するのも憚られる雰囲気になっていたのである。

正使だった新見正興は帰国後、功により三百石を加増され、十月には外国奉行専任となった。しかし、文久二年（一八六二）に側役に転じて伊勢守を称したものの、元治元年（一八六四）九月には免職となる。そして慶応二年（一八六六）十二月に隠居し、以後は「閑水」と名を改め、明治元年（一八六八）に上総《かずさ》に帰農したが、翌二年十月十八日、四十八歳で病死した。

新見の墓所は牛込原町願正寺《がんしょうじ》に設けられたが、大正のはじめに寺と共に現在の中野区上高田

4―10―1に移った。地下鉄東西線落合駅の近くである。高さ一メートルほどの墓碑の正面には、没年月日と共に法名「正興院殿釈閑水遊翁大居士」が刻まれている。

新見の墓には、大正七年（一九一八）にモーリス米国全権大使が、昭和三十五年（一九六〇）に駐日大使D・マッカーサー二世が参っており、それを記念する石碑も境内にある。外交官新見は没後なお、日米親善のために一役買ったようだ。

愛宕山に集結した「桜田烈士」

安政の大獄は、密勅が水戸藩に直接下ったことに衝撃を受けた幕府の反撃だった。特に井伊大老は、当の水戸藩に対しては徹底した厳しい弾圧を加えた。これに対する水戸側のさらなる反撃が桜田門外の変である。

井伊は京都に派遣した老中間部詮勝《あきかつ》に奔走させ、安政六年（一八五九）二月六日、水戸藩に下った勅諚を返納させるための沙汰を、引き出すことに成功していた。ここにおいて水戸藩は朝廷の後ろ盾を失う。

さらに、大獄の処分が一段落ついた同年十二月十六日、井伊は若年寄安藤信睦《のぶゆき》（のち信行《のぶゆき》、信正《のぶまさ》）を小石川の水戸藩邸に遣わして、水戸藩主徳川慶篤《よしあつ》に勅諚返納を厳しく命じ、もし拒否すれば違勅の罪になると威嚇《いかく》した。

これに対し、穏健派が占めるようになっていた水戸藩首脳部は大評定のすえ、返納もやむなしとの意見でまとまる。水戸藩はついに井伊の前に屈したのだ。勅諚はこのとき、水戸の祖廟に収められていた。

ところが、下級武士層を中心とする激派数百名は納得せず、江戸・水戸間の要地である長岡駅（茨城県）に屯集し、実力に訴えてでも返納を阻止しようとした。両派は睨み合いながら年を越し、万延元年（一八六〇）を迎える。

幕府の督促はさらに激しくなった。これ以上遅れるなら違勅の罪は斉昭におよび、水戸藩は滅亡するだろうとまで脅した。そこで水戸藩は長岡駅の激派を鎮圧する決意を固めるが、その幹部である高橋多一郎・関鉄之介をはじめ、住谷寅之介・矢野長九郎・浜田平介らは危機を察し藩を脱してしまう。

こうして浪士となった高橋らは江戸に走り、かねて薩摩藩の同志たちと示し合わせていた計画を実行に移そうとする。それは井伊大老を殺し、横浜の外国人商館を焼き、薩摩藩兵三千の上京を待ち、東西呼応して一挙に幕府改造を断行しようとするものだった。しかし、薩摩藩は安政六年十一月の藩主島津忠義《ただよし》の告諭があり、多くの者が計画から脱落していた。

追い詰められた浪士たちは、三月一日、日本橋西河岸の貸席《かしせき》山崎屋に集まり、来る三日、江戸城桜田門外における井伊大老要撃を決める。決行前夜、品川宿の酒楼に集まって別宴を張った浪士たちは、翌朝六時、三々五々分かれ、芝の愛宕山《あたごやま》に集合することを約束した。

三日朝、夜半より降り出した霰《あられ》交じりの雪はまったくの雪となり、地上は真っ白で、早くもいくらかは積もっていた。江戸市中の目ともいえる標高二十六メートルの愛宕山の山上には、徳川家康により創建された愛宕神社（港区愛宕1―5―3）がある。後に「桜田烈士」や「桜田義士」と呼ばれる十八名からなる井伊襲撃の刺客団はここに集まり、絵馬堂の軒先を借りて支度を整え、一路桜田門外を目指した。その名は次のとおりである。

関鉄之介・森五六郎《ごろくろう》・山口辰之介・佐野竹之介・大関和七郎《わしちろう》・広岡子之次郎《ねのじろう》・稲田重蔵・森山繁之介・海後磋磯之介《さきのすけ》・黒沢忠三郎・杉山弥一郎・斎藤監物《けんもつ》・鯉淵要人《こいぶちかなめ》・広木松之介・蓮田市五郎・岡部三十郎・増子金八（以上水戸）・有村次左衛門（薩摩）。

この、直接井伊を襲った十八名に加え、首領格で江戸での挙兵を企てた金子孫二郎と、西日本での挙兵を企てた高橋多一郎（いずれも水戸）の二名も、「桜田烈士」に加えられることが多い。高橋は息子と共に大坂に潜伏中の三月二十三日に自刃。金子は伊勢四日市で捕らえられ、文久元年（一八六一）七月二十六日、江戸伝馬町獄で斬首に処されている。

こんにち、愛宕山の男坂と呼ばれる八十六段の石段（三代将軍家光の時代、曲垣平九郎《まがきへいくろう》が騎馬で駆け登ったという逸話で有名）を上り、愛宕神社を訪れると、東京市長大久保留次郎の筆になる「桜田烈士愛宕遺蹟碑」と刻む石碑を見ることができる。また拝殿内には、昭和四十年（一九六五）奉納の、浪士が愛宕山に集結するさまを描いた大きな絵馬が掲げられている。

少し後のことになるが、明治元年（一八六八）の江戸城総攻撃直前、勝海舟は西郷隆盛を誘って愛宕山に上り、江戸の市街を見渡しながら、兵火で焼くことの無益を説いた。こうして、江戸城無血開城が成ったのだという逸話が伝わっている。

桜田門外の変

いまも人々の心を引きつけてやまない赤穂浪士の討ち入りも、二・二六事件も、そして桜田門外の変も、江戸・東京で起こった歴史的大事件は、なぜか雪の中で繰り広げられたという印象が強い。だから映画化されたりテレビドラマ化されても、実に絵画的になる。

万延元年（一八六〇）三月三日午前九時、大老井伊直弼は登城して上巳《じょうし》の節句の賀詞を述べるため、駕籠に乗り外桜田の彦根藩邸を出た。供廻りは徒士《かち》以下二十六名、足軽、草履取り、駕籠かき、馬夫など総勢約六十名である。従う徒士たちは皆、雨合羽を着し、刀は雪水の浸透を防ぐため柄袋《つかぶくろ》を付けていた。

一方、愛宕山を下りた浪士十八名は、外桜田門外で武鑑を手に、大名行列を見物する田舎武士を装っていた。井伊の駕籠がやって来ると、浪士の一人森五六郎が訴状を手に、駕籠訴《かごそ》のような格好で行列に近づいた。さらに合図の銃声一発が響き、刺客と化した浪士たちは左右から井伊めがけて、いっせいに斬り込んだのである。

不意を突かれた井伊の家臣らは、雨合羽と柄袋が邪魔して即座に応戦できない。刀も抜けぬまま浪士たちに次々と斬られ、死傷者が続出した（この点を見ても、雪が大きな意味をもった事件であった）。

しかも駕籠かきは、駕籠を置いたまま逃げ去ってしまった。浪士は護《まも》る者のなくなった駕籠の中に何度か刀を突き刺し、手ごたえがあったとみるや、戸を開けて井伊を引き出し、首を打った。享年四十六。勝負はたった三分でついたという。

井伊の首をとったのは、薩摩の有村次左衛門である。有村は喚声を挙げて日比谷門の方に向かったが、井伊の家臣小河原秀之丞《おがわらひでのじょう》に背後から斬りつけられ、重傷にたえかね、辰ノ口の遠藤家屋敷前で切腹して果てた。傍らには井伊の首級が置かれていた。浪士たちは事前に、重傷を負った場合は自刃か自首し、その他はみな京都に走り義挙に参加するよう誓い合っていたのだ。

井伊の首級はいったん辻番所に納められ、遠藤家を経て井伊家に引き渡された。首のない遺骸は駕籠に乗せられて帰邸し、ただちに藩医によって首級と胴が接合された。

白昼堂々と起こった暗殺事件とはいえ、彦根藩側は井伊の横死を、秘密にせねばならなかった。藩主である井伊が跡目相続を決めぬうちに死んだとなると、彦根藩三十五万石はお家断絶になるからだ。よって表向きは井伊は負傷して登城できないとし、側室との間に生まれた愛麿を跡継ぎにしたい旨を幕府に届け出て、認められた。こうして彦根藩は、事件から五十六日目の閏三月二十九日になり、ようやく井伊の死と、愛麿こと直憲《なおのり》の相続を発表したのである。

この間、井伊の遺骸は外桜田邸奥深くに安置されていたが、四月九日になり出棺し、翌十日、荏原《えばら》郡世田谷村の豪徳寺《ごうとくじ》（世田谷区豪徳寺2―24―7）に埋葬された。豪徳寺は招き猫の伝説で知られる、江戸における井伊家の菩提寺である。墓碑正面に刻まれた井伊の法名は「宗観院殿

豪徳寺の井伊直弼墓（世田谷区豪徳寺２－24－７）

正四位上前羽林中郎将柳暁覚翁大居士」、公表に従い「閏三月二十八日歿」となっている。

井伊の墓の背後には、主君を守り闘死した彦根藩士日下部三郎右衛門・河西《かわにし》忠左衛《ちゅうざえ》門《もん》・沢村軍六・小河原秀之丞・越石《こしいし》源次《げんじ》郎《ろう》・永田太郎兵衛・加田《かた》九郎太《くろうた》・岩崎徳之進を供養する「桜田殉難八士之碑」（明治十九年建立）がある。ちなみに同じく桜田門外の変の現場にいた、彦根藩士朝比奈《あさひな》三郎八《さぶろうはち》・朝比奈文之《ぶんの》進《しん》・小幡《おばた》又八郎《またはちろう》・小島新太郎・長野十之丞・藤田忠蔵《ちゅうぞう》・水谷求馬《もとめ》は無傷で帰邸したため捕らえられ、文久二年（一八六二）十月に斬罪に処された。武士道の厳しさとはいえ、「殉難八士」との明暗の差ははなはだしい。

さらにそばには、長卵型の無縫塔である遠城謙道《おんじょうけんどう》（保教）の墓碑が建つ。墓碑銘は「徳応謙道首座塔」である。遠城は彦根藩鉄砲足軽だったが、慶応元年（一八六五）に隠居して僧となり、明治三十四年（一九〇一）五月十二日に亡くなるまでの三十数年間亡君井伊の墓守りを続けた。

「桜田烈士」その後

桜田門外の変の舞台となった江戸城西ノ丸の外桜田門は、いまも皇居の南側に現存する。地下鉄有楽町線桜田門駅に近く、内堀通りから眺められる。高麗《こうらい》門（外桜田門）と櫓《やぐら》門で枡形《ますがた》を作る、十七世紀の城郭建築の遺構として貴重で、重要文化財に指定されている。また、井伊家屋敷跡は国会議事堂前の尾崎記念公園あたりで、実際に歩いてみると、桜田門とは目と鼻の先だったことが分かる。

井伊を討ち取った浪士たちの行方は、次のようなものだ。

現場で闘死したのは稲田重蔵、負傷し自殺したのは山口辰之介・鯉淵要人・有村次左衛門・広岡子之次郎、竜野《たつの》藩脇坂邸に自首したのは黒沢忠三郎・佐野竹之介・斎藤監物・蓮田市五郎、肥後藩細川邸に自首したのは森五六郎・大関和七郎・森山繁之介・杉山弥一郎、現場より姿を消したのは関鉄之介・岡部三十郎・広木松之介・増子金八・海後磋磯之介である。

井伊大老が襲撃された外桜田門（千代田区皇居外苑）

唯一の闘死者稲田は水戸藩の下級武士で、この時四十七歳。浪士の中では五十一歳の鯉淵に次ぐ高齢者で、しかも平素から喘息《ぜんそく》を患っていた。その病弱の体で井伊の駕籠脇に斬り込み、戦場における一番槍となったのだ。彦根藩は稲田の遺骸を藩邸に引き取った。そして一家中が打ち寄り、憎しみをこめて一刀ずつ斬ったので、遺骸は膾《なます》のごとく刻まれたと伝えられる。

自首した黒沢・佐野・斎藤は預け先の大名屋敷で没し、蓮田・森・大関・森山・杉山は、後日捕らえられた岡部・金子と共に文久元年（一八六一）七月、伝馬町獄で斬られた。

襲撃現場の指揮官だった関は、西国・江戸と逃れたが越後で捕らえられ、文久二年五月十一日、伝馬町獄で斬られた。広木は越前・鎌倉と逃れたが、事件から二年目の文久二年三月三日に自刃した。

他に広木と間違われ、身代わりとなり文久二年九月十三日に斬首された、後藤哲之介という常陸《ひたち》の郷士もいた。あるいは関の愛人で、もと吉原の遊女だった滝本いのは幕府に捕らえられ、伝馬町獄で厳しい拷問を受けて、万延元年（一八六〇）七月六日に死んだ。二十三歳だった。

増子と海後は生き延びて、明治の世をその目で確認することになる。

幕府は浪士たちの遺骸を、他の罪人同様に小塚原回向院（荒川区南千住5―33―13）の境内に棄てた。しかし住職川口厳考《がんこう》（美濃出身、岐山と号す）は、浪士たちに同情を寄せていたので、遺骸をできるだけ丁重に埋葬し、その上に目印として名を刻んだ高さ十数センチほどの石標を置いておいた。

彼らの遺骸移葬が許され、実現したのは文久三年十一月になってからである。その大半は掘り起こされ、丁重に郷里に移されたので、回向院に浪士たちの遺骸は埋まっていない。しかし改葬後、墓穴の土を平らにした上に後年建てられた、稲田・森・佐野・金子・岡部・杉山・森山・蓮田・大関・関・広岡・斎藤・黒沢・山口・鯉淵の、高さ一メートルほどの古びた墓碑が残っている。また墓地の中には、関の愛人いのを烈婦として称える顕彰碑（大正十年建立、岩崎英重撰文）も建てられている。

大老職にあった井伊が白昼堂々、しかも登城途中に暗殺されるという未曾有《みぞう》の大事件は、幕府権威の失墜を、日本はおろか世界中にまで知らしめることになった。欧米の新聞は「このテロは新たな政権抗争の始まりなのであろうか」「この国は不安定な政治状況にあり、政治家の指導力は弱まっている」などと報じ、事件に注目している。

結果として幕府崩壊を加速させ、時代に大きな揺さぶりをかけた桜田門外の変だが、皮肉にも浪士たちには幕府打倒という考えはなかった。浪士たちは暗殺の理由として、井伊が勅許を得ずに日米修好通商条約に調印したこと、安政の大獄を断行したことなどを挙げている。独裁者となった井伊を倒し、それを契機に幕府を大改造することが、浪士たちの狙いだったのだ。

ヒュースケン暗殺事件

都営地下鉄大江戸線赤羽橋駅に近い港区立飯倉《いいぐら》公園（港区東麻布1―21―8）は、幕府が講武所町屋敷の地に設けた「赤羽接遇所」と称された外国人宿泊所兼応接所跡の一部で、港区教育委員会が説明板を設置している。

安政六年（一八五九）十月四日に普請が完了した赤羽接遇所は、黒い表門、高い黒板塀で囲まれた中に、二棟の木造平屋家屋が建っていた。ひとつは間口十間、奥行き二十間、いまひとつは間口・奥行き各十間である。

プロシア使節フリードリッヒ・ツー・オイレンブルク伯は万延元年（一八六〇）七月に来日するや、ここを宿泊所にした。プロシアは日本に対して、米・英・露・仏・蘭に遅れをとっていた。オイレンブルクはただちに幕府に修好通商条約を締結するよう求め、交渉に入る。

オイレンブルクの通訳・案内役・相談役として活躍したのは、アメリカ総領事ハリスの秘書兼通訳を務めていたヘンリー・ヒュースケンである。実はヒュースケンはオランダ人だ。一攫千金を夢見て渡米し、苦労のすえハリスの知遇を得、安政三年七月、同人と来日したのである。オランダ語のほか英・仏・独の三ヵ国語を操ることができたので、ハリスから重宝がられていたのだ。

だがヒュースケンは、日本を愛するあまり西洋によってもたらされた開国が、本当に幸福なものだったのかを疑問視しはじめていた。「この進歩はほんとうに進歩なのか？　この文明はほんとうにお前のための文明なのか？」と、日記のなかで問い続けている（青木枝朗訳）。

万延元年十二月五日、ヒュースケンはいつもどおり、プロシア公使館になっている赤羽接遇所でオイレンブルクと共に夕食を済ませ、午後八時半ごろまで雑談をした。それから馬にまたがり、アメリカ公使館が置かれた善福寺（港区元麻布1―6―21）の宿舎に帰ろうと、麻布薪河岸《たきぎがし》にさしかかる。

すると突如、道の両側から数人の刺客がヒュースケンに襲いかかり、両脇腹を斬った。瞬く間だったのでヒュースケンは抵抗することも、ピストルを抜くこともできなかった。拍車がかかった馬が約百八十メートル走ったところで、ヒュースケンは振り落とされた。警護役の三名の役人も、従士も、馬丁もとっくに逃げ去っていた。ヒュースケンは十五分も路上でもがき苦しんだが、やがて役人に発見され、戸板に乗せられて善福寺の一坊善行寺にかつぎ込まれた。駆けつけた医師たちの懸命な治療にもかかわらず、午前零時半ごろ、ヒュースケンの息は絶えた。享年二十八。ハリスは激しく泣き、オイレンブルクも一晩じゅう、ほとんど眠ることができなかったという。

　この事件は江戸における外国人暗殺事件の第一号となった。襲撃犯は熱烈な攘夷論者である薩摩の伊牟《いむ》田尚平《だしょうへい》・神田橋直助・樋渡清明らだという。幕府はオランダにいるヒュースケンの母に、慰謝料・扶養料として一万ドルを支払った。

暗殺されたヒュースケン墓（光林寺、港区南麻布4—11—25）

　現在、ヒュースケン襲撃現場の近く、港区東麻布2丁目と三田1丁目の間に架かる中之橋の欄干には、事件の説明文を刻んだプレートがはめ込まれている。

ヒュースケンの葬儀は十二月八日、臨済宗の光林寺（港区南麻布4―11―25）において、五ヵ国公使参列のもとで行われ、遺骸も埋葬された。イギリス公使オールコックは、葬儀のさいも幕府の警備が手薄だったことに憤慨している。

後日、ハリスによって建てられた墓碑は、いまも同寺墓地の無縁塔のそばに残る。十字架の下に、英文でヒュースケンの生年月日や出身地、没年月日などを刻む。当時の日本の石工が、これほど正確にアルファベットを彫ったとすれば、見事な腕であると感心させられる。

また、ヒュースケンの墓のそばには、同じく英文で銘を刻んだボーイ伝吉の墓がある。土佐の漁師だった伝吉は漂流し、長年ハワイで暮らした。帰国後、自ら希望して東禅寺イギリス公使館のボーイ兼通訳として働いていたが、万延元年一月七日、攘夷浪士のために高輪の泉岳寺で斬り殺された。日ごろから赤穂浪士の忠義を馬鹿にしていたのと、外国人に日本人女性を斡《あっ》旋《せん》しているのが発覚したからだという。

東禅寺イギリス公使館襲撃事件

JR品川駅西口から出て、第一京浜を田町方面に数百メートル行くと、三叉路左手奥に臨済宗東禅寺（港区高輪3―16―16）の仁王門が見える。安政六年（一八五九）六月、イギリス公使ラザフォード・オールコックが着任するや仮公使館を置いた寺で、当時の玄関や奥書院、庭園が現存しており、門前には「都旧跡　最初のイギリス公使館跡」の石碑がある。

同じころ、アメリカは善福寺（港区元麻布1—6—21）を、フランスは済海寺《さいかいじ》（港区三田4—16—23）を、オランダは西応寺《さいおうじ》（港区芝2—25—6）を公使館としていた。幕府から外国公使館や外国人宿舎として使用したいと協力要請されることを、寺側は極度に恐れていた。開国以来、攘夷の風潮は根強く、いつ襲撃や焼き打ちに遭うか分からない危機にさらされるからである。それでも国策のためと承諾すると、檀家から猛反対され、なかには位牌を持ち帰ってしまう大名もいた。

実際イギリス公使館にあてられた東禅寺は、二度も襲撃を受けている。

最初は文久元年（一八六一）五月二十八日深夜。襲ったのは、水戸浪士の有賀《ありが》半弥《はんや》・岡見《おかみ》留《とめ》次郎《じろう》・前木《まえき》新八郎《しんぱちろう》を首謀者とする十四名（異説あり）からなる一団だった。オールコックがその年、日本一の霊峰である富士山に登り東海道旅行をしたことが、単純な攘夷論者である彼らを刺激したのだ。

東禅寺門前のイギリス公使館跡の碑（港区高輪3—16—16）

当時の館員はオールコックのほか、一等書記官のローレンス・オリファント、第一補助官で会計官のアルベ・A・J・ガウア、そして五名の通訳見習いがいた。また襲撃当夜、長崎のイギリス領事ジョージ・S・モリソンと、『イラストレイテッド・ロンドン・ニュース』紙の日本特派記者チャールズ・ワーグマンも宿泊していた。

浪士たちはオールコックの寝室が分からず、幕府の警吏別手組や郡山《こおりやま》・西尾両藩士たち護衛兵の必死の防戦に遮られ、ついに有賀・古川主馬之介《しゅめのすけ》（水戸浪士。実は田楽師）が闘死した。また負傷して自決したり、捕らえられて斬られるなど、浪士側はほぼ全滅する。

一方、護衛兵では幕臣の江幡吉平《えばたきちへい》が討ち死にし、厩中間《うまやちゅうげん》の熊吉《くまきち》が浪士に斬殺された。公使館職員は二名が負傷したが、オールコックは無傷だった。とはいえ、警護が堅固なはずの公使館が直接襲撃された事件だけに、駐日欧米人たちは震えあがり、片方では攘夷論者たちを喜ばせることになった。いまも東禅寺の玄関の柱などには、襲撃のさいの弾痕や刀瘡《とうそう》が生々しく残り、テロの凄まじさを彷彿《ほうふつ》とさせる。

次に東禅寺が襲われたのは一年後、文久二年五月二十九日深夜のことだ。オールコックは賜暇帰国中で、代理公使の陸軍中佐エドワード・セント・ニールが海兵隊員三十名を引き連れ、前月東禅寺に入ったばかりだった。これを、幕府や大垣・岸和田・松本の藩士数百名が厳重に護衛していた。にもかかわらず、襲撃者はニールの寝室近くまで難なく進み、見張りのチャールズ・スウィートとリチャード・クリンプスを殺して去った。

その犯人は翌日になって判明する。なんと護衛士のひとり、松本藩士伊藤軍兵衛だったのだ。軍兵衛もまた銃弾を受けて負傷したため、番小屋までたどりつき、そこで自決していた。享年二十三。辞世として、

「日の本の為めと思ふてきる太刀はなにいとふべき千代のためしに」

「をしからぬ命をすつる武士《もののふ》は神のめぐみのかちいくさせん」

の二首が残されていたという。

外国人護衛のため、日本人同士が殺し合うことに、軍兵衛は日ごろから疑問を抱いていた。また、警護のために松本藩の出費がかさみ、台所を圧迫していた。軍兵衛は不備が起これば、藩が警護を解任されるのではないかと考え、事件を起こしたのだという。軍兵衛の狙いどおりか、松本藩は警護の任を解かれ、藩主は謹慎に処された。二度目の襲撃は、純朴な忠誠心が引き起こした事件だったのだ。

和宮と縁切榎

井伊直弼亡き後、幕政運営の中心となったのは、老中の久世《くぜ》大和守《やまとのかみ》広周《ひろちか》と安藤対馬守《つしまのかみ》信正だった。

特に安藤は、朝廷の威を借りて落ち目の幕府権力を強化しようと、公武合体を進めた。その具体策として、孝明天皇の妹和宮《かずのみや》を将軍徳川家茂《いえもち》へ降嫁させるという、かねてからの懸案に取りかかる。家茂と和宮は同年の生まれで、万延元年（一八六〇）当時は十五歳。実現すれば、幕府にとっては脅威であった尊攘運動の矛先をも逸《そ》らすことができるはずだった。

最初、孝明天皇は幕府の申し出を拒絶した。和宮は六歳のとき、有栖川宮熾仁親王《ありすがわのみやたるひと》と婚約している。しかも関東は、外国人の集まる土地なので、和宮は恐れているというのだ。

しかし侍従岩倉具視《いわくらともみ》が出した、降嫁を許して幕府に恩を売り、念願の攘夷を実行させてはどうかとの意見に天皇の心が動く。こうして万延元年八月、天皇は幕府の攘夷実行の誓約を条件に、和宮降嫁を承諾する。

文久元年（一八六一）十月二十日朝、和宮は将軍家茂に降嫁するため京都を発ち、中山道を下って江戸へと向かった。総勢二万人、駕籠の数八百挺という空前絶後の嫁入り行列である。しかも万事京風の生活を送りたいという和宮の希望を容れ、行列後方には六畳二間に、湯殿とはばかりまで揃えた京風の家屋一軒を、五十余人の人夫に担がせて持って行くありさまだ。

道中の作という、

「住み馴れし都路出でてけふいく日いそぐもつらき東路《あずまじ》のたび」

「惜しまじな君と民とのためならば身は武蔵野の露と消ゆとも」（作時期については異説あり）

などの述懐が和宮の心情を物語る。

行列が江戸に入るひとつ手前の宿場である板橋宿に到着したのは、十一月十四日のことだ。板橋宿のはずれには、縁切榎《えんきりえのき》と呼ばれる名所があった。いつのころに生まれたのかは分からないが、この下を嫁入り行列が通ると必ず不縁になるという伝説があったので、和宮降嫁のさいは菰《こも》で包んだという。一説には行列は縁切榎を避け、日光街道に迂回《うかい》したともいう。

縁切榎はいまも旧中山道沿いの岩の坂商店街の一角（板橋区本町18）に、その名残をとどめる。幕末当時の榎は枯死し、小さな祠《ほこら》の中に残存の一部がうやうやしく祭られている。絵馬が奉納されているのは、いまでも悪縁を断ちたい人から信仰されているからだ。また枯死した榎の一部は、板橋区立郷土資料館（板橋区赤塚5―35―25）に展示されている。

和宮像と墓

文久二年（一八六二）二月十一日、江戸城で将軍家茂と皇妹和宮の婚儀が行われた。まさしく政略結婚だったが、その後の夫婦仲は睦まじかったといわれる。

しかし慶応二年（一八六六）七月二十日、長州再征中に大坂城で家茂が病死するや、十二月九日、和宮は薙髪《ちはつ》して静寛院《せいかんいん》と称した。朝廷では和宮に京都に帰るよう薦めたが、「一身の存亡は当家存亡にまかせ候心得に候」と、江戸城を動かなかった。維新のおりは皇室との間で複雑な立場に立たされながらも、江戸城無血開城や徳川家存続にも尽力し、明治十年（一八七七）九月二日、保養先の箱根塔ノ沢（神奈川県）で亡くなった。三十二歳だった。

和宮（静寛院）の墓は、芝の増上寺（港区芝公園4―7―35）の家茂墓の隣に設けられた。宮内省は豊島ケ岡《としまがおか》の皇族墓地（文京区大塚5―39）に埋葬したかったようだが、生前の本人の強い希望が叶《かな》えられたのだという。

戦後、徳川家では家茂・和宮夫妻を含む増上寺の徳川一族三十八人の墓を、境内の別の場所に移転することにしたので、昭和三十三年（一九五八）から三十五年にかけて発掘、学術調査

増上寺の和宮像（港区芝公園4—7—35）

が行われた（ちなみに、もとの徳川家墓所は現在の東京プリンスホテルや芝ゴルフ練習場のあたりにあった）。

和宮はただひとり寝棺で、北枕で東面し、左側臥《が》位《い》の伸展葬だった。黒い着下髪は美しく残っていたが、遺骸は完全に白骨化していた。その両臂《うで》の間に抱かれるように、一枚の湿板写真が落ちていたという。そこに写っていたのは、直垂《ひたたれ》、烏帽子《えぼし》姿のまだ豊頬《ほうきょう》の童顔を残した家茂と思われる人物だった。ところが八十余年もの間、和宮の胸に抱かれつづけた写真は、突如外気に触れたせいで翌朝には画像は消え、ただのガラス板になってしまった。

増上寺の安国殿は、和宮も信仰した徳川家康念持仏の黒本尊阿弥陀如来像を本尊とする（秘仏のため1・5・9月の各15日のみ開帳）。同じ堂内には「静寛院宮贈一品内親王好誉和順貞恭大姉」と記す位牌と共に、十二単《じゅうにひとえ》を身に着けて佇《たたず》む等身大の和宮像が安置されている。この和宮像は書籍などでも紹介されて比較的知られているが、同型の和宮像が、増上寺と日比谷通りを隔てて建つ日本女子会館（港区芝公園2—6—8）五階の社会教育事務室にも安置されていることは、あまり知られていない。こちらの和宮像は、朱塗りの厨子《ずし》の中で大切に守られている。

いずれも慶寺円長の作で、昭和十一年、神戸市の篤志家中村直吉が寄贈した。中村は日本女性の鑑《かがみ》として和宮を称え、他にも神戸市にあった県一・県二・市二の三女学校に和宮像を贈ったことで当時話題になった。

坂下門外の変

井伊の後任となった老中安藤信正（陸奥磐城平藩主）が、優れた政治手腕の持ち主だったことは確かだ。桜田門外の変直後、安藤は井伊の死を秘密にさせて井伊家の断絶を防ぎ、同時に水戸藩にも存亡にかかわる制裁を加えなかった。これにより、一触即発の危機にあった彦根対水戸の正面衝突が回避された。

開国後に起こる諸問題に、積極的に取り組んでいた安藤を困らせたのは、やはり水戸を中心とする攘夷論者たちの妨害だった。そこで外国側を納得させるためにも、安藤は水戸藩に対して犯人逮捕、浪人取り締まりを命じた。さらに水戸藩重役たちの責任を問い、免官に追い込む。

これが、安藤と水戸藩との対立を決定的にした。もともと水戸の激派は、井伊と共に安藤の生命をも狙っていた。安藤が開国や和宮降嫁の推進者だったからだ。長州藩士桂小五郎らも、安藤要撃計画に賛意を示す。

その後、江戸で塾を開き、過激な攘夷論を唱える儒学者大橋訥庵《とつあん》が計画に一枚加わった。水戸派は大橋に引きずられ、準備不足のまま、文久二年（一八六二）一月十五日、安藤要撃を決行してしまった（ただし大橋は、事件三日前に幕府によって捕らえられ、文久二年七月病死）。

その日は上元《じょうげん》の佳節だった。江戸城西ノ丸の裏門である坂下門《さかしたもん》（千代田区千代田。現在は宮内庁への入り口として使用されることが多い門）から登城しようとする安藤を要撃したのは、水戸の平山兵介・小田彦三郎・黒沢五郎・高畑聡次郎（房次郎とも）、下野《しもつけ》の河野顕三、越後の河本（川本とも）杜太郎の六名である。士分は二名、あとは農民・医師といった庶民だった。

安藤信正が襲われた坂下門
（千代田区千代田）

しかし、井伊が襲われて以来、幕府要人の警護は物々しさを増している。安藤の駕籠も屈強の腕の持ち主である三十余名の家臣に守られていたから、要撃した六名は坂下門の前でたちまち斬り伏せられてしまった。これが「坂下門外の変」である。

安藤は、背中に軽傷を負っただけだったが、井伊に続き指導者が襲われたことは非難を呼ぶ。四月十一日になり安藤は老中を退いた。

坂下門外の変を契機に、幕威回復のための公武合体運動は影をひそめ、反幕色が濃い尊攘運動の時代へと突入してゆく。その年九月には、朝廷は攘夷の方針を定めた。十一月、失脚した安藤には隠居、永蟄居、二万石削封の厳罰が加えられた。さらに安藤は戊辰《ぼしん》戦争では新政府軍に抵抗して戦ったが敗れ、明治四年（一八七一）十月八日、五十三歳で没した。一族の菩提寺である栖岸院《せいがんいん》（杉並区永福1―6―12）の「安藤家歴代之墓」と刻んだ笠つきの墓に合祀されていたが、平成になって福島県いわき市の良善寺へと移されてしまった。

一方、坂下門外の変で闘死した六名と、襲撃に参加できず切腹した川辺左次衛門（変名内田万之助）の計七名の遺骸は、幕府により千住小塚原に棄てられた。桜田門外の変などのときと同じく、住職巌考は同情をもって彼らの遺骸を丁重に葬った。いまも小塚原回向院（荒川区南千住5―33―13）の墓地には後年建てられた七名の墓碑が残っているが、遺骸は埋められたままであるという。沢本孟虎著『阪下義挙録』（昭和六年）には、ここから発掘されたという河本杜太郎の、刀瘡のある頭蓋骨の写真が載っている。

勅使東下と伝奏屋敷

開国問題が起こって以来、朝廷の政治に対する発言力は増すばかりだった。さらに雄藩も積極的に国事に介入し、幕府独裁の時代はすでに終わりを告げようとしていた。

京都に上った薩摩藩主の父島津久光は、幕政改革のため、勅使を江戸に送ることを朝廷に建言し、容れられた。久光は藩士を率い、勅使の大原重徳《しげとみ》を護衛しながら文久二年（一八六二）六月七日、江戸に乗り込んでくる。六十二歳になる大原は、京都の公卿の中でも硬漢として知られた人物だ。

大原は勅使の宿舎である江戸城和田倉門外竜の口の伝奏《てんそう》屋敷に入った。そして十日、江戸城

上段の間から将軍に勅諚を渡す三条実美（『三条実美公履歴』）

において将軍家茂に会い、安政の大獄で失脚した一橋慶喜を将軍後見職、松平慶永（春嶽）を政事総裁職として復帰させることを主とした勅諚を伝えた。

老中たちは、久光の息がかかった勅使であることを承知しているから、最初は渋ったが、結局は勅諚だからという理由で要求を容れざるをえない。幕府の人事に朝廷が口を出したのも前代未聞なら、背後にいるのが外様大名というのも、幕府権威が強固な時代だったら考えられないことである。

その年九月二十一日、朝廷が正式に攘夷の方針を発表するや、十月二十八日に勅使の三条実美《さねとみ》（正使）と姉小路公知《あねがこうじきんとも》（副使）が江戸にやってきた。護衛は土佐と長州藩士の数百人である。勅使の目的は将軍に攘夷実行を督促し、親兵の設置を要求するというものだった。

和宮降嫁の条件として、幕府はすでに攘夷実行を誓約している。しかし一方では諸外国とは開国の条約を結んでいるのだから、まさに板挟みだ。幕府としては期限を延ばしながら、開国の条件を修正してゆくしかないと考えていた。

将軍家茂は、病と称してなかなか三条に会おうとはしなかった。ようやく江戸城での対面が実現し、勅諚が渡されたのは、三条の江戸到着から一ヵ月も経った十一月二十七日のことだ。

このときの様子を描いた絵が『三条実美公履歴』（明治四十年）に出ており興味深い。それを見ると三段に分かれた大広間の上段に、勅諚を奉じた三条と姉小路が座る。将軍と総裁松平春嶽は中段に座り、後見職一橋慶喜・京都守護職松平容保《かたもり》、老中と若年寄は下段で平伏している。

実は三条は、幕府は朝廷の臣下なのだという力関係を誇示しようと、慣例の数々を改めさせていた。たとえばこの場合、以前なら将軍が上座で、勅使は下座である。三条はそうした勅使の立場を、目に見える形で百八十度ひっくり返したのだ。幕府もあえて抵抗はしなかった。するだけの勢いが、すでに失われていたのだ。たとえば三ヵ月前の閏八月には参勤交代制度を緩和させるなど、幕威はあきらかに落ち目であった。さらに勅諚に対して将軍は明春、自らが上洛して奉答することを約束させられる。

大原や三条・姉小路ら勅使が滞在した伝奏屋敷は、いまの銀行会館や日本工業倶楽部ビル（千代田区丸の内1―3、1―4）あたりにあった。三棟の御殿からなる、豪勢な建物である。三万石以上十万石未満の大名が、勅使の接待係である伝奏馳走役に命じられたが、作法が面倒なうえ、費用もかさんだ。幕末のころは、一日百両かかるといわれた。大原のときは分部若狭《わけべ》守が、三条のときは秋月佐渡守種殷《たねとみ》がそれぞれ伝奏馳走役を務めている。なお元禄のころ、赤穂藩主浅野内匠頭長矩《たくみのかみながのり》がこの役に就き、伝奏屋敷に泊まりこんでいたが、松の廊下で吉良上野介義央《よしなか》に刃傷に及んだことは、あまりにも有名である。

松陰神社の松陰墓所
（世田谷区若林４―35―１）

松陰改葬と松陰神社創建

文久二年（一八六二）八月三日、上京していた長州藩世子毛利定広（のち元徳《もとのり》）は、勅諭を奉じて江戸に下った。その勅諭とは、安政の大獄以来の国事犯の罪を赦し、礼葬、復権を行うようにとの内容だ。これを受けた幕府は十一月二十八日、大赦令を発せざるをえなかった。

こうして文久三年一月十二日、長州藩の高杉晋作・伊藤俊輔（博文）・赤禰《あかね》武人《たけと》・堀真五郎らは、千住小塚原に埋められたままの先師吉田松陰の遺骸を発掘し、十六日に荏原郡若林村で改葬の式を行う。若林一帯の一万八千三百坪は、毛利家の火除け地（火災などの非常時のため確保してある土地）だ。松平大膳大夫（毛利家当主の公式名）にあやかり、太夫山と称された。

実はこのたびの勅諭は、安政の大獄で処刑された松陰が、盗賊や人殺しと一緒に埋葬されていることを嘆いた、門下生の久坂玄瑞《くさかげんずい》らの働きかけにより、実現したことだった。松陰に貼られた罪人のレッテルを剝《は》がし、長州藩を尊王攘夷で一本化するための、精神的シンボルとして祭り上げようとする政治的意図もあった。

晋作は若林の地を、松下村塾のある萩郊外の松本村に似ていると述べている。現在は住宅が立て込む下町の趣があるが、当時は田畑が広がり、農家が点在していたらしい。

晋作らは、松陰と一緒に小林良典《よしすけ》と頼三樹三郎（いずれも大獄で刑死）の遺骸も小塚原から掘り出し、若林に改葬した。また後日、芝の青松寺から、前年八月二十九日に自決した長州藩士来原良蔵《くるはらりようぞう》の遺骸も若林に移した。来原は松陰の親友だったからだろう。

ところが元治元年（一八六四）七月、禁門の変で敗れた長州藩が「朝敵」になるや、幕府は松陰らの墓碑を破壊した。

時は流れて明治元年（一八六八）十一月。新政府の重鎮となっていた木戸孝允《たかよし》（長州出身）は、藩命により松陰らの墓を再建した。このさい建てられた「大政一新之歳　木戸大江孝允」と刻んだ鳥居が、いまも墓前に残る。さらにこのとき、かつては墓を破壊した徳川家が、水盤一基と、葵《あおい》紋の入った石灯籠《どうろう》一対を寄進している。この石灯籠は墓前に並ぶ四基のうちの内側二基だが、笠の部分に刻まれたという葵紋はほとんど摩滅して見えない。

以後、墓の一帯は、松や杉が鬱蒼《うっそう》と繁る森になってゆく。明治十五年十一月二十一日には毛利元徳や門下生、関係者の手により墓畔に松陰神社が創建され、祭事が執り行われた。こんにち、松陰神社（世田谷区若林4―35―1）は四千八百七十九坪の広大な境内を持ち、墓域を中心に本殿、拝殿、神楽殿や、模造した松下村塾まで建っている。また社殿前には、毛利一族や伊藤博文・山県有朋ら明治の長州人たちにより寄進された、巨大な石灯籠が並んでいる。

ちなみに、松陰神社から徒歩十分ほどのところに、安政の大獄を断行した井伊直弼墓所の豪徳寺（世田谷区豪徳寺2―24―7）がある。偶然とはいえ弾圧した者と、された者が、こんなに近くに眠っていることに、不思議な因縁を感じずにはいられない。

海舟と龍馬

長崎で三年余りの海軍修業を終えた勝海舟（麟太郎）が江戸に帰ってきたのは、安政六年（一八五九）一月、三十七歳のときのことだ。ただちに海舟は軍艦操練所教授方頭取に就任し、七月には赤坂氷川《ひかわ》町の盛徳寺《せいとくじ》隣の屋敷に転居する。

この家に海舟は約十年間住んだ。いまは盛徳寺も移転してなく、跡地は飲食店となっており、平成七年（一九九五）十一月に「勝海舟邸跡」と記した木標が建てられた（港区赤坂6―10―39）。周囲は閑静な住宅地でマンションなどが並ぶが、氷川神社脇から続く細く曲がりくねった本氷川坂を下ってゆくと、海舟に会えそうな雰囲気が残っている。

海舟にとって、ここはさまざまな思い出が詰まった屋敷だ。咸臨丸でアメリカ渡航に出かけたのも、江戸城無血開城に奔走したときも、氷川町が海舟の拠点だった。また、あらゆる人物が海舟を訪ねてきたが、なかでも文久二年（一八六二）秋ごろ、土佐脱藩の坂本龍馬との出会いは劇的である。

龍馬は開国論者として知られた海舟を、場合によっては斬ろうと考えていたという。後年、海舟は『氷川清話《ひかわせいわ》』の中で、こんな談話を残している。

「坂本龍馬。彼《あ》れは、おれを殺しに来た奴だが、なか〳〵人物さ。その時おれは笑つて受けたが、沈着《オチツ》いてな、なんとなく冒《おか》しがたい威権があつて、よい男だつたよ」
ところが龍馬は、海舟から世界の大勢を聞かされ、すっかり魅せられてしまった。斬るどころか感化され、海舟の弟子になってしまったのだ。

よく知られる逸話だが、どこまで史実なのかは分からない。海舟門下の杉亨二《こうじ》の回顧談によると、龍馬が海舟を斬るために訪ねたのは、江戸ではなく大坂の宿舎だったともいう。また龍馬も、黒船騒ぎの後で佐久間象山に入門して西洋砲術を学んでいるくらいだから、そこまで頑迷な攘夷論者だったとも思えない。

龍馬が姉乙女《おとめ》にあてた手紙には、「此頃《このごろ》ハ天下無二の軍学者勝麟太郎という大先生に門人となり、ことの外《ほか》かはいがられ候て、先《まず》きやくぶん（客分）のよふなものになり申候」（文久三年五月十七日）と、自慢げに報告されている。あるいは「日本《ニッポン》を今一度せんたくいたし申候事ニいたすべくとの神願ニて候」（文久三年六月二十九日、姉乙女あて書簡）という志を立てたことも、述べられている。

本氷川坂下にある勝海舟邸跡（港区赤坂6—10—39）

同志たちが京都で過激な尊攘運動に奔走するのを尻目に、龍馬が幕臣海舟のもとで海軍を学びながら、独自の道を歩もうとしていたことは確かだ。

龍馬は系統立てた学問を修めていないが、あらゆるレベルの人間の考えを聞いてまわり、鋭い勘をもって自分なりに消化、再構築してゆく耳学問の天才だった。雄藩連合による政治を唱え、東洋の海軍を夢見た海舟の政治観、世界観に強い影響を受けたはずだ。

その後、海舟のもとを巣立った龍馬は、薩摩藩の傘の下に入って長州藩との提携のために奔走して、政治との関係を深める。さらに慶応三年（一八六七）には土佐藩に復帰して海援隊長となり、大政奉還運動を提唱してゆくのである。

高杉晋作と梅屋敷事件

戦国時代、中国地方の覇者だった毛利輝元は、関ヶ原合戦で西軍の大将として担ぎ出され、東軍の徳川家康に敗れた。そのため毛利家は広島の地を追われ、周防《すおう》・長門《ながと》三十六万九千石（長州藩）に縮小されるという、苦汁を飲まされる。それから二百数十年後の、長州藩の討幕運動には、関ヶ原の仇討ちという側面があったことは否定できないだろう。

風雲に乗じ、念願の中央政局に乗り出した長州藩が文久元年（一八六一）三月、藩論として掲げたのは「航海遠略策」だった。これには幕府の開国を既成事実として認め、公武一体となり、日本を世界に押し出そうと謳っていた。もちろん幕府は大歓迎したし、朝廷の中でも支持が高まった。

ところが、尊攘派の激しい反発を食らったあげく「航海遠略策」を引っ込めざるをえなくなった長州藩は、今度は攘夷へと方針を一転させる。だが極端な藩論転換は、かえって長州藩の信用を失墜させてしまった。

そこで、高杉晋作や久坂玄瑞ら吉田松陰の教えを受けた若き藩士たちは、外国人暗殺を企む。事件が起きれば、攘夷実行を躊躇《ちゅうちょ》する幕府や藩の上層部も、否応《いやおう》なく決意を固めざるをえないだろう。それに、薩摩藩が文久二年八月の「生麦《なまむぎ》事件」でイギリス人を斬り、攘夷論者たちの喝采を浴びたことに対する対抗意識もあった。

晋作・玄瑞・井上聞多《ぶんた》（馨《かおる》）・赤禰武人・長嶺内蔵太《ながみねくらた》・寺島忠三郎・有吉熊次郎《ありよしくまじろう》・品川弥二郎《やじろう》・白井小助《しらいこすけ》・松島剛蔵《ごうぞう》・山尾庸三《やまおようぞう》の十一名は十一月十三日、神奈川宿に集まり、横浜金沢にピクニックに出かける外国公使を白昼襲撃する準備を進めた。

しかし計画は実行寸前のところで、同盟を求めた土佐藩の同志から洩れ、土佐藩前藩主山内容堂の知るところとなる。ただちに容堂は、長州藩主世子毛利定広（元徳）に通報した。

驚いた世子は、神奈川宿まで使者を遣って計画を中止させ、晋作らを蒲田《かまた》の梅屋敷まで連れ戻す。ここで世子は、自分を補佐する優秀な家来たちを失いたくないと説諭し、彼らを感涙にむせばせた。

その後、心配して駆けつけた土佐藩士も交えての酒席となった。そこへ酒に酔った長州藩重臣の周布政之助《すふまさのすけ》が馬に乗って現れ、

「容堂公は尊王攘夷をちゃらかしなさる（馬鹿にしている）」

と吐いた。

憤慨した土佐藩士は、周布を斬ろうとしたが、晋作が周布を斬るように見せかけて、馬の尻を斬った。驚いた馬は、周布を乗せたまま走り去った。これが「梅屋敷事件」である。晋作の機知がなければ、幕末史にまた一つ、無益な流血事件が増えていたかもしれない。

梅屋敷は梅林や茶屋があった、江戸の娯楽施設で、錦絵《にしきえ》の題材にもなっている。いまも第一京浜沿いの大田区蒲田3―25―6に梅林が残っていて、春先になると紅白の梅が咲き誇る。あるいは明治元年（一八六八）十月、明治天皇東京行幸のおりの休憩所にもなったため、その史実を記念する碑もある。京浜急行梅屋敷駅で下車し、横浜方面に徒歩数分のところだ。

御殿山イギリス公使館焼き打ち

東禅寺イギリス公使館が二度にわたって襲撃されたことは、欧米の駐日公使たちを恐怖のどん底にたたき落とした。各国公使団たちは幕府に、安全に居住できる敷地を提供するよう求め、その結果、北品川の御殿山《ごてんやま》が用地に選ばれる。

江戸っ子たちにとり御殿山は、上野と並ぶ桜の名所だ。しかも品川宿や江戸湾を一望のもとに見渡せる要衝の地だから、ここに外国の公使館を建設することは、官民両方から強い反対が起こった。それでも幕府は工事を強行し、最初にイギリス、続いてオランダ・アメリカの公使館が建設される予定だった。

海に面したイギリス公使館は、ベランダ付きの豪華な洋館で、部屋は宮殿と見違えるほど広く、床には漆が塗られていたという。設計はイギリス、建築費用の約四万ドルは幕府が支払うことになっていた。ほぼ完成したのは、文久二年（一八六二）十二月に入ってからである。

外国人襲撃に失敗した高杉晋作ら長州藩士の一団は、藩邸で形式だけの謹慎を済ませた後、品川宿に集まり、次なる計画をひそかに進めた。それは初志貫徹のため、御殿山に建設中のイギリス公使館を焼き打ちすることだった。メンバーは先の外国人襲撃計画の十一名に、伊藤俊輔（博文）・福原乙之進・堀真五郎が加わった（ただし品川弥二郎は風邪のため途中で脱落）。

晋作らがアジトに使った土蔵相模跡（品川区北品川1—22）

江戸時代、品川宿は東海道の第一番目の宿場で、旅籠百軒が並び繁栄をきわめた。晋作らがアジトにした酒楼相模屋は、ナマコ壁から「土蔵相模」と通称され、二階の大広間からは品川の海を見渡すことができたという。桜田門外の変の決行前夜、浪士たちが別盃を交わしたのも、この相模屋であった。

映画「幕末太陽伝」の舞台としても知られる相模屋は、昭和五十二年（一九七七）までホテル相模として営業を続けていたが、老朽化のため惜しくも壊され、現在はコンビニエンスストアの入ったマンション（品川区北品川1—22）に姿を変えている。また、旧街道を数百メートル南へ向かった並びにある一心寺（北品川2—4—18）は、安政二年（一八五五）、井伊直弼が開国した日本の将来の安泰を祈願し開山したと伝えられる。なお相模屋の復元模型が品川区立品川歴史館（品川区大井6―11―1）に展示されているので、これを見ると当時の様子を偲ぶことができる。

さて、十二月十二日夜九ツ半（現代の感覚なら十三日午前一時ごろ）、晋作らの一団は相模屋に集まり、それぞれの役割を確認し、焼き弾《だま》（火薬を入れた爆弾のようなもの）を懐に御殿山に向かった。そして無人のイギリス公使館に火を放ち、全焼させて逃げ去ったのである。

幕府は、ついに犯人を探し当てなかった。長州藩の勢力を恐れていたからではない。実は、御殿山を公使館用地として使うことには孝明天皇も反対し、その意を幕府に伝えてきていた。困った幕府は、計画の変更を外国公使側に求めたが、公使側は拒否する。幕府は朝廷と外国の間で板挟みになったまま、工事が進められていた。

そんなとき、何者かによりイギリス公使館が焼き払われた。テロ再発を恐れる公使側は、御殿山を使用したいとは二度と言い出さなかった。イギリス公使代理ニールなどは、幕府が密かに手を回し、放火させたのではないかと疑ったくらいである。幕府としても、藪蛇《やぶへび》になってはよろしくないので、犯人追及に本腰を入れなかったのだろう。しかも将軍家茂の上洛も迫っていたので、それどころではなかったのだ。

何も知らない晋作たちは命がけで、一時的とはいえ幕府を窮地から救ったわけである。ただ、尊攘派の地下情報網では、焼き打ちは晋作らの仕業であることが知れわたり、そういう意味では、長州藩の信頼回復に多少寄与した面があるのかもしれない。

ちなみに焼き打ちの犯人が広く知れわたったのは、明治政府の高官となった伊藤や井上が、若き日の武勇伝として自慢してまわったからである。しかし、いくらなんでも公使館に放火した者が大臣の椅子を占めているのだから、欧米人の目には、明治日本はまだまだ野蛮な国に映ったことであろう。

浪士組募集

政事総裁職という、幕閣の重鎮に返り咲いた松平慶永は文久二年（一八六二）十一月、清河八郎の建白を入れ、人材発掘を期待して浪士組の結成を決めた。おりから、清河の同志である池田徳太郎・石坂周造も朝廷を動かし、関白から幕府に対して浪士募集の命を下すことに成功したから、事は案外スムーズに運んだ。十二月、幕府は講武所剣術教授方の松平主税介《ちからのすけ》に浪士取扱を命じた。

清河八郎は出羽国田川郡清川村（山形県東田川郡立川町）の造り酒屋の息子で、本名を斎藤元司《もとじ》といった。十八歳で江戸へ出て東条一堂に学問を、千葉周作に北辰一刀流の剣術を学び、二十五歳のときには神田三河町で私塾を開いた。さらに安政六年（一八五九）八月からは、お玉が池に新居を構え、ここで門人たちを教えた。藩権力のバックを持たない熱烈な尊攘派だったが、文久元年五月に町人を無礼打ちにして江戸から遁走《とんそう》。逃れながらも尊攘運動の急先鋒として、同志糾合のために東奔西走した。そのあげく、文久二年四月、同志たちと京都挙兵を計画したが「寺田屋事変」により挫折している。

このように、幕府のブラックリストの筆頭に名が挙がるような清河の意見を容れたのだから、松平慶永もよほど懐が深いと言わねばなるまい。

浪士組結成を許された清河とその同志たちは、関東各地から浪士を募集した。その結果、三百数十人の応募があったが、なかから二百三十四人を選抜した。幕府が当初考えていたのは五十人ほどの規模だったという。このため一人五十両と考えられていた手当金が、一人十両になってしまった。

文久三年二月三日、あらためて浪士組の役員が発表された。首脳部である浪士取扱は鵜殿《うどの》鳩翁《きゆうおう》（長鋭）、浪士取締役は山岡鉄太郎（鉄舟《てつしゆう》）・松岡万《つもる》、浪士取締並出役は速見又四郎・佐々木只三郎《ただきぶろう》・高久安次郎《たかひさやすじろう》・広瀬六兵衛である。清河の名がないのは、彼が黒幕に徹することを望んだからだ。

浪士たちは約三十名ずつ計七組に分けられ、それぞれに隊長が決められた。それは根岸友《ゆう》山《ざん》・武田本記《もとき》・常見一郎・斎藤源十郎・山本仙之助・村上俊五郎《しゆんごろう》・宇都宮左ェ門である。

なかでも異色は五番隊長の山本仙之助だ。その正体は、祐天仙之助の名で知られた甲州の博徒で、子分を三十人ほど引き連れて浪士組に加わった。しかもその年の十月五日、以前殺した博徒の用心棒桑原雷助の遺児から、親の仇として殺されている。清河らが、必ずしも「志士」ばかりを集めたのではないことが分かる。

幕府は浪士組を江戸に置いておくと、何をしでかすか分からないとの危惧から、上洛する将軍家茂の列外護衛という名目で、京都に送り込むことにした。京都で暴れまわる尊攘派を牽制《けんせい》する目的もある。毒をもって毒を制すやり方だ。

京都に上るため二月八日朝、小石川伝通院《でんづういん》の塔頭処静院《たっちゅうしょせいいん》に集められた浪士らは、隊列を整え、山岡に引率されて出発した。まず近くの鵜殿の屋敷に赴いて訓示を受け、それから十六日間かけて中山道を京都へと向かった。道中で清河は隊列の前や後を、少し離れて歩いていたという。

浪士たちの集合場所となった処静院は、その後焼失してない。いまは伝通院（文京区小石川3—14—6）の門脇に、跡地を示す説明板が出ているのみである。

近藤勇のふるさと

浪士組に参加した中にはこの後、京都で新選組を結成することになる近藤勇《いさみ》の一派もいた。

近藤勇は天然理心流《てんねんりしんりゅう》という、多摩地方を中心に栄えた剣術流派の四代目宗家で、江戸市ヶ谷甲良《こうら》屋敷柳町（新宿区市谷柳町あたり）で試衛館《しえいかん》道場を主宰していた。農民出身の勇の夢は、旗本になることだったという。泰平の世なら単なる夢で終わったろうが、幕末の激動は、それを現実のものに変えた。幕府は文久三年（一八六三）からの新選組の働きを認め、慶応三年（一八六七）六月、幕臣に取り立てるのだ。そのさい、近藤は見廻組与組格となり、元高の三百石に役料三百石が加えられ、お目見得以上の格式が与えられる。生来の武士ではないため、ひたすら本物の武士らしく振る舞おうとした勇の言動は、悲哀をも感じさせる。

天然理心流は寛政年間（一七八九―一八〇一）に、遠州生まれの近藤内蔵之助《くらのすけ》により始められた。「気」をもって、相手の「気」を奪い、すかさず技をほどこすという実戦を想定したもので、剣術のほかに柔術や棒術なども取り入れた総合武術である。試衛館道場を開いたのは三代目近藤周助だが、江戸ではあまり流行らなかった。都会のスマートな雰囲気には合わなかったのかもしれない。そこで、一年のうちの半分以上、武州多摩地方へ出稽古に出張することになる。

多摩川沿いの肥沃《ひよく》な土地を持つ多摩郡は、幕府直轄のいわゆる天領だ。代官の支配地だが、代官は常駐していないため治安がよくないので自警意識が強かった。そのため名主たちは、農民に武術の心得を持たせたから、剣術が盛んになった。また、天領は年貢面でも優遇されていたから、徳川幕府に対する思いは農民の間でも強いものがあったのだ。

近藤勇は、多摩郡上石原村の豪農宮川家の三男として天保五年（一八三四）に生まれた。父久次郎は教育熱心な人物で、七千平方メートルもあった広大な屋敷内に、道場や寺子屋を設けていた。勇は見込まれて近藤周助の養子になるまでの十六年間をここで過ごしている。

生家は戦時中に解体されて残っていないが、野川公園の南、人見《ひとみ》街道に面し「市史跡近藤勇生家跡」の標柱と産湯の井戸、大正十二年（一九二三）建立の近藤神社という祠がある（調布市野水《のみず》1―6）。生家跡と道路を挟み、勇の娘婿勇五郎が始めた撥雲館《はつうんかん》（山岡鉄舟の命名）という天然理心流をいまに伝える道場があり、その技が受け継がれているのは頼もしい。

京王相模原線京王多摩川駅近くの調布市郷土博物館（調布市小島町3—26—2）に行くと、近藤勇生家の三十分の一の復元模型が展示されていて当時を偲ぶことができる。同館入り口には勇の座像が近年になってお目見えした。

明治元年（一八六八）四月二十五日、新政府軍によって板橋で斬首に処された勇の墓所は、生家跡から東へ三百メートルほど離れた龍源寺（三鷹市大沢6—3—11）にある。生家宮川家の菩提寺で、昭和四十二年（一九六七）四月、門前に木村恵保作の勇胸像が建てられた。四角張った顔に鋭い目、拳が入ったほど大きい口という勇の風貌を、よく再現している。同型の勇像が、町田市の小島資料館と、京都市の壬生寺《みぶでら》にもある。

遺族が建てた近藤勇の墓（龍源寺、三鷹市大沢6—3—11）

「近藤勇墓」の傍らの碑には、板橋で作った「孤軍援絶作二囚俘一　顧念二君恩一涙更流　一片丹衷能殉レ節　睢陽千古是吾儔　靡レ絶今日復何言　取レ義捨レ生吾所レ尊　快受電光三尺剣　只将二一死一報二君恩一」の勇の絶命詩が刻まれている。

文久元年八月二十七日、勇の天然理心流四代目襲名の披露試合が行われた大国魂《おおくにたま》神社（府中市宮町3—1）は、京王線府中駅の近くだ。武蔵国の総国社で、当時は六所宮と呼ばれた。勇が総大将、門弟たちが紅白に分かれて試合をし、沖田総司《そうじ》が太鼓役、井上源三郎が鉦《かね》役を務めた。土方歳三《ひじかたとしぞう》は紅軍の中にいた。

浪士組の中には、後に近藤勇を補佐し、新選組副長として京都で活躍する土方歳三の姿もあった。

土方歳三のふるさと

歳三は多摩郡石田村の農家に天保六年(一八三五)、六人兄弟の末っ子として生まれた。勇より一歳年少だ。土方家は「大尽」と呼ばれ、近くの浅川河原で採れる牛革草で、家伝の石田散薬を製していた。打ち身に効く漢方薬である。歳三はこの薬を行商しながら、各地で剣術修行に励んだという。

歳三の生まれたころの土方家は石田寺《せきでんじ》裏手にあったが、天保十一年に現在の土方歳三資料館(日野市石田60)のある場所に引っ越してきたのだという。幕末当時の邸宅は平成二年(一九九〇)、区画整理のため新しい住宅に変わってしまったが、少年歳三が張り手の稽古をした大黒柱や、庭に植えた矢竹は残された。「俺は武士になる」が歳三の口癖だったと伝えられる。土方の兄の子孫が、住んでおられる。

新しい土方家の一角には資料館が設けられて、歳三の鉢金《はちがね》、鎖帷子《くさりかたびら》、愛刀「和泉守兼定《いずみのかみかねさだ》」、書簡、句集などの遺品・遺墨類が展示され、公開日(毎月第一・三日曜日午後)には多くのファンが訪れる。敵からも味方からも「鬼」と恐れられた歳三だが、「しれば迷ひ　しらねば迷はぬ恋の道」といった、お世辞にも上手とは言えない、少年のような自筆の句を見ると、微笑ましい。

日野高校近くの真言宗石田寺（日野市石田１４５）には歳三の墓や、明治百年を記念し建立された顕彰碑がある。墓碑は平成十二年に旧墓が朽ちたため建て直されたもので、「歳進院殿誠山義豊大居士」の法名を刻む。明治二年（一八六九）五月十一日、箱館で壮絶な戦死を遂げた歳三の遺髪が埋葬されているという。

土方歳三旧墓（昭和62年）（石田寺、日野市石田145）

平成12年に再建された土方歳三墓

また、石田寺から徒歩数分の住宅街にあるとうかん森（日野市新井49）は、稲荷社を中心にムクノキ、カヤの大木を主体に、ヒイラギから形成されたこぢんまりとした森だ。土方一族により古くから祭られてきた。周囲には土方姓の家が多い。二十年ほど前までは、のどかな田園風景が広がる田舎だったが、区画整理のため道路は整然と付け直され、古い家屋もほとんど失われた。水が引けなくなったため水田は姿を消し、わずかに畑が残っている。歳三の故郷も瞬く間にずいぶんと変わってしまった。

　歳三の故郷の最寄り駅は多摩都市モノレールの万願寺《まんがんじ》駅だが、隣の高幡不動《たかはたふどう》駅まで足を延ばしてみる。徒歩だと二十数分だ。高幡不動こと金剛寺《こんごうじ》（日野市高幡７３３）境内、弁天池のほとりには、出陣姿の歳三銅像（平成七年、東京日野ロータリークラブ建立）と、近藤勇と歳三を称えた「殉節両雄之碑」がある。この碑は明治二十一年、郷土の関係者が、「賊」として散った二人の復権を願い建てたものだ。大槻清崇《きよたか》による漢文が刻まれ、題字をもと会津藩主松平容保《かたもり》が書いている。当初は徳川慶喜に依頼したが、返事がなかったという。

高幡不動（金剛寺）境内の殉節両雄之碑と土方銅像
（日野市高幡733）

　あるいは昭和四十年代前半、このあたりの有志が歳三・近藤勇・井上源三郎の銅像建立を計画したことがある。設計図もでき、資金の目処もついたが、市の幹部が「暴力団まがいの人たちの像を建てるのは文化都市日野市にふさわしくない」と反対、中止せざるをえなかったという話が残る。それが平成のいまでは新選組ブームにあやかり、門前の土産物店などは歳三グッズで埋めつくされているのだから、時代の変化を感じずにはいられない。

　金剛寺は歳三の菩提寺で位牌が祭られ、奥殿（宝物館）には土方歳三書簡二通（うち一通は代筆）が展示されている。故郷の親戚平作平にあてたもので、「遠からず都において一戦もこれあるべく」と、覚悟を述べた一節もある。

歳三は姉の嫁ぎ先である、日野宿の名主で脇本陣(のち本陣)の佐藤家(日野市日野本町2―15―9)に頻繁に出入りした。JR中央線日野駅から甲州街道を東へ十数分歩くと、右手に豪壮な佇まいの屋敷遺構が残っている。文久三年(一八六三)四月に上棟し、翌元治元年(一八六四)十二月から住みはじめた建物だ。歳三の義兄佐藤彦五郎は、長屋門内に道場(昭和元年〔一九二六〕に焼失して現存せず。碑あり)を設け、近隣の子弟たちに剣術を学ばせていた。歳三が昼寝をしたと伝えられる玄関の十畳間や、箱館から歳三の遺影を持ち帰った市村鉄之助が約二年間潜伏した八畳間も残っている。

歳三は、江戸試衛館から日野に出稽古にやってくる勇らと意気投合。やがて、武士になることを夢見る勇や歳三は、沖田総司・山南《やまなみ》敬助・永倉新八《ながくらしんぱち》・藤堂平助ら試衛館に寄宿していた面々と共に浪士組に応募し、意気揚々と京都へ向かうのだった。

清河八郎暗殺事件

清河八郎の建白がもとで集められた浪士組は中山道を通り、文久三年(一八六三)二月二十三日、京都洛外壬生村に到着した。だがその夜、清河は浪士組を天皇の親兵とし、尊王攘夷のために働くのだと言い出す。天皇の意に逆らうなら、たとえ幕府の高官でも斬り捨てると、凄まじい見幕で浪士を前に熱弁をふるった。

策士としての本性を現した清河は、二月二十九日、攘夷のために働くようにとの勅諚を浪士組に対し、出させることに成功する。これは幕府の金を使い集めた浪士組を、反幕府の先鋒として堂々と利用できるお墨付きだ。

幕府は衝撃を受けた。そこで老中板倉勝静《かつきよ》らも、朝廷を通じて浪士組を江戸へ呼び戻す沙汰を出す。生麦事件の賠償問題が解決できず、いつイギリスと戦争になるか分からないから帰れ、というのだ。だがその真意は、清河をこれ以上、朝廷に接近させないことにあった。

これに対し、近藤勇の一派八名と水戸浪士芹沢鴨《せりざわかも》の一派五名が、将軍上洛警護の初志貫徹を唱えて清河と袂《たもと》をわかち、京都に残る。近藤らは京都守護職の会津藩主松平肥後守容保の預かりとなり、新選組が結成された。新選組は京都の治安維持のため、翌元治元年（一八六四）六月の池田屋事件など、激派の弾圧に活躍することになる。

一方、清河ら浪士組は三月十三日に京都を発ち、二十八日に江戸へ戻り、本所三笠町などの旗本屋敷に分屯させられた。しかし攘夷はいつまで経っても実行されず、それどころか生麦事件の賠償金として、幕府はイギリスの言いなりで四十五万ドルを払うとの噂も流れた。

そこで、清河らは豪商から強引に軍資金を徴収し、横浜の外国人の居館を襲撃する計画を密かに進める。ここにいたり老中板倉は、清河暗殺の内意を浪士取締役の佐々木只三郎・速見又四郎ら数名に伝えた。だが、清河の周囲には護衛がいるし、清河自身が北辰一刀流の剣の遣い手だ。佐々木らは確実に清河を倒す策を練る。

四月十三日、同志の金子与三郎宅で酒を振る舞われた清河は帰途、古川《ふる》に架かる麻布一の橋

（港区三田１―１）を赤羽側に渡ったところで、茶店で待ち構えていた佐々木・速見ら数名と会った。速見（佐々木とも）が陣笠を取り丁重に挨拶したので、清河も陣笠を取ろうとしたところ、背後から抜き打ちの一刀で一瞬のうちに斬られてしまった。清河は右手に鉄扇を持っていたため、即座に刀を抜くことができなかった。こうして清河は三十四歳の生涯を呆気《あっけ》なく閉じた。

ただちに幕府は、浪士組の中から清河の息のかかった石坂周造や村上俊五郎を排除し、残りは鵜殿鳩翁らに統括させて「新徴組」を編成する。新徴組は庄内藩の配下となり、江戸警備の任にあたった。本拠とした冬青木坂《もちのきざか》屯所は千代田区飯田橋１―７―９あたりにあった。目白通りの歩道のなかに「新徴組屯所跡」の石碑が建つ。また矢田真一郎『江戸から東京へ』三（昭和五十年）によると、浅草寺《せんそうじ》本坊の伝法院（台東区浅草２―３）も新徴組詰所として使われた。

新徴組の冬青木坂屯所跡（千代田区飯田橋１―７―９）

こちらは当時のままの客殿、玄関、使者の間、大台の一部が現存している。雷門を潜り、仲見世を抜けた左手だ。

なお、暗殺された清河の首級は同志たちが取り返し、山岡鉄太郎が酒樽に詰めて自宅の軒下に、しばらく隠しておいた。しかし夏場になって悪臭がひどくなったので、山岡は伝通院処静院の住職瑞林に依頼し、伝通院（文京区小石川3—14—6）の墓地に埋葬してもらった。くしくも伝通院はこの年二月、上京する浪士組が集合した場である。

山岡の筆跡で「清河正明之墓」「貞女阿蓮《おれん》之墓」と刻む二基の墓碑が、伝通院の墓地に並ぶ。墓側面にある清河の法名は「浄山正見信士」だ。蓮は清河の妻で、もとは出羽鶴岡《つるおか》（山形県）の遊女だった。清河が無礼打ちをして江戸を出奔した事件に連座して捕らえられ、文久二年八月八日、下谷の庄内藩邸内の獄で病死（毒殺とも）した。

長州藩邸没収

上洛した将軍家茂は、孝明天皇に文久三年（一八六三）五月十日を攘夷実行の期限とすると上奏させられた。これを受けた長州藩は五月十日が来るや、本州最西端の下関沿岸に築いた砲台から、関門海峡を通航する外国船を次々と砲撃する。さらに天皇の大和行幸《やまとぎょうこう》を計画し、その足で一気に幕府打倒の気運を高めようとした。

だが皮肉なことに、長州藩を中心とする尊攘派の暴走を最も嫌ったのは、天皇自身であった。天皇は攘夷論者だが、幕府を倒すなどとは考えていない。なによりも徳川将軍家は妹和宮の嫁ぎ先なのだ。そのあげく長州藩は、同年八月十八日に反対勢力が起こした政変により、京都を追われる羽目になる。

失地回復を目指す長州藩は、軍勢を率いて京都に上るが、元治元年（一八六四）七月十九日、御所を守る薩摩・会津藩の軍勢に撃退された。「禁門の変」とか「蛤御門の変《はまぐりごもん》」と呼ばれる戦いである。

七月二十三日、朝廷は幕府に長州征伐（第一次幕長戦争）を命じ、さらに長州藩毛利家に対し「朝敵」の烙印《らくいん》を押して、藩主父子の官位も奪った。

幕府はまず、江戸・京都・大坂にあった長州藩の藩邸をすべて没収する。京都の藩邸にいた藩士たちは「禁門の変」の戦火にまぎれて全員逃走。大坂の藩邸にいた藩士たちは話し合いにより、全員退去する。

ところが江戸の上屋敷（外桜田）と下屋敷（麻布）に勤務していた藩士たちは七月二十六日朝、全員が幕府方に強引に勾留されてしまった。藩士たちは、両刀や紙入れを取り上げられ、引き立てられた。なかには、二十九歳の綿貫次郎助《わたぬきじろすけ》のように、悔しさのあまり喉を突き、死をもって抗議した者もいた。女性も三名が自害したという。

特に三万六千八十坪もの広大な敷地を占める下屋敷は、倉庫だけでも二十棟が連なっていたが、一日のうちにすべてが取り壊された。奥殿を壊すとき、巨大なコウモリが飛び出し、作業中の人を驚かせたりした。奥殿には、奇数の人数で入ると怪しいことが起こるとの伝説があり、必ず偶数人で入る定めがあったという（『武江年表』）。

下屋敷の跡地は維新後、国有地となり、明治七年（一八七四）、歩兵第一連隊が創設された。その戦後は防衛庁の敷地として使われていたが、近年、庁舎移転に伴い、民間に売却された。その

長州藩下屋敷跡の檜町公園
（港区赤坂9—7—9）

際、大規模な発掘調査が行われ、毛利家家紋入りの瓦、徳利、火鉢、萩焼茶碗などが出土したことは記憶に新しい。特に地鎮遺構の中から見つかった金銭の永楽通宝は、他に類を見ない貴重なものだ。

平成十九年三月、一帯に広大な複合施設である東京ミッドタウン（港区赤坂9—7）が誕生。旧防衛庁跡地と隣接する檜町公園の約十万平方メートルの地に、高さ二四八メートルのミッドタウン・タワーを中心として計六棟が建設されている。

江戸で就縛された長州藩士たちは、掛川《かけがわ》・大垣新田・沼津・牛久《うしく》保《ぼ》など各藩の江戸屋敷に預けられた。長州憎しの感情から、扱いは苛酷をきわめ、二年ほどの間に五十一名が死ぬ。生存者が釈放されたのは、第二次幕長戦争（四境戦争）の火ぶたが切って落とされる直前の慶応二年（一八六六）五月のことだ。

そして明治になるとただちに、江戸で勾留中に命を落とした長州藩士の供養碑が、若林の吉田松陰墓近くに建てられた。松陰神社（世田谷区若林4—35—1）に残るその碑は、正面に四十八名の姓名を三段に分けて刻む。冒頭の中谷正亮・脇屋卯三郎・津山万の三名以外は藩邸没収に関係する犠牲者だ。右側面には「皇明治改元之歳建諸東京若林之霊場、周旋者井上新三郎」、左側面には「書者井原小四郎也」とある。同じ墓域には、藩邸没収のさい死んだ綿貫次郎助の墓もある。

「義士」の墓

JR総武線両国駅南側、京葉道路に面する回向院（墨田区両国2―8―10）は、明暦三年（一六五七）の振袖火事で焼死した十万八千人余りを合葬したのがはじまりだ。以後、江戸府内の無縁仏や牢病死者、海上溺死者などが埋葬された。本書にたびたび登場する小塚原（千住）の回向院は、ここの別院である。

昭和四十五年（一九七〇）再建の鉄筋コンクリート造りの本堂に向かって左手には、大小さまざまな無縁塔が集められている。明暦の大火、安政や大正の大地震、浅間山噴火、あるいは戊辰戦争中の海難事故等で、この世から消え去った無名の犠牲者たちのうめき声がいまも聞こえてきそうだ。

その中に、正面に「義士墓」と刻んだ、高さ一メートルほどの墓碑がある。左側面には「元治甲子歳十月」とあり、裏面には「榊原新左衛門・谷弥次郎・福地政次郎・鈴木庄蔵・口木彦之助・谷鉄造……」から、苗字のない庶民にいたるまで数十人の名が細かい文字でびっしりと刻まれている（ただし近年周辺が整備され、背後に壁ができたため裏面の文字は読み難い）。

彼らは、水戸藩の内訌《ないこう》戦の犠牲者である。内訌は幕末のころ、どこの藩でも大なり小なり起こったといわれるが、水戸藩の場合は特に熾《し》烈《れつ》をきわめた。

その原因のひとつに、水戸藩主は参勤交代の義務がなく、「定府《じょうふ》」といい江戸常任だったことが挙げられる。「天下の副将軍」の異名があったのも、このためだ。しかしそのせいで、水戸と江戸とに藩政が二元化しやすく、家臣団分裂の危機をはらんでいた。幕末、真っ先に改革意識に燃えた水戸藩は、内訌を繰り返したあげく、人材の多くを自らの手で葬り去り、維新の路線から脱落してしまう。

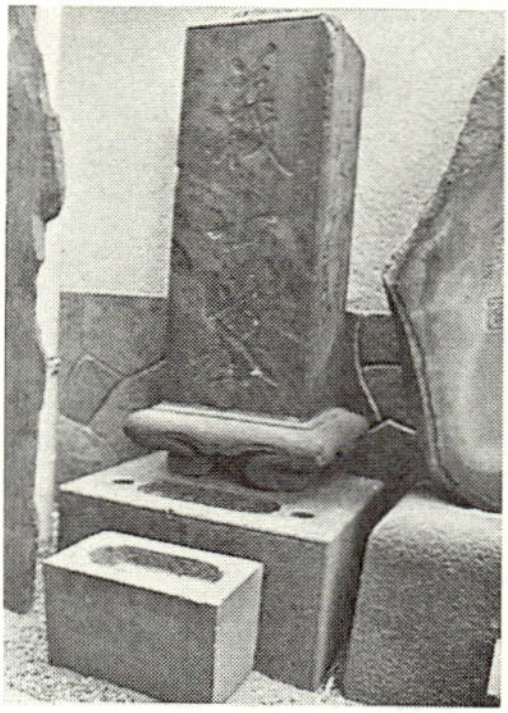

水戸藩士らを悼んだ「義士」の墓（回向院、墨田区両国２―８―10）

元治元年（一八六四）三月二十七日、藤田小四郎（東湖の四男）・田《た》丸《まる》稲之《いなの》衛門《えもん》ら水戸藩の天狗党と呼ばれる急進派は、筑波《つくば》山《さん》に兵を挙げた。万延元年（一八六〇）八月に没した先君徳川斉昭の遺志を奉じ、幕府により尊王攘夷を実現させるというのが、その目指すところである。

ところが、水戸藩では市川三左衛門ら保守派の諸生党が復権し、幕府と提携して急進派との戦いを始めた。

これを鎮圧しようと、藩主徳川慶篤《よしあつ》の名代となった松平大炊頭頼徳《おおいのかみよりのり》は、鎮派の執政榊原新左衛門らを率いて八月四日に江戸を発ち、水戸へと向かった。だが市川勢に武力をもって水戸城入りを阻止されたため、那《な》珂湊《かみなと》に陣して、天狗党に合流して戦わざるをえなくなる。

そのうち、幕府方の誘いに乗った松平頼徳は、江戸で事情を訴えようとするが、水戸に連れて行かれ、官位を奪われたうえ、十月五日、切腹させられてしまった。頼徳から留守総督を任されていた榊原も、幕府方に勧められて十月二十三日、一千余人を率いて投降したが、身の安全を保証するとの約束はたちまち空文となる。

榊原らは罪人、賊徒として扱われ、帯刀を没収され、腰縄を打たれて江戸へ送られた。榊原は罪を一身に引き受けようと上書するが、認められなかった。そして慶応元年（一八六五）四月五日、榊原はじめ谷弥次郎・福地政次郎・鈴木庄蔵ら二十九名が預け先の古河《こが》藩邸で刑死。佃島《つくだじま》獄に投ぜられていた身分の低い者たちも、続々と獄死していった。

回向院の「義士墓」は、彼らのための供養塔だろうが、寺側に記録はないとのことだ。碑の右側面には「平岡氏・都築《つづき》氏」とあるが、これが建立者だろう。明治二十二年（一八八九）、榊原の霊は靖国神社に合祀され、大正四年（一九一五）には従四位が贈られた。他の主な者たちも合祀され、贈位があり顕彰されてゆく。そして故郷水戸には維新殉難者として、立派な墓碑も建てられた。そのように見てゆくと、ささやかな「義士墓」は復権前、関係者が人目を憚り建てたと考えられる。内訌戦鎮静に失敗した榊原らを「義士」と呼んだ建碑者の思いは何だったのか、興味あるところだ。

幕府軍戦死者の葬儀

幕末、幕府は二度にわたる長州征伐を行っている。

一度目は元治元年（一八六四）だ。この年の七月二十三日、朝廷は「禁門の変」で御所に攻め込んだ長州藩の追討令を、幕府に下す。これを受けた幕府は八月一日、西国諸藩三十四藩に対して征長令を発し、軍勢を進めた。これに対し長州藩は三家老を切腹させるなどして恭順謝罪したため、征長軍は不戦解兵する。

ところが、長州藩の中では高杉晋作らが恭順を不服として挙兵し、内戦のすえ、再び幕府に抵抗しようとする政権を樹立。外国から武器や弾薬を輸入し、犬猿の仲だった薩摩藩との提携も進め、幕府との戦いに備える。

こうした不穏な動きに対し、幕府は再び征長軍を起こそうとする。慶応元年（一八六五）九月二十一日、将軍家茂は孝明天皇から二度目の長州征伐を行う勅許を手に入れた。一度目が朝廷が頭ごなしに命じたのに対し、二度目は幕府の求めに朝廷が応じた形だったのが、苦しいところだ。

当初、幕府は大坂まで将軍が軍勢を率いて行けば、長州藩は屈服するものと考えていた。そこで長州藩に対し、十万石の減封、藩主父子の隠居といった、降伏のための条件を突きつける。だが、藩主から庶民まで「決死防戦」の覚悟で固まる長州藩はこれを拒否。このため慶応二年六月、戦いの火ぶたが切って落とされた。戦いは大島口・芸州口・石州口・小倉《こくら》口という国境で行われたため、長州藩ではこれを四境戦争と呼んだ。第二次幕長戦争ともいう。

すぐれた武器を揃え、士気旺盛な長州軍は、各地で激戦のすえに幕府の征長軍を次々と打ち破っていった。さらに追い打ちをかけるように、七月二十日には家茂が大坂城において病没する。徳川宗家を継いだのは、慶喜であった。慶喜は自ら陣頭指揮を執り、長州藩の本拠地山口まで攻め込むと豪語し、天皇の節刀《せっとう》まで受けた。ところが、幕府の本拠である小倉城の陥落を知るや、急に態度を変えて弱腰となり、勅命を得て休戦に持ち込もうとする。

九月二日、安芸宮島《あきみやじま》において談判が行われ、幕府の使節勝海舟と、長州藩の広沢真臣《さねおみ》らとの間に休戦協約が締結された。そして十二月二十五日、天皇が突如崩御するや、これを口実に幕府は、征長軍を解兵する。休戦・解兵といっても、実際は長州藩の圧勝だった。幕府は長州一藩に敗れたことで、その醜態を広く世にさらけ出す結果となった。

この戦いにおける幕府軍戦死者五十一名の葬儀が、徳川将軍家墓所である芝の増上寺（港区芝公園4―7―35）で行われたのは、その年の十一月二十五日のことである。

午前八時ごろ、江戸城西ノ丸下を出発した幕府陸軍一万余の軍列の中心には、十数名の歩兵が運ぶ高さ五メートル以上もある巨大な位牌があった。一行は増上寺の大門から三門へと入り、本堂正面に位牌を安置した。さらに須弥壇《しゅみだん》には「長防役戦死霊」と書かれた、一メートル余りの位牌も置かれていた。

大僧正が出座し、三百名もの僧侶が読経を始めると、陸軍奉行並竹中重固《しげかた》・歩兵奉行小出英道《こいでひでみち》など幕府軍隊の役付きたちがまず焼香し、これに戦死者の遺族が続いた。本堂に上れない関係者たちは、外から位牌を拝んだ。葬儀が終わったのは、午後五時ごろだったというから、実に盛大な葬儀だったようだ。落日の幕府としては、精一杯のセレモニーを行い、威厳を保とうとしたのだろう。

幕府軍の戦死者たち

さらに幕府は、長州藩との戦争における戦死者慰霊のための墓碑を、増上寺大僧正の墓所である安蓮社《あんれんしゃ》（港区芝公園3―1―13）に建立した。こちらも盛大な葬儀に負けていない、高さ二メートル半はある巨大な石碑である。

幕府軍戦死者の墓（安蓮社、港区芝公園3―1―13）

いまも残るその碑の正面に刻まれた「海陸軍士戦死者之墓」の文字は「陸軍奉行並丹後守竹中源重固書」、左右側面には、大島口・芸州口の戦いにおける幕府軍戦死者の名や没年月日が列記される。それは次のとおりだ。

友成求馬《ともなりもとめ》・松平友之丞・永峰甚之丞《じんのじょう》・小牧助次郎・田中喜代之助・石塚浅次郎・三木多一郎・三枝徳之《さえぐさとくの》進《しん》・永久保徳三郎・木村泰八郎《たいはちろう》・黒沢蘇助《そすけ》・新井鑑次郎。

また台座には「歩兵奉行伊予守河野越智通知書」とし、苗字のない三十三名の戦死した夫卒たちの名や没年月日が、裏面には勝海舟が筆を執った、次のような追悼文が刻まれている（『勝海舟全集　別巻』平成六年）。

戦死の墓の後にしるす

あはれ此世に生らむ者、たれか其死をまぬかれむや。空敷《むなし》く御木と共に老死なむよりは、君のために死なむことぞ、死してはえありといはめ。ましてや、いまみめぐみのあまりあつきまつりにあへるぞ。なきたましることあらば、いかにはえありとおもふらむ。また生るも見もし聞もせば、此おほみ恵をわするなとおもふになむ。

慶応丁卯年　軍艦奉行　安房守勝　物部義邦

これは、幕府が「幕府」という政権に殉じた者たちのために造った、最後のモニュメントであろう。その意味でも貴重な文化財と言える。この戦いにおける長州軍の戦死者二百三十七名の霊は、明治になって九段の靖国神社に合祀され、国家を挙げての顕彰が行われた。一方、「負け組」である幕府方戦死者の霊は、原則として靖国神社に合祀されることはなかった。

靖国神社に祭られた浜田藩戦死者

山陰の浜田藩松平家（六万一千石）は徳川一門で、慶応二年（一八六六）の第二次幕長戦争では征長軍に加わり、石州口で戦った。しかし長州軍の攻撃は凄まじく、浜田城は落城、炎上し、藩主松平武聰《たけあきら》は松江を経て、同藩の飛び地である美作鶴田《みまさかたづた》に逃れることになる。

続く明治元年（一八六八）一月の鳥羽・伏見の戦いでも浜田藩は旧幕府軍に加わり、錦旗を掲げた薩長軍と戦い、敗れた。さらに同年五月の江戸上野の彰義隊にも、数十名の浜田藩士が脱走して参加し、十名ほどが戦死している。

浜田藩の戦死者慰霊碑（善性寺、荒川区東日暮里５―41―14）

ＪＲ日暮里《にっぽり》駅を東側に出、線路沿いを上野方面に二、三分ほど歩いたところに、江戸における浜田藩の菩提寺、日蓮宗の善性寺《ぜんしょうじ》（荒川区東日暮里5―41―14）がある。墓地には明治十九年五月、旧浜田藩有志によって建立された、自然石の「旧浜田藩殉難諸士碑」（従五位子爵松平武脩書）がある。その裏面には、幕長戦争と鳥羽・伏見の戦いで戦死した次の名が銘記されている（諱《いみな》は省略）。

尾関隼人《おぜきはやと》＊・山本半弥＊・伊藤梓・岸静江＊・川島倉次《くらじ》＊・永井金三郎＊・笹瀬豊次郎《とよじろう》＊・関屋鑑一郎＊・那波民衛＊・河村鋼之助・近沢竜之進＊・増田倉次《くらじ》・西川亀太郎・桜木長吉・力石金司《りきいしきんじ》＊・小林久太《きゅうた》郎《ろう》＊・大村喜八郎＊・安達市太郎。

＊印をつけた十二名は、一名を除き第二次幕長戦争における戦死者だ。彼らはなんと、昭和八年（一九三三）四月二十二日に靖国神社の祭神に加えられることになる。靖国神社は明治二年、戊辰戦争における新政府軍（官軍）戦死者を祭った招魂社をはじまりとする。その後、ペリー来航以来の国事殉難者も合祀されていったが、幕府方の戦死者が加えられたのは、大変珍しいケースであると言える。

それは、長年にわたる石原陸軍少将はじめ浜田出身者たちの熱心な請願運動があったからだ。この運動が実を結び、天皇の意に従った出兵だったという解釈が当局に認められたのである。

ただ、最も熱心だった石原少将は、宿願が叶う一年前の昭和七年五月十三日、急逝した。

同じく征長軍に加わった小倉・高田・紀州・彦根・伊予松山・肥後・宮津藩なども多くの戦死者を出しながら、靖国神社には合祀されていない。浜田藩とその友軍だった福山藩（十四名、大正十四年合祀）の戦死者だけが、祭神に加えられている。結局は残された者たちの先人に対する熱意が、明暗を分けたということだろうか。もしこれを機に、勝者（味方）のみでなく、敗者（敵方）の戦死をも悼む考え方が靖国神社に盛り込まれたなら、その後の靖国問題もまた、違う道をたどったかもしれないと思うと残念でならない。

なお、＊印がないのは鳥羽・伏見の戦いで旧幕府軍に加わり、「官軍」となった薩長と干戈《かんか》を交えて戦死した者たちだ。こちらは、さすがに合祀されていない。ただ、冒頭の尾関隼人だけは死んだ事情が異なる。尾関は明治元年閏四月十九日、幕長戦争、鳥羽・伏見の戦いで浜田藩が幕府方に味方した責を一身に背負い、京都において自決した家老だ。享年六十六。彼もまた、その潔さを認められたのか、靖国神社に合祀されている。

品川宿の打ち毀し

慶応元年（一八六五）閏五月二十五日、第二次幕長戦争のため将軍家茂は大坂城に入り、十余万人の諸藩の軍勢が上方に集められていた。

戦争準備のため、幕府や諸藩は兵糧米《ひょうろうまい》を買い集め、儲かると見た商人たちも米を買い占めて

本覚寺の太鼓（品川区南品川1—10—11）

暴利を貪《むさぼ》った。戦いに参加しない藩の多くも事態を重く見、藩外に米を出荷することを禁じた。このため、たちまち物価が異常に高騰し、民衆の生活をひどく圧迫することになる。特に米価は文久のころに比べると、七倍にも跳ね上がったという。

　民衆の幕府に対する恨みは深まった。「人心の離散」こそが、幕府や諸藩が最も恐れていた問題である。窮乏した民衆は五月になると、兵庫や大坂で激しい打ち毀《こわ》しを起こした。幕府は長州藩だけではなく、後方に民衆という敵を作ってしまったのだ。さらに打ち毀しの波は、江戸へと及ぶ。

　翌慶応二年五月二十八日午後八時ごろのこと。手拭《てぬぐい》で顔を覆った一人の男が、南品川御嶽町の稲荷社から強引に太鼓を持ち出し、馬場町の本覚寺（品川区南品川1—10—11）境内に運んで、打ち鳴らしはじめた。するとどこからともなく多人数が集まってきて、太鼓を真ん中に、南品川宿・北品川宿・品川歩行新宿《かちしんしゅく》などを手当たり次第、打ち毀してまわった。打ち毀されたのは、質屋・米屋・酒屋・旅籠《はたご》等三十九軒。人数ははじめ二十人ほどだったが、次第に増えて百人ほどになったという（一説には数百人とある）。

　こんにち、鉄筋コンクリート造りの本覚寺本堂の片隅には、この夜、打ち鳴らされたと伝えられる直径数十センチの太鼓が据えられている。ただし「施主中村屋源蔵、本覚寺什物《じゅうぶつ》」の銘があるから、稲荷社から運ばれた太鼓とは別のものかもしれない。

当時の様子を伝える細谷久茂の「幕末江戸市中騒動図」を見ると、白昼堂々、屈強の男たちが米屋を襲い、路上で米俵の中身を撒き散らしている。それを市民は、風呂敷や桶を手に群がって、持ち去っている。あるいは豪商の家の家財道具は、手当たり次第、店の外に投げ出されている。幕府の警察力は麻痺し、どうすることもできなかったようで、町役人は鳶口《とびぐち》や竹槍を持った市民に追われている。

一説によると慶応二年だけで、農村において一揆が七十一件、都市において騒擾《そうじょう》が二十五件発生しているという。これは、江戸時代を通して見ても最多記録だった。ついには江戸城門外に「御政治売切申候」との張り紙が貼られるありさまだ。民衆エネルギーの高揚が、歴史に大きく揺さぶりをかけていたのだ。

第三章
内戦の炎

山県有朋　石坂弥次右衛門　徳川慶喜
天野八郎　デュ・ブスケ　萱野権兵衛

御用盗の江戸攪乱

薩摩藩島津家は江戸に三田《みた》の上屋敷、いわゆる三田屋敷のほか、幸橋《さいわいばし》内の中屋敷、高輪の下屋敷、田町の蔵屋敷等を所有していた。また幕末になると藩主妻子の緊急避難を想定し、渋谷にも屋敷を設けていた。

特に三田屋敷は、現在の港区芝2丁目から5丁目にかけて、約十ヘクタールという広大な敷地を占めていた。だが維新前夜になると、薩摩藩は江戸の諸屋敷から人を国もとに退去させており、わずかに三田屋敷に留守居役篠崎彦十郎以下、百名ほどが住む程度だったという。このあたり一帯は、いまは市街地へと姿を変えて面影は残っていないが、芝5―7―1の日本電気本社ビル敷地内に平成三年（一九九一）、西郷吉之助（隆盛の孫）揮毫《きごう》による「薩摩屋敷跡」と刻む石碑が建てられた。

その三田屋敷に、薩摩藩の益満休之助《ますみつきゅうのすけ》・伊牟田尚平《いむだしょうへい》、下総郷士の小島四郎（変名・相楽総三《さがらそうぞう》）が入ったのは、慶応三年（一八六七）十月十日前後のことだ。彼らは京都で西郷吉之助（隆盛）から、江戸および関東各地を攪乱《かくらん》せよとの密命を受けていたと伝えられる。いま一人、弓田正平という男がいたとする記録もあるが、これは伊牟田尚平と同一人と言われる。

西郷ら薩摩藩首脳は、土佐藩の大政奉還建白運動に賛意を示したものの、裏では武力討幕の野望を捨ててはいなかった。事実、大政奉還の実現と同時に、討幕の密勅を引き出すことに成功している。さらに、二度にわたる長州征伐の失敗、一揆・打ち毀しの頻発、お陰参《かげまい》りの流行といった不安な世情を利用し、幕政による治安を妨害して相手から戦端を開かせ、さらには旧幕軍の上京を妨げようという作戦を進めたのだ。

小島こと相楽総三は関東各地の尊攘派に顔が広かったから、檄《げき》を飛ばして浪士たちを募ったところ、五百人ほどが集まった。なかには高い志を持つ者もいれば、ただの食い詰め者もいて、烏合《うごう》の衆、玉石混淆《こんこう》の観はまぬがれなかったという。彼らは三田屋敷内の、糾合所と呼ばれる学校の建物を屯所としたから、「糾合所屯集隊」とも呼ばれた。総裁は相楽総三、副総裁は落合源一郎（直亮《なおあき》、変名・水原二郎《みずはらじろう》）、大監察は権田直助《ごんだなおすけ》（変名・苅田積穂《かりたせきほ》）・長谷川鉄之進・斎藤謹助（変名・科野東一郎《さらしのとういちろう》）である。浪士集めの表向きの目的は、薩摩藩から嫁いでいた十三代将軍徳川家定の未亡人天璋院の護衛となっていた。

浪士たちは出流山《いずるさん》（栃木県）での挙兵を画策する一方、江戸では当時頻繁に起きていた強盗を繰り返した。ただし対象は、第一に幕府を助ける御用商人、第二に浪士の活動を妨害する警察組織、第三に唐物《とうぶつ》を扱う商人（貿易商人）と定められていた。これらは「勤王攘夷の讐敵《しゅうてき》」だから「誅戮《ちゅうりく》」を加えるのだ。また、「私欲をもって人民の財貨を強奪するを許さず」という戒めもあった。

こうして浪士たちは辻斬り、強盗、放火と大いに暴れまわったから、江戸の治安は極度に悪化する。彼らは薩摩御用盗《ごようとう》と呼ばれ、恐れられた。さらには金のありそうな商人を片っ端から襲う、御用盗の偽者も出現する。本物が偽者を市街で斬り捨てたり、捕らえて三田屋敷内で処刑したことも、何度かあった。

薩摩藩三田屋敷焼き打ち事件

浪士による御用盗が暴れまわっているころ、幕府の命により江戸市中の警備にあたっていたのは庄内藩酒井家である。庄内藩は、浪士たちの本拠が三田の薩摩藩屋敷であることには気づいていたが、確たる証拠をつかめずにいた。

また、幕府内の意見も分かれた。強硬な浪士退治を唱える小栗上野介忠順《ただまさ》、時期尚早を理由に反対する勝海舟。だが、浪士たちの挑発はエスカレートの度を増してゆく。十二月二十三日夜には、浪士たちが三田の庄内藩屯所に発砲。さらに同日、江戸城二ノ丸が炎上したが、これは薩摩藩の伊牟田尚平の仕業であるとの風説が立った。

ここにいたり幕府は反対を押し切り、薩摩藩三田屋敷の浪士処分を決した。討伐を命じられたのは、庄内藩を主力とした上ノ山《かみのやま》・鯖江《さばえ》・岩槻《いわつき》藩の軍勢で、二十五日未明、三田屋敷と、隣接する薩摩支藩の佐土原《さどわら》藩邸を取り囲んだ。さらにフランス式伝習を受けた幕府兵や諸藩の軍勢が、それぞれの持ち場を固めた。

このようにして、庄内藩の安部藤蔵《とうぞう》が三田屋敷に出向き、留守居役の篠崎彦十郎に浪士たちを引き渡すよう掛け合った。もちろん薩摩藩側は応じるわけがない。談判は決裂し、怒って去ろうとする安部を、篠崎が追いかけた。ところが篠崎が通用門から顔を出した途端、庄内藩預かり新整組の者が篠崎の胸のあたりを槍で突き刺し、殺してしまった。どよめきが起こり、待機していた庄内藩兵たちは一斉に行動を開始。三田屋敷に激しい砲撃を加えた後、斬り込んだのである。

当時、三田屋敷内にいたのは約二百名といわれる。その多くが抵抗したが敵《かな》わず、約五十名の犠牲者を出した。しかし中には、伊牟田尚平や相楽総三らのように、虎口を脱した者もいた。この事件の知らせが京都に届き、討幕派に戦争の大義名分を与え、戊辰戦争の導火線になったのである。

薩摩藩三田屋敷跡の無縁墓（旧写真）

焼き打ち事件後、焦土と化した広大な三田屋敷の跡地は、「薩摩ッ原」と呼ばれた。今日、中央三井信託銀行（港区芝3―33―1）があるのもその一角だ。以前はここに戸板女子短期大学があり、その正門脇、ブロック塀に囲まれ「南無妙法蓮華経」と刻む墓碑一基が建っていて、つねに花が供えられていた。これは焼き打ちで犠牲になった、薩摩藩側の無縁仏供養のために建てられたとのことだったが、残念ながら平成七年（一九九五）八月、鎌倉の方に移されてしまった。

焼き打ち事件の犠牲者たち

薩摩藩三田屋敷焼き打ち事件の薩摩藩犠牲者遺骸は、無残にもしばらく放置されていたらしい。「薩摩の斬られた武士の死体はそのままに片付けもせず、投げ出してあったそうですが、見て来た人々は、『あれを見ては当分御飯《おまんま》も喫《た》べられない』なんかと申していました」（篠田鉱造『幕末百話』昭和四十四年）という談話がある。その後遺骸の多くが埋葬されたのは、三田屋敷に近い伊皿子《いさらご》にあった大円寺だ。同寺は江戸における薩摩藩島津家の菩提寺のひとつである。明治初年、徹底した廃仏毀釈《きしやく》を行った島津家は、大円寺にあった累代の大位牌を、火中に投じてしまったという。

大円寺は明治四十一年（一九〇八）十月に、現在地の杉並区和泉3―52―18に移転した。場所は京王井の頭線永福町駅から松の木通りの商店街を一キロほど行った右手だ。境内墓地に足を踏み入れると、ブロック塀に囲まれた一角に「戊辰　薩摩藩戦死者墓」と刻む巨大な墓碑を中心に、維新前後に亡くなった薩摩藩および佐土原藩関係者の大小さまざまな形の苔むした古い墓碑数十基が整然と並び、独特の雰囲気を漂わせている。

その中に、薩摩藩三田屋敷焼き打ち事件の犠牲者たちの墓碑が何基かある。

ブロック塀を背にする合葬墓一基には、最初の犠牲者である留守居役の篠崎彦十郎をはじめ、立花直記・白石弥左衛門・児玉雄一郎・天辰《あまたつ》勇右衛門・坐下《ざした》惣左衛門、助六・利右衛門・安右衛門・朝次郎・弥三郎・三次郎・新太郎の名と法名が刻まれている。

また別の合葬墓一基には、黒田栄松《えいまつ》・落合孫右衛門・今村善兵衛・花崎綿蔵《はなざきわたぞう》・安藤仲右衛《ちゅうえ》門《もん》・岩田兼吉・藤谷常次郎《ふじたにつねじろう》・山本伝五郎・内藤栄助・佐野金次、夫卒 円次・文治、佐土原藩夫卒 幸次郎・金太郎・弥吉・袈裟太郎・金蔵・滝蔵の名（一部は法名も）が刻まれている。いずれの合葬墓からも、姓のない人夫の多くが焼き打ち事件に巻き込まれたことが分かる。

あるいは「大崎米次郎墓」「大崎米次郎娘墓」「大崎庄八墓」「大崎猪之助墓」と刻む、同型の墓碑四基がある。一族で犠牲になった者たちなのだろう。先述の合葬墓の中に名のあった、落合孫右衛門の妻の墓もある。刻まれた命日が「慶応四年戊辰二月朔日」だから、事件で負傷して約二ヵ月後に亡くなったらしい。

大円寺に並ぶ薩摩藩関係者の墓（杉並区和泉3—52—18）

さらに、後日編まれた記録では焼き打ち事件当日の慶応三年（一八六七）十二月二十五日に死んだことになっている者でも、墓碑に刻まれた命日が異なる者がいる。手塚正之は翌明治元年（一八六八）正月十日、野元与太郎は正月二十二日、助次郎は正月二十四日、竹内雅春は二月六日、甚八は二月十五日、岩元新次郎は二月十七日、次郎八は二月二十四日になっている。おそらくは、事件で負傷したまま年を越し、落命した者たちなのだろう。

だがいつの間にか、命日まで一括されてしまったようだ。

またさらに、大円寺の墓碑に見られる名を、後年宮内省が編纂した幕末維新の殉難者名鑑『修補殉難録稿』後篇（昭和八年）や明田鉄男編『幕末維新全殉難者名鑑』二巻（昭和六十一年）等と比較すると、安藤仲右衛門・岩田兼吉・藤谷常次郎など、記録から漏れてしまったと思われる犠牲者が、少なくとも十余名はいたことが分かる。こうした点でも、あらためて墓碑を調べる意味はある。

死者だけで数十名を出した市街戦ともいうべき事件にもかかわらず、その記録に曖昧な点が多いのは、第一に当時の混乱の大きさを物語っているのだろう。事件の知らせを受けた西郷も事情がよく分からないと、困惑したほどだ。また幕府方としては、できるだけ事件の規模を小さく伝えようとしただろうから、それも犠牲者の記録が不鮮明になった原因のひとつかもしれない。

殿木春次郎の碑

『忠臣蔵』で有名な泉岳寺（港区高輪2—11—1）の楼門前に、右翼の巨頭頭山満《とうやまみつる》が題字を揮毫した「明治維新志士碑」がある。「殿木春次郎」という、『明治維新人名辞典』（昭和五十六年）にも出ていない、一人の無名の若者を顕彰するため、昭和十一年（一九三六）、異母弟の殿木三郎らにより建てられたものだ。

殿木春次郎は江戸日本橋榑正《くれまさ》町の町医者殿木竜伯の次男だが、十九歳のとき、薩摩藩三田屋敷の浪士となり、江戸攪乱に参加した。慶応三年（一八六七）十二月二十五日朝の焼き打ちでは槍で喉を突かれて重傷を負ったが、かろうじて虎口を脱した。薩摩藩軍艦翔鳳丸《しょうほうまる》には乗り損ねたため、江戸市中に潜入して父の家に逃れた。

しかし、父や義母に迷惑がかかるのを恐れた春次郎は夜中、家を抜け出して永代橋から入水自殺をはかろうとするも、失敗。その後、伯母夫婦の家に匿《かくま》われたが、喉の傷が悪化したため翌年一月十三日夜、再び永代橋から入水自殺を遂げて果てたという。

弟三郎の記憶によると、父は毎年、春次郎の命日の夜になると、

「世に薄幸といっても春次郎の如きは少ないだろう、今二ヵ月、辛抱していたら、明治の聖代の御光りに浴せたものを」

と、泣いていた（長谷川伸『相楽総三とその同志・上』昭和五十六年）。

五百名以上もいた薩摩藩邸に集められた浪士たちの名簿は、焼き打ち事件のさい失われ、大半はその姓名も忘れ去られてしまった。副総裁の落合直亮（源一郎）が記憶をもとに復元を試みたが、これも明治七年（一八七四）、藤川三渓《さんけい》に貸し出され、宮内省で保存されていたところを、皇居の火事でまたもや失われてしまったという。

春次郎にしても、宮内省編『修補殉難録稿』には記録されず、その霊は靖国神社にも合祀されることはなかった。後年、横浜市の百貨店野沢屋社長等を務めた三郎は、父の思いを受け継

ぎ、歴史の中に埋没してしまった兄の事跡を伝える碑を建てたのである（殿木の碑は平成十六年三月現在、泉岳寺楼門前にはない。同所周辺の整備工事中のため移転しているのだが、完成後は戻すとのことである）。

落合源一郎と小仏の関

薩摩藩三田屋敷に集められた浪士の副総裁を務めた落合直亮（源一郎）は、小仏《こぼとけ》の関の累代関所番を務めた家に生まれた。叔父の山内嘉六や堀秀成に就いて国学を修め、嘉永六年（一八五三）、黒船来航で世情が騒然となるや、じっとしていられなくなった。

弟の一平《いっぺい》（直澄）に家督を譲った源一郎は、文久三年（一八六三）には清河八郎の浪士組に参加し、勤王家藤本鉄石《てっせき》と交流した。元治元年（一八六四）、大和で起こった天誅組の挙兵に呼応し、関東での尊攘派挙兵を画策したこともある。

慶応三年（一八六七）十月十日、益満休之助と伊牟田尚平の誘いで、門人峰尾小四郎・森田谷平《たにへい》・林幸之助らを率いて薩摩藩屋敷に潜入。相楽総三を総裁として糾合所屯集隊を組織し、自らは副総裁となって江戸攪乱を進めた。このとき、水原二郎の変名を用いている。

十二月二十五日の焼き打ち事件では虎口を脱し、相楽らと品川沖から薩摩藩軍艦翔鳳丸に乗って上方に逃れ、京都の西郷吉之助のもとに走った。維新後は神道家として仙台市神道中教院統督や伊勢神宮禰宜《ねぎ》などを務め、明治二十七年（一八九四）十二月十一日、六十八歳で没。墓は青山霊園（港区南青山2—32—2）にある。

落合が生まれた小仏の関は相模と境を接し、戦国時代は北条氏の要衝として小仏峠に設けられた。その当時は富士の関と呼ばれていたという。江戸時代になると甲州街道の要所として、尾根筋の高所からふもとの武蔵国多摩郡駒木野《こまぎの》村（八王子市裏高尾町417）に移された。面積四百三十平方メートル、東西に木戸が設けられ、代官が統治していた。

小仏の関は明治二年に廃されたが、敷地（国指定史跡）は史跡公園として整備保存され、一角には手つき石と手形石も残る。「先賢彰徳碑」は落合と弟直澄の事跡を称えたもので、揮毫は落合の親戚にあたる尾崎咢堂《がくどう》（行雄《ゆきお》）だ。また与謝野鉄幹の「すがすがし関所の跡の松風にとこしへ聞くは大人たちのこゑ」の一首も刻まれている。鉄幹は落合の養子で国文学者・歌人として知られた落合直文の高弟だ。

落合家が関所番を務めた小仏の関跡（八王子市裏高尾町417）

永年天領の恩恵にあずかった佐幕色の濃い風土から、落合のような討幕側の人物が生まれたことは珍しいとされる。学問の影響もさることながら、落合という人物が強烈な個性、信念の持ち主だったのだろう。

相楽総三と赤報隊

薩摩藩三田屋敷を本拠にした浪士の総裁は、小島四郎将満《まさみつ》である。西郷吉之助から江戸および関東攪乱を命じられたとされる小島は、「相楽総三」という変名を用いていた。

相楽総三は、江戸赤坂三分《さんぶん》坂下の旗本酒井家の屋敷地内に広大な屋敷を構える小島兵馬の三男として、天保十年（一八三九）に生まれた。場所は切絵図で見るといまの港区赤坂7—8、ビルが軒を並べるあたり。報土寺という寺の位置は当時から変わっていないようなので、同寺から三分坂を挟んで東側と考えればよいようだ。

小島家は下総《しもうさ》出身の郷士で、「小判小粒を桝《ます》ではかる家はあるが、小島分限は箕《み》ではかる」とまで唄われた富裕の家で、五千石の旗本酒井家を経済的に支援していたと伝えられる。

総三は平田派の国学者となり、二十歳のころには門人が百名を越えたという。文久元年（一八六一）、二十三歳のときに父から五千両の大金を引き出し、上州・信州・秋田など東国で同志を集め、尊王攘夷運動に奔走。文久三年十一月には赤城山挙兵を計画したが、頓挫《とんざ》した。慶応三年（一八六七）十月、益満休之助・伊牟田尚平と共に江戸に入り、薩摩藩三田屋敷を本拠に浪士たちを集めて総裁となり、攪乱を進めた。

焼き打ちのさい、虎口を脱した総三は、品川から薩摩藩軍艦翔鳳丸に乗って上方に逃れた。明治元年（一八六八）一月五日、鳥羽・伏見の戦いの大勢が決したころ、京都に入った総三は、新たに西郷から新政府の東征軍先鋒を命じられる。総三は赤報隊《せきほうたい》（先鋒嚮導隊《きょうどうたい》）を編成して一番隊長となり、中山道を江戸へと向かった。

赤報隊は出発にあたり、太政官から年貢半減の措置を許されていたから、道中で新政策として発表してまわり、民心を引きつけてゆく。ところが、財政的に年貢半減が不可能であることに気づいた新政府は、自分たちの公約違反をもみ消すため、赤報隊に「偽官軍《にせかんぐん》」の烙印を押し、信濃国下諏訪で全員を捕らえたという（異説あり）。もっともそれは総三の命令違反が災いしたともいう。そして三月三日、総三ら八名の幹部を斬罪に処し、残りを追放した。

総三処刑から一年後、妻てる（松江藩士渡辺家の娘）は、形見として届けられた夫の髻《もとどり》を仏前に供えて自決。当時四歳の一子川次郎は総三の姉が引き取り、嫁ぎ先の木村姓を名乗らせ、生家の小島家は没落した。浪士の副総裁だった落合直亮は、明治のはじめ伊那《いな》県大参事に就いたさい、非業に倒れたかつての同志相楽総三ら八名の墓碑を、処刑地である下諏訪に建てた。現在も残る魁塚《さきがけづか》（相楽塚）がこれである。

小島将満こと相楽総三墓（青山霊園、港区南青山２―32―２）

のち、実孫木村亀太郎は総三に被せられた冤罪を知り、雪冤運動に奔走する。その結果、昭和三年（一九二八）十一月十日、天皇即位の当日には正五位が追贈され、昭和四年四月の靖国神社臨時大祭では合祀される旨が告示された。

いまでこそ「偽官軍事件」は、新政府に都合よく利用され、切り捨てられた草莽《そうもう》の悲劇、冤罪事件として知られる。しかし総三復権の背景には、亀太郎の血のにじむような努力があった。その経緯は、長谷川伸の史伝小説『相楽総三とその同志』に収められた「木村亀太郎泣血記」に詳しい。

遺族は、ささやかな総三夫婦の墓を専修寺（品川区西五反田6―11―5）に建立したが、いつの間にか無縁仏になってしまった。それを近年、総三の姉の婚家木村家が、自家の墓域である青山霊園（港区南青山2―32―2）に引き取った。墓碑は正面に「天忠院敬誉道居士」「鏡松院操誉妙麗大姉」という夫婦の法名を並べ、右側面に本名で「小島将満墓」と刻む。傍らには、総三の義兄で、幕府蕃書調所の要職を務めた木村敬弘《たかひろ》の墓碑もある。

慶喜、江戸へ帰る

十五代将軍徳川慶喜が京都で大政奉還を布告したのは、慶応三年（一八六七）十月十四日のことだ。ここに二百数十年にわたり続いた徳川幕府という政権は、事実上崩壊した。

一方、朝廷は十二月九日、王政復古の大号令を発し、総裁・議定《ぎじょう》・参与の三職制を制定。その夜、初の三職会議、いわゆる小御所《こごしょ》会議が開かれ、慶喜の辞官、納地が決定された。

これに対し慶喜は、京都守護職の会津藩主松平容保《かたもり》、京都所司代の桑名藩主松平定敬《さだあき》（容保の実弟）を従え、京都から大坂城へと移り、事態の緩和をはかろうとする。

大坂城には旧幕兵、会津・桑名藩兵など約一万五千の軍勢が集結。これは薩摩・長州藩が上方に配備している軍勢の約三倍もの数であった。

そこへ、江戸の薩摩藩三田屋敷焼き打ちの知らせが届く。大坂城内の憤激はその極に達し、薩摩藩撃つべしとの声が高まる。慶喜は十二月八日以来の薩摩藩の陰謀を非難した「討薩《とうさつ》の表《ひょう》」を著し、朝廷に示そうとした。

明治元年（一八六八）一月二日、会津・桑名藩兵は慶喜の先鋒として伏見・鳥羽の両街道から京都を目指して進撃を開始。三日午後、京都郊外、鳥羽・伏見の関門を守る薩長軍との間に、戦いの火ぶたが切って落とされた。以後一年半におよぶ戊辰戦争の序曲となった、鳥羽・伏見の戦いだ。その結果は士気旺盛で、しかも優れた装備を持つ薩長軍の勝利であった。薩長軍は五日、錦旗を掲げて「官軍」となり、旧幕軍の本営淀城も占領した。

慶喜は、当初から戦意に乏しかった。「するなら勝手にしろ、といふ考えも少しあつた」と、のちに回顧しているほどだ。そして旧幕軍の敗色が決定的になるや、慶喜は六日深夜、板倉勝静《かつきよ》・松平容保・松平定敬ら四、五名を従えて密かに大坂城を脱し、天保山《てんぽうざん》沖から開陽丸に乗り、東帰の途についてしまう。

その真意は、よく分からない。ともかく将兵たちが慶喜脱出を知ったのは、翌朝になってからだ。そして七日夜には慶喜追討の朝命が発せられた。

慶喜を乗せた開陽丸は、悪天候のため八丈島の北五、六里の方角に流されたりした。ようやく江戸湾に錨を下ろしたのは、十二日のことである。慶喜は浜御殿に上陸し、海軍局に勝海舟を呼び出した。日ごろ慶喜は海舟を嫌っていたが、この時局を収めることができるのは海舟しかないと思ったのだろう。海舟はそのときの様子を、『海舟座談』の中で次のように語り残している。

「スルト、皆なは、海軍局の所に集って、火を焚《た》いていた。慶喜公は、洋服で、刀を肩からコウかけて居られた。己《おれ》はお辞儀も何もしない。頭から、皆んなにそう言うた。アナタ方、何んという事だ。これだから、私が言わない事じゃあない、もうこうなってから、どうなさるつもりだとひどく言った。上様の前だからと、人が注意したが、聞かぬふうをして、十分言った。刀をコウ、ワキにかかえてたいそう罵《ののし》った。己を切ってでもしまうかと思ったら、誰も誰も、青菜のようで、少しも勇気はない。かくまで弱っているかと、己は涙のこぼれるほど歎息したよ」

江戸時代、将軍家の行楽・接待に使われた浜御殿は、江戸城の出城《でじろ》の役目も兼ねていた。幕末には南端に砲台が築かれ、海軍奉行の所管になっていた。明治三年、宮内省所管となり、皇室の観桜会なども行われたが、昭和二十年（一九四五）、東京都に下賜された。現在の浜離宮恩賜庭園（中央区浜離宮庭園1―1。面積二十四万九千五百五十平方メートル）である。

庭園東岸の観光船発着場の近くに「将軍お上り場」と呼ばれる地点があり、海に下りる古い石段が残っている。将軍が隅田川遊び等のさい、休息のため上陸した船着き場だ。失意の慶喜も、ここから上陸したのであろう。

会津藩の悲劇

聖心女学院の西側、閑静な住宅街の中にある興禅寺（港区白金《しろかね》6―14―6）の墓地に、神保《じんぼ》修理《しゆり》長輝《ながてる》と萱野《かやの》権兵衛《ごんべえ》長修《ながのぶ》という二人の会津藩士が、ひっそりと眠っている。

港区三田2―1、オーストラリア大使館の南側あたりは、会津藩の三田屋敷跡である。その一角で、会津藩家老の長男で、将来を嘱望されていた神保修理が君命により切腹して果てたのは、明治元年（一八六八）二月十三日のことだ。享年三十。

鳥羽・伏見で敗れ、大坂城を脱した慶喜や会津藩主松平容保を追い、修理は同じく会津藩士の浅羽忠之助と共に東海道を江戸に下った。容保は脱出することを、修理にしか告げていなかったという。

修理らは十五日、江戸に到着。その後、大坂から敗残兵たちが続々と江戸に帰ってくると、慶喜や容保に対する不満が高まり、その恨みは修理に集中した。修理斬るべしと息巻く者たちもいた。修理が容保に脱出を勧めた張本人だというのだ。しかも修理は長崎で土佐の坂本龍馬や長州の伊藤俊輔（博文）らとの交遊もあったから、西南諸藩に内通しているかもしれないなどの噂も立った。

容保は修理の生命を守ろうと、会津藩和田倉屋敷（現在の千代田区皇居外苑、和田倉噴水公園あたり）に修理を幽囚した。勝海舟も慶喜に修理を召す命を出すよう頼み、その保護に努めようとする。ところがこれを知った会津藩士は、かえって激しく騒ぎ立てた。

戦争責任をとった萱野権兵衛墓（興禅寺、港区白金6—14—6）

この混乱を鎮めるため、修理は容保の身代わりにさせられる。三田屋敷に移され、切腹を命じられたのだ。死に臨み修理は、従容左右を顧みて「余固《もと》より罪なし、然《しか》れども君命を奉じるは臣の分なり」と言い、切腹して果てたという。

「帰り来ん時よと親のおもふこころ果敢なきたより聞くべかりけり」

が辞世だった（山川健次郎監修『会津戊辰戦史』昭和八年）。遺骸は興禅寺に埋葬され、いまも正面に「神保長輝墓」と刻む墓碑が墓地入り口近くに残っている。

修理墓の左隣に建つ「萱野長修之墓」は、会津藩敗北の責をとり、明治二年五月十八日、麻布広尾の上総飯野藩保科《ほしな》家下屋敷（港区南麻布2—1あたり）で切腹した家老萱野権兵衛（享年四十二）の墓だ。

鳥羽・伏見の戦いで旧幕軍の主力となった会津藩は、「朝敵」の汚名を着せられ、戊辰戦争で新政府軍の追討を受けた。江戸城を無血開城させ、慶喜に逃げられた新政府としては、その権威を誇示するためにも、「血の犠牲」が必要だったのだ。しかも幕末、京都守護職を務めた会津藩は、長州藩をはじめとする激派の恨みを買っていた。会津藩救援に結束した奥羽越諸藩は次々と敗れ、会津の籠城戦は一ヵ月におよぶ。開城は九月二十二日のことだ。その後、会津松平家は本州最北端の斗南《となみ》藩三万石に移封され、廃藩置県を迎えるのである。

敗戦の責任を萱野が一身に負った理由は、同列の家老田中土佐と神保内蔵助《くらのすけ》（修理の父）が、八月二十三日に自決していたからだ。萱野の遺志により、遺骸を納めた棺は浅黄木綿で覆われ、外見は荷物のようにして興禅寺に運ばれた。会津藩では大夫（重臣）以上の者の葬儀に準じ、僧侶十余人が出座供養して、墓地に埋葬した。

墓碑の傍らに、萱野の百回忌にあたる昭和四十三年（一九六八）五月十八日、会津会によって建てられた御影石の「萱野国老敬仰碑」がある。碑文は萱野の経歴を簡単に紹介した後、「その忠烈凛《りん》として天目を貫く。今年、百回の忌辰に当る。不肖その墓に詣で、入っては相、出ては将、一死国に殉せし大義を追慕して去る能はず。のち墓碑を厳修しその傍に此の碑を建立し、以《も》ってその大義を不朽に伝えて世道人心の作興に資す」という賛辞でしめくくられている。

会津藩は天皇と将軍に対し、一途な忠誠を尽くそうとした。その頑《かたく》なな態度が、かえって急変する時勢に対応することを邪魔した。信任あつかった孝明天皇が急逝したことも、慶喜という優柔不断な将軍が出現したことも非運だった。数々の理不尽な仕打ちを受けつづけた会津人の怨念は、百三十年以上経たいまなお続いており、それが維新の「正義」とは何だったのかという問題を、つねに我々に突きつけるのである。

新選組、品川に上陸

鳥羽・伏見の戦いで敗れた新選組など旧幕軍の兵士たちは、大坂天保山沖から軍艦富士山丸に乗り組み、一路江戸を目指した。途中、横浜で負傷者を下ろし、品川沖に入ったのは明治元年（一八六八）一月十五日未明のことである。

品川に上陸した六十余名の新選組隊士は、品川寺《ほんせんじ》門前にあった建場《たてば》茶屋釜屋《かまや》に入り、戦塵《せんじん》を洗った。負傷していた局長近藤勇と重病人の沖田総司は、下谷和泉橋の医学所に送られ、松本良順（順）の治療を受けることになった。

実は副長土方歳三は、三ヵ月前にも釜屋に立ち寄っている。慶応三年（一八六七）十月二十一日、募集した隊士を引き連れて江戸を発ち、東海道を京都に向かったのだが、その日昼食をとったのが、釜屋だった。一行の食事代が、七貫九百文という記録もある。くしくも土方にとり、最後の京都行きの始点と終点が、釜屋になったのだ（品川歴史館特別展図録『東海道・品川宿を駆け抜けた幕末維新』平成十一年）。

土方のほか、永倉新八・原田左之助など隊士たちは同月二十三日、丸の内の酒井飛驒守《ひだのかみ》の屋敷（千代田区丸の内2―7、東京三菱銀行本店の南側）に移るまでを、釜屋で過ごした。

現在の釜屋跡は京浜急行青物横丁駅から徒歩五分ほどの品川区南品川3―6―50、マンションになっている地だ。近年の新選組ブームの影響からか、史跡を示す標識が出ている。旧東海道に面しており、昔のままの細い道幅が当時を偲ばせる。また、近くの品川寺（南品川3―5

―17）境内の地蔵菩薩坐像（江戸六地蔵の第一番）や、高さ二十メートルにもおよぶイチョウの大木は当時も名所として知られていたから、土方らも目にしたかもしれない。

沖田総司の死

その後、新選組は甲陽鎮撫《こうようちんぶ》隊と称して甲府城接収に赴いたが、明治元年（一八六八）三月五日、甲州勝沼で新政府軍と戦い敗走した。それから五兵衛《ごへえ》新田の金子家（足立区綾瀬4―15―21）等に屯集して立て直しをはかるも、四月三日には下総流山《ながれやま》（千葉県）で近藤勇が新政府軍に投降する。

土方は新選組を率いて宇都宮など関東各地を転戦後、会津を経て箱館に渡り、明治二年五月十一日、三十五歳で凄絶な戦死を遂げた。ここに、新選組の六年の歴史に幕が閉じられたのである。

新選組最強の剣の遣い手といわれ、剣術師範や一番隊長を務めた沖田総司は、明治元年五月三十日、二十七歳（二十四、五歳説もあり）で病没し、沖田家菩提寺の専称寺（港区元麻布3―1―37）に埋葬された。地下鉄日比谷線・大江戸線の六本木駅から徒歩数分だが、墓地への一般の立ち入りは許されていない。墓碑には「賢光院仁誉明道居士」の法名、「沖田宗治郎」という幼名が刻まれている。

沖田の父勝次郎は陸奥白河藩士だったが、沖田十四歳のときに藩を脱したという。沖田は試衛館道場で天然理心流を学び、天才的な才能を発揮。文久三年（一八六三）には近藤・土方らと共に浪士組に加わり上洛して、新選組を結成した。元治元年（一八六四）六月の池田屋事件でも活躍したが、戦いの最中に喀血《かっけつ》・昏倒《こんとう》している。

池尻橋わきの沖田総司終焉の地（昭和62年撮影）

沖田が亡くなった場所は、通説では千駄ヶ谷池尻橋ぎわにあった植木屋平五郎宅の納屋とされる。現在の新宿区大京《だいきょう》町27あたり、ＪＲ千駄ヶ谷駅より外苑西通りを北へ三百メートルほど行ったところに、池尻橋の欄干が残っている。近くには野口英世記念会館もある。

沖田は死ぬ三日ほど前から、庭先に来る黒猫を斬ろうとして、

「斬れない、斬れない」

と悲痛な叫びを続けて死んでいったという。その逸話の真偽はさだかではないが、劇的に生きた沖田の最期にはふさわしい場面だ。

なお沖田が亡くなった場所は、永倉新八の記録によると、浅草今戸《いまど》の松本良順宅だったともいう。松本は将軍家茂の侍医で、近藤らのよき理解者だった。今戸神社（台東区今戸1―5―22）境内に「沖田総司終焉之地」と刻む石碑が近年になって建てられた。

堀直虎の自決

大坂から逃げ帰った慶喜が江戸城に入るや、新政府に対し抗戦か、恭順か、旧幕府内は混乱に混乱を重ねた。さらにはフランスまでが、抗戦を勧めて介入してくる。

主戦派の中心人物だった勘定奉行兼陸軍奉行並の小栗上野介忠順は、明治元年（一八六八）一月十五日になり突如、罷免される。ただし、慶喜はすぐさま恭順に踏み切ろうとしたわけではなく、その態度は混迷を続け、はっきりしなかった。

信州須坂《すざか》藩（一万石）の藩主堀直虎（内蔵頭）は、前年慶応三年（一八六七）十二月十五日、若年寄兼外国総奉行に就任していた。外様大名の若年寄就任は異例であり、平時ならば抜擢である。だが、すでに大政奉還により幕府は消滅していた。しかも堀は健康がすぐれなかったから、再三固辞した。ところが、他の老中や若年寄が辞職し、さっさと自藩へ帰ってしまうなか、責任感の強い堀は、結局この難役を引き受けてしまった。

一月十五、十六、十七日と続く会議に、堀は病を押して登城し、出席する。会議では老中や若年寄の激論が繰り返されたが、十七日午後になり堀は、慶喜の面前に進み出た。屋敷を出るとき、下に白装束を着ていたというから、必死の決意を胸に秘めての行動だったのだろう。

勝海舟は、このときの堀の様子について、「善良の質、其煩と憂苦に堪えず、鬱として面色甚だ悪しく、外見漸く発狂せむとするが如し。予諸参政に云て曰く、宜しく注意すべし」（『解難録』）であったと記録する。精神的にも肉体的にも、堀の疲労は極致に達していたようだ。

自決した堀直虎墓
（種徳寺、港区赤坂7—6—29）

堀は、強い調子で慶喜に諫言《かんげん》したという。慶喜は怒って席を立ち、奥へ引っ込んでしまった。その夜、西ノ丸の厠《かわや》（便所）に入った堀は、突然喉を突いて自決した。三十三歳だった。遺骸は翌朝、毛布に包まれて今井《いまい》谷《だに》の役宅に帰され、十九日に現在の港区赤坂7—6—29にある種徳寺《しゅとくじ》に埋葬された。現存する墓碑の正面には、「広顕院殿前少府令祐道靖忠大居士神儀」という法名が刻まれている。

堀は命がけで、慶喜に何を訴えようとしたのか。実は、当時の慶喜の態度がはっきりせず、会議の内容が不鮮明なので、よく分かっていない。朝廷に対して大義名分を主張するという挙兵西上説、神経衰弱説、恭順説などが伝えられる。

幕府当局は諫死した堀の喪を、一ヵ月も秘した。またその後、須坂藩は朝廷方に忠誠を尽くすという積極策をとったので、関係者たちはその路線に沿い、亡き堀を「尊王愛国者」に祭り上げねばならなかった。事実、大正十三年（一九二四）二月には、皇太子（昭和天皇）成婚を記念し、堀に従四位が贈られている。

こうした諸事情が、時代の転換期の真っ只中で起こった、一人の小さな大名の自殺の真相を、ベールに包んでしまったようである（信濃毎日新聞社編『維新の信州人』昭和四十九年）。

慶喜謹慎の「葵の間」

明治元年(一八六八)二月三日、親征の詔《しょう》が発せられ、総裁有栖川宮熾仁親王が東征大総督に任じられた。薩摩・長州両藩を主力とする二十二藩、五万人からなる征東軍は、東海・東山・北陸の三道から、江戸を目指す。ここにいたり不透明な言動を続けて来た徳川慶喜は二月十二日、江戸城を出た。そして上野東叡山《とうえいざん》の寛永寺に輪王寺宮公現法親王《りんのうじのみやこうげんほっしんのう》を訪れ、朝廷に対して恭順謝罪したいと、とりなしを願ったのである。

その日以来、慶喜は寛永寺子院である大慈院に移り、約二ヵ月の間、ひたすら謹慎の姿勢をとった。慶喜の政治生命は完全に終わったが、その真意は江戸を戦火から救おうとしたのか、朝敵になるのを恐れたのか、あるいはもっと他のところにあったのだろうか。

上野の寛永寺は、関東における天台宗総本山で、芝増上寺と並ぶ徳川将軍家廟所だ。比叡山にならい東叡山と呼ばれた。かつての境内は、いまの上野公園の二倍もの広さを誇っていたという。徳川家康の帰依があつかった天海大僧正の勧めで、江戸の鬼門にあたる上野に建てられたのがはじまりだ。さらに正保四年(一六四七)からは、皇族が寛永寺に住して日光山輪王寺門跡《もんぜき》となり、天台座主《ざす》を兼ねるようになり、享保三年(一七一八)には、寺領一万千七百九十石を有した。

山内には子院三十六が並んでいた。大慈院は宝永六年(一七〇九)、三十六番目に完成した子院だ。ここで慶喜は月代《さかやき》も剃らず、ひたすら恭順謹慎の意をあらわす。周囲は山岡鉄太郎

（鉄舟）・関口隆吉らの精鋭隊七十余名と、見廻組五十名が警護にあたった。慶喜はその心のうちを、

「花もまた哀れとおもへ大方の春を春とも知らぬわが身を」

などと詠んでいる。

四月四日、江戸城に乗り込んだ勅使は慶喜の服罪を認め、死一等を減ずると発表した。感激した慶喜は、故郷水戸へ移ることになり、十一日早朝、黒木綿の羽織、白い小倉袴《こくらばかま》を着し、麻裏草履を履き、わずかな従者と共に大慈院を出た。江戸市中の人々は、このさまを見て嘆声をもらしたという。水戸に赴いて藩校弘道館の一室で謹慎した慶喜は、さらに三ヵ月後に静岡へと移住して行った。

その年の五月十五日、上野に屯集していた彰義隊と新政府軍の戦いで、徳川政権の象徴ともいうべき寛永寺の堂塔の大半は焼失する。現在の東京芸術大学の向かいにある寛永寺（台東区上野桜木1―14―11）は、大慈院の跡にあたり、本堂は明治十二年（一八七九）、川越喜多院《かわごえきたいん》の本地堂を移したものだ。

慶喜が謹慎した一室は焼け残ったが、老朽化のため大正二年（一九一三）に改築された。そのさい、旧材木の一部を再使用した「葵の間」が記念に設けられ、今日にいたる。十畳と八畳の上の間と次の間からなるが、当時、慶喜が謹慎したのは四畳半だったと伝えられるから雰囲気も異なるのだろう。後年のものだろうが、慶喜が筆写した「人の一生は重荷を負て遠き道を

ゆくが如し」に始まる東照宮（家康）遺訓が額になって掛かっている。慶喜の苦しい胸中を代弁しているかのようだ。三十二歳にして政治の舞台から一切退いた慶喜は、謎が多い維新前後の行動の真意を明かすことを、極端に嫌った。

明治二年九月、ようやく謹慎を解かれた慶喜は、十三年五月、正二位に復し（二十一年に従一位）、三十年十一月には静岡から東京に戻った。三十一年三月二日にははじめて参内して明治天皇・皇后に拝謁し、和やかなひと時を過ごしたという。三十五年六月、特旨をもって公爵に列せられ、大正二年十一月二十二日、東京小日向《こびなた》（文京区）で没。徳川十五代将軍の中では、最長寿の七十七歳だった。

寛永寺の葵の間（台東区上野桜木１―14―11）

慶喜の葬儀は、同月三十日、因縁の深い寛永寺に斎場を設け、神式をもって行われた。遺骸は本人の希望により、徳川家霊廟ではなく谷中霊園（台東区谷中７―５）に埋葬され、土饅頭《どまんじゆう》の塚が築かれた。「従一位勲一等徳川慶喜之墓」と刻んだ石碑が傍らに建ち、いまも寛永寺によって管理されている。

また、上野動物園そばにある東照宮（台東区上野公園９―88）は、藤堂高虎の創建で、家康を主神とし、吉宗と慶喜を合祀している。慶喜の霊は昭和四十二年（一九六七）一月に合祀され、京都で作られた官位束帯姿の慶喜座像が安置された。参道脇には慶喜の寵愛を受けた俠客《きょうかく》新門辰五郎《しんもんたつごろう》らが、明治六年九月に奉納した水舎があることにも注目したい。

海舟・南洲の会見

徳川慶喜は抗戦派を斥《しりぞ》け、恭順派の勝海舟（麟太郎）に後事を託し、上野寛永寺で謹慎生活に入った。明治元年（一八六八）三月九日、海舟の依頼を受けた山岡鉄太郎は、薩摩藩士益満休之助を伴い、駿府《すんぷ》まで来ていた東征軍参謀で新政府参与の薩摩藩士西郷吉之助（隆盛・南洲《なんしゅう》）に会見する。益満は薩摩藩三田屋敷焼き打ち事件後捕らえられ、海舟の庇護を受けていたのだ。

このとき、西郷が出した七ヵ条からなる処分案は厳しいものだった。江戸開城、武装解除はともかく、慶喜を岡山藩池田家に預けるという条件に、山岡は難色を示す。だが西郷も朝廷の方針であると、譲らなかった。

三月十二日、西郷が江戸に入ったことを知った海舟は、早速、新政府軍本営の池上本門寺《いけがみほんもんじ》（大田区池上1―1―1）を訪れ、翌日の会談を申し入れた。現在、これを記念し朗峰《ろうほう》会館裏の松濤園《しょうとうえん》（旧本坊奥庭、非公開）中腹に、「南洲・海舟評議の処」の石碑が建っている（ただし海舟と西郷はここでは会見していないと思われる）。また、西郷が宿舎にしていた塔頭理境院《りきょういん》（大田区池上1―34―3）も、本門寺山門へ続く参道脇に当時の面影をとどめている。

海舟と西郷は、旧知の間柄だ。国際的視野に立ち、日本を守り切れない幕府への失望を口にして憚らない、海舟の高い見識を西郷は知っている。この危機は、海舟でなければ乗り切れない。海舟四十六歳、西郷四十二歳、日本の運命を背負う、男盛りの両雄の対決だった。

そして西郷は翌十三日、芝高輪の薩摩藩邸で海舟と会見した。海舟の日記には「高輪薩州の藩邸に出張、西郷吉之助へ面談す」云々とある。こちらの場所は、現在の品川駅西側、港区高輪3―13、高輪プリンスホテルとホテルパシフィック東京の建つあたりだ。この日は予備会談で終わったといわれる。

翌十四日にも、両者の会談は行われた。

この日、西郷は翌日に予定されていた江戸総攻撃の中止を約束する。さらに海舟が示した徳川家処分案を新政府側に取り次ぐことも、引き受けた。処分案は慶喜を水戸で謹慎させること、江戸城を開城させ田安慶頼《よしより》に渡すこと、兵器弾薬・軍艦の引き渡しなどで、先に西郷が示したものより緩やかな内容であった。

また、この会談にさきがけ、東海道先鋒総督参謀の長州藩士木梨《きなし》精一郎と大村藩士渡辺昇《のぼり》は、横浜にイギリス公使パークスを訪れ、江戸攻撃の了承を得ようとした。ところがパークスは、慶喜が恭順しているとの理由で、これを暴挙であると強く非難する。パークスは江戸が戦火に見舞われれば、横浜も危機にさらされ、貿易にも悪影響が出ると考えたのだろう。

新政府としては、ここでイギリスの後ろ盾を失いたくない。西郷の態度が軟化した一因は、このあたりにもあったといわれる。ただし、横浜でのパークスの話が西郷のもとにもたらされたのは、海舟との会談終了後だったという説もある。

江戸開城会見地の碑
（港区芝５―33―８）

さて、江戸八百八町を戦火から救った、記念すべき二度目の両者の会談は、どこで行われたのか。海舟の日記三月十四日の条には前日の続きとして「同所に出張、西郷へ面会す。諸有司の歎願書を渡す」とあるから、これが正しければ、二日間にわたる会談は、高輪の薩摩藩邸で行われたことになる。

ところが、十四日、西郷が海舟に送った手紙には「唯今《ただいま》、田丁迄《まで》御来駕成し下され候段、御知らせ下され、早速罷《まか》り出て、何卒《なにとぞ》御待ち居《お》り下され度く」云々とある。海舟が西郷を待っている「田丁」とは、田町（三田）にあった薩摩藩の蔵屋敷のことと考えられる。通説ではここで二度目の会談が行われたことになっている。また、付近のしもた屋であったという説もある。

蔵屋敷跡はJR田町駅西口より出て、京浜国道を浜松町方面へ一分ほど歩いた右手にある第一田町ビル（港区芝５―33―８）あたり。ビル前に建つ丸型の石碑に、「江戸開城、西郷南洲・勝海舟会見之地、西郷吉之助書」と刻まれている。昭和二十九年（一九五四）建立、台座には西郷・海舟会談の様子を描いたレリーフがはめ込まれている。揮毫した西郷の孫にあたる西郷吉之助（明治三十九年生）は参議院議員、法務大臣を務めた人で、三田の薩摩藩屋敷跡や両国の勝海舟生誕地の碑も揮毫している。

江戸開城と西郷隆盛銅像

明治元年（一八六八）四月四日、勅使の東海道先鋒総督橋本実梁《さねやな》、副総督柳原前光《さきみつ》は、参謀の西郷吉之助（隆盛）、海江田《かえだ》信義《のぶよし》、木梨精一郎ら五十名ほどを従え、非武装で江戸城に乗り込んだ。これは江戸っ子にも好感をもたれた、パフォーマンスだったという。

そして西ノ丸大広間において、田安慶頼に徳川家処分と城明け渡しの勅旨が伝えられた。江戸開城は四月十一日と決まり、慶喜の死一等は減ぜられ、徳川家の存続も認められた。

後日、山県有朋が西郷から聞いたという、この日の逸話がある。城に入った西郷は、当時の作法として式台に上がれば、佩刀《はいとう》を脱しなければならない。しかも国主大名の格のある者でなければ、その脱した佩刀を手に提げて奥に入ることはできない。西郷は、佩刀を提げるのは穏当ではないが、人手に渡して丸腰で殿中に深入りするのも危険だと感じた。当惑したすえ、刀を抱いて書院に通ったというのである。山県は「是即《これすなわ》ち西郷の西郷たる所以《ゆえん》である」（『維新戦役実歴談』大正六年）と述べる。この律義さが、いかにも西郷らしい。

四月十一日、尾張・薩摩・長州・熊本・備前・大村・佐土原という七藩の軍勢が入り、呆気なく江戸城は明け渡された。

ところが西郷は、連日の疲れのせいか、城明け渡しの式典途中から居眠りを始めたと伝えられる。終了後、隣にいた大久保一翁《いちおう》（忠寛《ただひろ》）に、ゆり起こされて目覚めたという。その間に二百数十年続いた徳川政権は完全消滅し、新政府が日本唯一の中央政権になった。

以後、西郷隆盛と勝海舟は、江戸を戦火から救った「恩人」として評価されてゆく。上野公園（台東区上野公園1）に、「西郷さん」の名で親しまれる西郷隆盛銅像があるのも、そのためだ。

ユニークな西郷隆盛像（台東区上野公園1）

西郷は自らの写真を残さなかったとされる。銅像はキヨソーネが描いた肖像画や関係者の意見等を参考に高村光雲が原型を作製し、明治二十六年着工、三十年竣工、三十一年十二月十八日に除幕式が執り行われた。

遺族として参列した糸子夫人は、幕が落ちて銅像が現れるや、「アラヨウ！ 宿《やど》ンしはこげなお人じゃなかったこてエー」と嘆声を上げた。その意味するところは、いまだ謎のままである。しかし当時の軍人銅像のイメージからは、あまりにもかけ離れた、見る者の度肝を抜くほど個性的な作品で、賛否両論起こったことは想像に難くない。

西郷銅像建立の発起人は、薩摩藩出身の政治家吉井友実《ともざね》らである。明治十年の西南戦争を起こし、政府と干戈を交えて死んだ西郷は、同二十二年の特赦により賊名を除かれた。当時の薩摩人たちは、西郷の復権に懸命だったのだ。銅像は最初、ありきたりな軍服で騎馬姿のものが予定されたが、結局、猟犬を連れたうさぎ狩りの姿に変更された。それが結果的に、今日まで人々の親しみを集めることにつながったと言える。

また、建立場所もはじめは丸の内が予定されたが、一部華族などからの反発があり、上野公園に落ち着いたという。ただ、銅像の後方に、西郷が討伐した彰義隊士の墓所があるのは、ちょっと残酷すぎる気がしないでもない。

盟友海舟は除幕式には七十六という老齢のため出席していないが、祝辞のかわりに次の三首を寄せた。

　懐古
せめつづみ御旗《みはた》なびかしたけびしもむかしの夢のあとふりにける
　祝詞
咲く花の雲の上野にももつたふいさをのかたみ建ちし今日哉
　老懐
君まさば語らんことの沢《さわ》なるを南無阿弥陀仏我も老たり

勝海舟銅像と墓所

一方、勝海舟は生粋《きっすい》の江戸っ子にもかかわらず、地元東京ではなかなか銅像のひとつも建ててもらえなかった。

墨田区本所4－6－14の能《の》勢妙見堂《せみょうけん》に、ささやかな勝海舟の胸像がお目見えしたのが、昭和四十九年（一九七四）五月のことだ。開創二百年記念事業で、地元有志の手による。明治になってからの、フロックコートを着、顎髭をたくわえた壮年期の姿だ。海舟が九歳のとき、犬に睾丸《こうがん》を嚙まれたことがあったが、父小吉は日ごろから信仰していたこの妙見堂で、水をかぶり息子の回復を祈りつづけたという。いまも下町の風情が残る一角である。

さらに平成十五年（二〇〇三）七月二十一日、生誕百八十年を記念し、有志の手により木内礼智作の勝海舟銅像が建てられ、墨田区に寄贈された。場所は墨田区吾妻橋《あづまばし》1―23―20、区役所の隣接地だ。江戸開城当時の四十代後半の海舟がモデルである。刀と鞘がコヨリで結びつけられているのは、生涯二十回ほど暗殺されかかりながら、一度も抜かなかったという逸話を表しているという。無血開城の功労者の銅像だから、平和的イメージが強調されているのだろうが、さすがに上野の西郷銅像のインパクトには程遠い。

維新後の勝海舟は海軍卿・参議・枢密顧問官などを務め、伯爵に列せられた。その変身ぶりを福沢諭吉から非難されても、「行は我にあり毀誉《きよ》は他人にある（行動は自分の責任、非難と誉めることは他人がすること）」と、自らの生き方を貫く。私心で動いたのではないという、絶対の自信があったのだ。明治三十二年（一八九九）一月十九日、七十七歳で没し、洗足池《せんぞくいけ》の畔《ほとり》に埋葬された。現在の大田区南千束2―2、東急池上線洗足池駅で下車し、徒歩数分である。

洗足池駅から海舟墓所にいたる途中の大森第六中学校には、「勝海舟先生別邸跡」の標識と説明板が出ている。日蓮が足を洗ったという逸話からその名がある洗足池の景観を、海舟はこ

（上）洗足池畔の勝海舟夫妻墓（大田区南千束２—２）
（左）墨田区役所隣に建てられた勝海舟像（墨田区吾妻橋１—23—20）

とのほか愛していた。明治二十三年十二月に土地を購入し、藁葺《わらぶ》きの別邸洗足軒を建て、春は桜、秋は紅葉を楽しんだ。また、富士山を眺望することもできた。

ここに墓を作ることは、海舟自身の希望による。五輪塔の墓碑の形も、正面に「海舟」、裏面に「明治三十二年一月二十一日」と刻むシンプルな碑銘も、生前の海舟が指定していたものだ。

海舟の墓の隣には、同型のたみ夫人（明治三十八年五月二十三日没）の墓碑が並ぶ。たみ夫人は遺言により、夫の側を嫌い、先に亡くなった長男小鹿《ころく》の眠る青山墓地に埋葬された。しかし昭和二十八年（一九五三）七月、もうそろそろよいのではないかという遺族の配慮により、洗足池畔に移されたのだ。

また海舟夫妻墓所の隣には西郷隆盛を祭った石の祠と、西郷の漢詩を刻んだ石碑がある。漢詩は西郷が沖永良部《おきのえらぶ》島に流されたさいの「獄中有感」で、本人の雄渾な筆跡そのままを刻んでいる。

石碑は西郷の死を悼んだ海舟が明治十二年、現在の葛飾区東四つ木の木下川《きねがわ》薬師（浄光寺）境内に建てた。祠は同十六年、吉井友実（薩摩出身）や寺僧により設けられた。いずれも、大正二年（一九一三）、海舟の門人たちによりこの地に移されたものである。海舟は後年、「西郷に及ぶことの出来ないのは、その大胆識と大誠意とにあるのだ」「西郷は、どうも人にわからないところがあつたョ。大きな人間ほどそんなもので……小さい奴なら、どんなにしたつてすぐ腹の底まで見えてしまふが、大きい奴になるとさうでないノー」（『氷川清話』）等、最大級の評価を西郷に対し送っているが、その思いがいかに強かったかがうかがえよう。いまも西郷の命日九月二十四日には祭事が行われている。

吉原と奇兵隊士

徳川慶喜が江戸を去り、江戸城は明け渡されたものの、不満の幕臣たちは徒党を組み、新政府に抵抗する勢いを見せた。その数は二百とも三百ともいわれる。また彰義隊は上野を本拠に、市中警備にあたっていた。彼らは勅命をねじ曲げ、人道を踏みにじった薩摩・長州こそが「賊」であるとし、自らを「天兵」と称す者もいた。

明治元年（一八六八）四月中旬、長州藩の奇兵隊軍監山県狂介（有朋）は福田俠平《きょうへい》らと共に、不穏な空気漂う江戸に入る。十九日には山県は、北陸道鎮撫総督兼会津征討越後口総督の参謀という大役を任される。だがある日、不夜城の遊郭として名高い吉原に部下を引き連れて遊び

護国寺に建てられた山県有朋墓（文京区大塚５―40―１）

に出かけ、ひとつの「事件」を引き起こしてしまった。

徳富猪一郎『公爵山県有朋伝』上（昭和八年）によると、山県ら一行は浅草山谷《さんや》の八百善《やおぜん》で宴会後、吉原の栄喜《えいき》岡本楼で遊び、さらに町中を散歩していた。ところが何を考えたのか、部下の飯田竹之助が突然、拳銃で路傍の犬を撃ってしまう。

銃声を聞いて飛んで来たのが、旧幕臣からなる乳虎隊《にゅうこたい》だ。彼らは山県らが吉原入りしたときからマークしていて、これ幸いと詰問を始めた。

山県は「吾は長州藩士である。藩士中、此の遊郭に入り、遊興を事とするものあらんかと、取り調べの為め出張したものだが、足下は何人ぞ」とうそぶき、その場を去ろうとした。

ところが、吉原の町はすでに幕府びいきの「い組」「ろ組」の火消したちに包囲されている。そこへ、偶然にも旧知の新政府軍佐賀藩の隊長が、兵を率いて巡警するのに出くわした。山県たちは助けを求めたから、乳虎隊も渋々追及をあきらめた。間一髪のところで救われた山県はさぞ冷や汗をかいたことであろう。

あらためて述べるまでもなく山県はその後、日本の政界・軍部の頂点に君臨して絶大な権力を振るい、大正十一年（一九二二）二月一日、八十五歳で没した。

長州萩の下級武士からのし上がった山県の邸

宅のひとつが、広大な庭園で知られる椿山荘（文京区関口2―10―8）だ。明治十一年に購入し、造園した。戦災で失われたが、かつては約一千坪の大邸宅もあった。また、山県は生前、徳川将軍家の菩提所である護国寺（文京区大塚5―40―1）に墓地を確保しており、「元帥公爵山県有朋墓」と刻んだ巨大な墓碑が建てられた。椿山荘も、墓碑も時代がひっくり返った、ひとつの象徴と言えるだろう。江戸っ子にすれば、これ見よがしといった感じで、面白くなかったはずだ。

近藤勇斬首

岩倉具視の息子具定《ともさだ》を総督とする東山道征討軍は、明治元年（一八六八）三月十三日、板橋宿に到着し、本営を中山道沿いの中宿の本陣飯田宇兵衛邸に定めた。

四月一日、宇都宮藩救援の命を受けた総督府副参謀有馬藤七（薩摩藩士）は、三百の彦根兵を率いて板橋を発った。途中、この派遣隊は下総流山（千葉県）で投降してきた、「若年寄格・大久保大和」と名乗る男を捕らえ、板橋に送る。有馬は、男が新選組局長の近藤勇であることに気づいたが、黙っていたという。ところが、彦根兵の渡辺九郎右衛門が、大久保大和はかつて京都で見た近藤勇によく似ていると言い出した。

板橋本営での取り調べでも、男はあくまで大久保大和であると言い張った。新政府軍の参謀たちにも、近藤の顔を見知っている者がいなかったのだ。だが薩摩軍の中に、慶応三年（一八六七）六月に新選組を離脱した高台寺党の生き残り、加納道之助（通広）がいるはずだということになり、男に会わせてみることになった。

加納は男の前に出るなり、「やア珍しや近藤氏」と声をかけたので、さすがの近藤も色を失ったという。

刑が決まるまでの間、近藤勇は板橋宿平尾宿の脇本陣豊田市右衛門邸に預けられた。豊田家では近藤を丁重にもてなしたが、特に市右衛門の娘とみ（当時五歳くらい）が近藤によくなつき、近藤もまた彼女を可愛がったという。近藤にも七歳になるたま子という娘がいた。近藤はとみの中にたま子を見、その幸福を祈っていたに違いない。

豊田家で二十日ばかり過ごした近藤は、四月二十四日、同じ旧中山道沿いにある石山亀吉邸に移され、同日夕刻、斬首の宣告を受けた。近藤はまったく表情を動かさず、「お受けつかまつる」と答え、翌二十五日昼、板橋宿のはずれで処刑された。享年三十五。

「　　　　　　　　近藤　勇

右者元来浮浪之者にて、初め在京新選組之頭を勤め、後に江戸に住居いたし、大久保大和と変名し、甲州並下総流山において官軍に手向ひいたし、或は徳川の内命を承り候等と偽り唱へ、下は徳川之名を偽り候次第、その罪数ふる暇《いとま》あらず、よつて死刑に行ひ梟首《きょうしゅ》せしむる者也」

というのが、断罪処分書である（子母沢寛『新選組始末記』昭和三十七年）。宇都宮が陥落し、板橋の本営が前進することになったため、混乱に乗じた土佐藩関係者が、近藤斬首を主張したのだという。前年十一月、京都で土佐の坂本龍馬・中岡慎太郎を暗殺した犯人は、新選組であると信じられていたからだ。この私怨とも言える早急な処刑は、新政府軍内部からも非難が起こった。

近藤が処刑された場所については諸説があり、ここでは特に触れない。ただ、豊田の土地を血で汚しては申し訳ないから、それ以外で処刑してほしい旨を近藤が申し出たという話が、豊田家に伝わる。

板橋宿は品川・内藤新宿・千住と共に江戸四宿のひとつに数えられた。現在のJR埼京線板橋駅脇から本町の縁切榎（八二ページ参照）を結ぶ約一・五キロの中山道沿いに開けた宿場だ。総督府本営が置かれた本陣跡は、板橋区仲宿47、スーパーマーケットのあたりにあった。江戸に近い方から順に平尾宿・中宿・上宿に区分されていた。

近藤が預けられた豊田家こと脇本陣跡は、板橋区板橋3—15—17で、こちらにも「板橋宿平尾町脇本陣跡」と刻む史跡を示す石碑がある。板橋の旧中山道は、昔ながらの面影が残る商店街が続く。都営地下鉄三田線板橋区役所前駅で降りると近い。

石坂弥次右衛門と八王子千人隊

天正十八年（一五九〇）、関東に入った徳川家康は、武田旧臣を中心に、在地武士や上層農民十組五百人を編成し、甲州口の護りとした。これが、八王子千人同心の起源である。

同心は百人一組とし、十組作って各組に頭《かしら》を一人置いた。平生は農業に従事し、また文武を研鑽《けんさん》していた。幕末には将軍家茂に従い上洛したり、二度にわたる長州出兵に従軍し、慶応二年（一八六六）に八王子千人隊と改称された。しかし明治元年（一八六八）三月には、八王子に進駐した新政府の東征軍に恭順し、六月九日、朝廷の命により解散させられる。しかし中には新政府に対して抗戦を主張し、八王子を脱して彰義隊に身を投じる者もいた。

現在の八王子市追分町11あたりに、八王子千人同心の駐屯地があった。JR中央線西八王子駅の北口から東に徒歩数分、国道20号線と陣馬街道の分岐点に「八王子千人同心屋敷跡記念碑」が建っている。ちなみに江戸東京たてもの園（小金井市桜町3—7—1）には、平成五年（一九九三）に追分町から千人同心組頭の家が移築されている。付近の農家と比べても広くはないが、式台付きの玄関などに格式の高さが感じられる。

またこの付近には、幕末の千人同心（千人隊）にちなむ史跡が点在している。

宗格院《そうかくいん》（八王子市千人町2—14—18）境内には、昭和十六年（一九四一）建立の「千人隊事蹟碑」がある。維新前後の千人隊の活躍が刻まれているが、なかでも文久三年（一八六三）八月十八日の政変後に長州兵が入ってこぬよう、甲州街道を警備したことなどは興味深い。同院は明治元年閏四月二十二日、多賀上総介など旧幕府陸軍の面々が、千人隊取扱所を設けたところでもある。

石坂弥次右衛門顕彰碑（興岳寺、八王子市千人町1―2―8）

宗格院墓地には、幕末の八王子千人同心頭松本斗機蔵《ときぞう》と栗沢汶右衛門の墓がある。松本斗機蔵は海外事情を研究していた学者でもあり、天保八年（一八三七）、『献芹微衷《けんきんびちゅう》』を著し、水戸藩主徳川斉昭に献じている。寛永以来の大船建造の禁を改め、日本沿岸の海防を厳にして、イギリス・ロシアとの正式国交を開くことを主張した論策だ。

近くの興岳寺《こうがくじ》（八王子市千人町1―2―8）には、幕末の八王子千人同心頭の一人石坂弥次右衛門が眠る。石坂は明治元年三月、日光東照宮の防火警備に赴いた。日光火の番は承応《じょうおう》元年（一六五二）以来、千人同心に与えられた重要な公務のひとつである。ところが日光は、まもなく新政府軍に包囲されてしまう。このため石坂は、兵火から東照宮を救うため、部下を統率して帰順し、日光を引き払って八王子に帰った。戦わずして降伏したことを非難された石坂は、閏四月十日、切腹して責任をとる。享年六十。介錯《かいしゃく》は七十九歳の老父桓兵衛があたった。

新政府軍の参謀だった板垣退助は後年、「東照宮を兵火から救うことは私情から出たもの」と帰順を勧告したことを得意気に語り残している。だがそれ以上に、死を引き換えにした石坂の英断は高く評価されるべきだろう。

石坂の墓碑は「源義礼《よしかた》」と刻む、高さ一メートルほどのもの。切腹した事情が事情だけに、ひっそりと建てられた感がしないでもない。墓前の線香立てが、日光市により献じられたものであることは、救われた気分になる。昭和四十一年には興岳寺境内に顕彰碑も建立された。

本堂には、第二次幕長戦争に出兵したさい、大坂で撮影された石坂の遺影が額に入れて掲げられている。息子と二人の従者と思われる人物と並び、床几にどっしりと腰掛ける石坂は貫禄のある、頑固な田舎の老武士といった感じである。

彰義隊の誕生

寛文六年（一六六六）の建立で、都有形建造物に指定されている雑司ヶ谷鬼子母神《ぞうしがやきしもじん》（豊島区雑司が谷3―15―20）の門前に、茗荷屋《みょうがや》という酒楼があった。大門を入って、ケヤキ並木のすぐ左手のあたりで、裏は板橋道に面すという、かなり大きな店だったようだ。当時の主人は吉《よし》川幸吉《かわこうきち》といい、俠気の人だったが、明治に入って間もなく廃業したという。

明治元年（一八六八）二月十二日（十・十三日とする文献あり）、茗荷屋に須永於菟之輔《おとのすけ》（伝蔵）・本多敏三郎（晋《すすむ》）・伴門五郎《ばんもんごろう》（貞懿《さだよし》）・小林清五郎《せいごろう》・田中清三郎《せいざぶろう》ら一橋家ゆかりの士を中心とする十七名が集まった。彼らは上野に謹慎した主君である慶喜の復権、助命を話し、格別の決議もせずに散会した。

この一団が、やがて彰義隊の母体となってゆく。

続いて二月十七日、二度目の会合が四ツ谷鮫ヶ橋《さめがはし》の円応寺《えんおうじ》（新宿区須賀町。廃寺となり現存しない）で行われ、今度は三十余名が参集した。さらに二十一日、同所で行われた三度目の会合では、六十七名の同志が得られ、勢いづいた彼らは血誓書を作る。最初に一橋家臣渋沢成一郎が署名血判し、天野《あまの》八郎らが続く。隊名はまだ決まらず、「尊王恭順有志会」と称していた。

彼らは次回から、屯集所を浅草本願寺に置くことを一方的に決議する。この寺は京都の東本願寺の江戸別院で、当時は敷地面積一万二千余坪、二十四間四方の大伽藍や大書院、庫裡《くり》が連なり、三十余りもの末寺が軒を並べていたという。現在も東京本願寺の名で親しまれ、地下鉄銀座線田原町《たわらまち》駅近く、台東区西浅草1―5―5にあるが、巨大な本堂は鉄筋コンクリート造りに変わっている。

この浅草本願寺において、四回目の会合がもたれたのは、二月二十三日のことだ。百三十人余りが集まったという。寺側としては、京都の東本願寺が新政府に多額の献金を行い、すでに接近を始めていたから、押しかけてきた彼らは招かざる客だった。しかし逆らえば、何をしでかすか分からない。しかたなく、三百畳は敷くことができる大広間を貸すことにした。

ここでまず、隊名がいくつかの候補の中から「彰義」に決定した。また頭取に渋沢成一郎、副頭取に天野八郎、幹事に本多敏三郎・伴門五郎・須永於菟之輔が投票によって選出された。これを聞きつけ、各地から入隊希望者が押し寄せ、たちまち大広間は手狭になってしまう。

江戸城の実質的な責任者である松平確堂（斉民。美作津山藩前藩主）は彰義隊の噂を聞き、不穏なものを感じる。そのころ、江戸城を追われた幕臣たちは、各地で徒党を組んで気炎を上げていたのだ。そこで確堂は、若年寄の川勝備後守広運《ひろかず》から彰義隊頭取に対し、江戸城へ出頭するよう命じさせた。

こうして川勝に面会した渋沢成一郎は、彰義隊は一橋家の家臣を中心とした集まりであること、慶喜の警護と救済を目的としており、決して無謀の集団ではないことを力説する。その結果、彰義隊は徳川家から公認されることとなり、渋沢には次のような沙汰が下された。

「　　奥御右筆格《ごゆうひつ》
　　渋沢成一郎
彰義隊頭取仰せ付けられ、席高の儀は是迄の通り相心得るべく候」

振武軍と渋沢成一郎

彰義隊が、寛永寺で謹慎する慶喜の警固を理由に浅草本願寺を引き払い、上野に移ったのは明治元年（一八六八）四月三日（十日とも）のことだ。実はそのころ隊内は、渋沢派と天野派が対立を深め、分裂寸前であった。

頭取の渋沢成一郎（喜作）は、武蔵国榛沢《はんざわ》郡血洗島《ちあらいじま》村（埼玉県深谷市）の豪農に生まれた。明治を代表する実業家渋沢栄一の従兄である。攘夷論者で、文久三年（一八六三）には同志と共に高崎城乗っ取りや、横浜異人館襲撃を企んだが、いずれも挫折。のち京都で平岡円四郎《えんしろう》の推薦により、渋沢栄一と共に一橋家に仕官し、慶喜の引き立てにより奥右筆兼御政事内務掛にまで進んだ。

この渋沢と対立したのが、三十八歳の副頭取天野八郎である。天野は、上野国《こうずけ》甘楽郡《かんら》磐戸村《いわと》（群馬県南牧村《なんもく》）の名主の次男だ。江戸へ出て文武を修行。蘭書を参考にして、水雷術なる兵器を発明し、老中井上河内守《かわちのかみ》正直に献策したので、幕府内でも名が知られるようになった。幕臣広浜家の養子となったが、まもなく離縁されたという。一橋家に縁のない天野がなぜ彰義隊に加わり、しかも中枢にかかわるようになったのかは謎の部分が多い。

同じような出身である渋沢と天野は最初意気投合し、義兄弟の契りまで結んだと伝えられる。しかし、つねに主君慶喜を眼中に置いて自重を唱える渋沢に対し、何も持たない天野は好戦的で、対立の溝を深めていくことになる。

江戸開城が決まり、存在意義が薄れた彰義隊を、渋沢は日光まで退かせようと主張した。ところが天野は応じず、江戸での決戦を唱える。過激な天野は隊士らの支持を集めていたというから、渋沢よりも人心掌握に長《た》けていたようだ。

四月十一日、慶喜は寛永寺大慈院を出、謹慎のため水戸へと向かう。渋沢は千住から下総松戸《まつど》（千葉県）まで、慶喜を護衛し見送った。もはや渋沢は、上野にいる意味を失った。頭取としての指導力も薄れていた渋沢は、同調してくれる隊士九十名を引き連れ、彰義隊と袂を分かつ。そのさい、渋沢と天野はお互い「誓って官軍とならざること」「誓って降伏せざること」の二点を約した。

渋沢は新たに振武軍を組織し、四月二十八日、武州西多摩郡田無《たなし》村に移って西光寺（現総持寺）に本営を置いた。そして近郊の名主を呼び出し、豪農・豪商を指名し、徳川家再興のためと称して軍資金を割り当てて強要した。だがこのあたり一帯は前年六月十八日に降った雹《ひょう》の被害から立ち直っておらず、日々の食物にさえ困っていたので、調達は困難を極めたらしい。それでも半兵衛という名主が協力的だったので三千五百両ほどが集まり、その間、隊士も三百名に増えた。

　こうして振武軍は十二日間、田無に滞在して箱根《はこね》ヶ《が》崎《さき》（西多摩郡瑞穂《みずほ》町）へと転陣して行く。田無を離れたのは、江戸から十数キロしか距離がないため、新政府軍の奇襲を受けるおそれがあったからだという。のちに新政府軍の追討を受けた振武軍は、五月下旬に飯能《はんのう》（埼玉県）で壊滅し、渋沢は虎口を脱して箱館へと走った。維新後は渋沢栄一の助力で大蔵省七等出仕し、蚕糸業調査のためイタリアに派遣された。帰国後は実業界に入り、横浜で生糸売り込み問屋を経営したり、鉱山や鉄工所経営にも手を出し、明治二十九年には東京商品取引所理事長になった。大正元年（一九一二）八月三十日、七十五歳で没。墓は祐天寺《ゆうてんじ》（目黒区中目黒5—24—53）に設けられた。

振武軍が駐屯した総持寺（西東京市田無町3—8—12）

　振武軍本営となった総持寺（西東京市田無町3—8—12）は、現在も西武新宿線田無駅の北側、青梅《おうめ》街道沿いに残る。当時の面影を伝える古刹《こさつ》で、新東京百景の一つでもある。

大村益次郎と彰義隊

頭取渋沢成一郎を上野から追い払った副頭取の天野八郎は、実質的な彰義隊の統率者となった。ただし、表面上はまず本多邦之輔《くにのすけ》を、次いで池田大隅守・小田井蔵太《くらた》を頭に据え、自分はナンバー2の位置に徹した。

慶喜が江戸を去った後、天野は輪王寺宮公現法親王の警固と、寛永寺に移した徳川家重宝の管理を自分たちの任務とし、隊士を上野山内の各院に分屯させた。隊士数もこのころには二千を越え、江戸に駐屯する新政府軍との間で小さな衝突を繰り返す。朝廷権威の象徴である「錦《きん》ぎれ」(新政府軍兵士の肩章)を彰義隊士が奪ったりすると、江戸っ子は拍手喝采した。

新政府軍は彰義隊に解散を命じるが、聞き入れるはずがない。彰義隊にすれば、恭順する慶喜を窮地に陥れ、幼帝を奉じて徳川の社稷《しゃしょく》を葬り去ろうとする薩長こそ、「賊」なのだ。

閏四月二十三日、江戸入りした関東大監察使三条実美には、軍防事務局判事大村益次郎(長州藩士)が随行していた。江戸を脱した旧幕府部隊が関東各地でしばしば農民一揆と合流することは、新政府にとり脅威だった。また、少数で江戸入りした新政府軍としては、関東・東北の諸藩に対し、威信を示さねばならない。

そこで大村は、反政府分子の巣窟ともいうべき彰義隊の討伐策を練る。五月一日、田安慶頼と彰義隊に任せていた江戸市中の取り締まりを解任し、五月十五日を期し、上野への総攻撃を決行したのだ。

大村から作戦を告げられ、攻撃部署を示された西郷吉之助（隆盛）は驚いた。薩摩藩の担当が、最も要害堅固と見られていた黒門正面だったからである。西郷は「薩摩兵を皆殺しにするおつもりか」と大村に詰め寄った。大村は「さよう」と、簡単に答えたというが、真偽のほどは定かでない。そのころになると江戸府判事も兼ねていた大村が、いかに絶大な権限を有していたかはうかがえよう。

靖国神社の大村益次郎像（千代田区九段北３—１—１）

大村益次郎は、周防鋳《す》銭司《ぜんじ》村（山口県）の村医者の倅として文政七年（一八二四）五月三日に生まれた。前名を村田蔵六という。大坂適塾で緒方洪庵に蘭学を学び、洋学者として宇和島藩や幕府に出仕。のち長州藩で得意の兵学を教授しながら、幕府との戦いを指揮した。明治二年（一八六九）七月、新政府の兵部大輔《ひょうぶたいふ》となり、科学者らしい合理的頭脳をもって軍制改革を進める。だが、急激な改革、特に国民皆兵論は特権を奪われた不平士族の怒りを買い、同年九月に刺客に襲われ、その傷がもとで十一月五日、大阪で没した。四十六歳だった。

後年（明治二十六年）、九段の靖国神社（千代田区九段北３—１—１）参道に建てられた大村の銅像は、彰義隊討伐のときの姿をモデルにしている。広い額と太い眉という個性的な風貌で、片手に双眼鏡を持つ。日本初の石膏を原型とする銅像で、作者は大熊氏広《うじひろ》だ。ちなみに靖国神社は明治二年六月、大村が社地を選定し、新政府軍戦没者三千五百八十八人の霊を祭った東京招魂社を前身とする。

彰義隊敗走

明治元年（一八六八）五月十五日、未明の雨をつき大下馬（現在の二重橋）に集まった二十一藩、一万二千（異説あり）からなる彰義隊討伐の軍勢は、それぞれ行動を開始した。本郷台の新政府軍陣地からは、さかんに上野山内に向けて砲撃が行われたが、特に佐賀藩のアームストロング砲（射程距離三千メートル）二門の凄まじい発射音と爆音は、彰義隊を動揺させた。ただし照準が未熟だったため、命中率はよくなかったらしい。

上野の咽喉、城でいえば追手門にあたる黒門は、肉弾相打つ修羅場と化す。彰義隊は最強の猛者《もさ》揃いの八番隊をはじめ主力を投じていたが、機に乗じた篠原国幹《しのはらくにもと》率いる薩摩藩兵は、黒門口を突破。これにより根津《ねづ》・穴稲荷《あないなり》門・不忍池《しのばずのいけ》付近の陣も次々と壊乱を招き、彰義隊はわずか半日で壊滅したのである。

彰義隊敗走の理由として、『台東区史』上（昭和三十年）は「大村の謀略ともとれる秘策」が行われたことを挙げる。黒門口での攻防戦が激化していたころ、どこからともなく数百の武士団が現れ、「会津の援兵」であるとの触れ込みで、疾風のごとく山内に入ってしまった。ところがこの一団は、錦旗を翻し、山王台や黒門の彰義隊士を背後から襲撃したのである。「この、まわし者の出現によつて、山の内外から、はさみうちを食らつた彼らは、遂に刀折れ、矢尽きたのであつた」という。

彰義隊の事実上の指導者だった天野八郎は三々五々、虎口を脱してきた百人ほどの隊士と共に護国寺（文京区大塚5―40―1）に逃れて、手厚いもてなしを受けた。さらに本所の鉄砲商炭屋文次郎宅に潜伏して再起をうかがっていたが、七月十三日に捕らえられ、十一月八日、伝馬町牢で獄死した。享年三十八。遺骸は小塚原に埋められたが、のち箕輪《みのわ》円通寺に改葬された。

円通寺に移された黒門（荒川区南千住１―59―11）

激戦が繰り広げられた黒門は、いまの上野公園入り口近くの坂下、蜀山人《しょくさんじん》（大田南畝《なんぽ》）の歌碑（一めんの花は碁盤の上野山黒門前にかかるしら雲）あたりにあった。地名になるほど有名な門で、安永元年（一七七二）には一度火災に遭って、坂の途中まで引き上げられて再建された。

黒門の実物は円通寺（荒川区南千住1―59―11）に移築されているが、上野公園の清水《きよみず》観音堂（台東区上野公園1―29）崖下には、昭和三十九年（一九六四）に上野観光連盟により黒門（ただし二つの門のうち、右側の将軍家御成門のみ）が復元された。黒門には上野戦争のさいの弾痕が無数に残っていることで知られるが、復元黒門もご丁寧にドリル穴で弾痕が再現されていた。しかし平成に入り、白蟻被害のため取り払われてしまった。

また、上野公園の西郷銅像裏には、彰義隊士墓所（台東区上野公園1―59）がある。三河屋幸三郎《こうさぶろう》（神田旅籠《はたご》町の錺《かざり》職人、任俠の者）らが隊士の遺骸を、茶毘《だび》にふした場所だ。明治七年、もと彰義隊士小川興郷《おきさと》らの尽力で、立派な唐銅の墓碑が建立された。だがこの墓碑は建立費用の借金のかわりに持ち去られ、現在の「戦死之墓」（山岡鉄舟筆）と刻む石碑は明治十四年の再建である。

上野公園の彰義隊士墓所
（台東区上野公園1―59）

その墓前にある、高さ数十センチの自然石の「彰義隊戦死之墓」は、寛永寺子院の住職たちが明治二年に新政府の目を憚って建てた、いわば初代の墓碑だ。「戦死之墓」建立のさい、発掘されたという。脇に小さく「発願回向主沙門《しゃもん》松国」と建立者名を刻むが、これは僧たちの寺名である寒松院《かんしょういん》・護国院から一字ずつとった匿名である。

円通寺に眠る彰義隊士

日光街道に面した箕輪の円通寺（荒川区南千住1―59―11）は、聖徳太子作という聖観音像を本尊とする。いまは鉄筋コンクリート造りの、塔型で観音像が張りついた派手な本堂が目立つが、江戸時代は観音堂、百観音と呼ばれた、ささやかな寺だったらしい。

円通寺二十三世の仏磨和尚（信濃出身）は、上野戦争後、上野山内に二百体を越える彰義隊戦死者の遺骸が散乱していることに、心を痛めていた。新政府軍を恐れ、誰も「賊軍」の遺骸を埋葬しようとはしないのだ。

この年は閏年で四月が二度あったから、上野戦争の五月十五日はいまの七月初旬にあたる。連日の長雨、蒸し暑さの中で、何日も放置された遺骸が発する臭気は全山を覆い尽くし、目も当てられない惨状だったはずだ。

仏磨は雨の中、上野山内を読経して廻っていたところ、彰義隊びいきの三河屋幸三郎と出会う。二人は相談の上、大総督府に弔いを願い出た。その結果、五月二十日に、大総督府の参謀河田佐久馬《さくま》（景与《かげとも》。鳥取藩士）から埋葬許可が下りる。

幸三郎は息のかかった若者を引き連れ、野ざらしとなっていた二百二十三体の遺骸を、清水観音堂近くの広場に仮埋葬した。さらに六月八日、火葬許可が下りたので、山王台の塵だめの大きな穴を使って茶毘にふし（この場所が現在の上野公園彰義隊士墓所）、一部を円通寺に持ち帰って埋葬した。また一説によると仏磨が、檀家衆十余人をもって山内に散乱する遺骸（二百六十六体ともいう）を集めて茶毘にふし、遺骨を牛車で円通寺に運び埋葬したのだともいう。

円通寺に残る五輪塔が、彰義隊士の合葬墓だ。無銘というのが、当時の「賊軍」に対する風当たりの厳しさを感じさせる。無論彼らの霊は靖国神社に祭られることもなく、国家を挙げての顕彰にも加えられなかった。この寺は、そんな時代を生きねばならなかった幕府関係者たちの心の拠り所となってゆく。現在の寺の説明板には「太政官の許可状に『懇《ねんごろ》に供養すべし』を口実に、大ぴらに賊軍の法要ができる当時日本唯一の寺であった」と、誇らし気にうたわれている。

境内の一角には、多数の彰義隊士や旧幕臣の大小さまざまな形の碑が林立していて圧巻だ。碑の主は榎本武揚《えのもとたけあき》・大鳥圭介《けいすけ》・荒井郁之助《いくのすけ》・永井尚志《なおゆき》・松平太郎・町野五八・高松凌雲《りょううん》・新門辰五郎・天野八郎・大下福次郎・鷹羽玄道《たかはげんどう》（上原仙之助）・小芝《こしば》長之助・後藤鉄次郎・佐久間貞一《ていいち》・佐野豊三郎・沢太郎左衛門・丸毛靭負《ゆきえ》・中田正広など。彰義隊士で、敗走後、松廼舎露八《まつのやろはち》という名の幇間《ほうかん》（太鼓持ち）になった土肥庄次郎も明治三十六年（一九〇三）、七十一歳で没すると、遺言によりかつての同志たちの傍らに葬られた。

また、三河屋幸三郎が自分の向島別邸に建てて供養していた、「死節之墓」も移されている。これには戊辰戦争における旧幕軍戦死者の名が刻まれており、なかには土方歳三・甲賀源吾《こうがげんご》・中島三郎助・伊庭《いば》八郎などの名も見える。三河屋は仏磨を慕い、後年円通寺の檀家になった。

これらの碑を守るかのようにそびえるのが、上野戦争激戦地の証人ともいうべき「黒門」だ。黒塗りの冠木門《かぶきもん》が二つ並び、右側が将軍家参詣用の御成門《おなりもん》で、ふだんは閉じられていた。黒門は明治六年、上野が公園化されるにあたり、上野東照宮の脇に移築された。のち腐朽がひどくなって取り払われそうになったが、明治四十年、彰義隊にゆかりの深い円通寺に移され、今日にいたっている。昭和六十一年（一九八六）春には解体修理が完成し、以前のような悲愴感ただよう朽ち果てた感じはなくなったが、それでも無数の弾痕が戦いの凄まじさをいまに伝える。

「上野の宮さま」脱出

東叡山こと寛永寺の住職は、三世のころから輪王寺の門跡となった皇族が務め、天台宗の座《ざ》主《す》も兼ねていた。江戸っ子たちは「上野の宮さま」と呼んだが、幕府にすれば朝廷から体よく人質を取っている形である。上野戦争当時、この地位に在ったのは二十二歳の輪王寺宮公現法親王（のち北白川宮能久《きたしらかわのみやよしひさ》親王）だ。寛永寺住職としては十五世、輪王寺門主としては十三世に数えられる。

輪王寺十二世門主である慈性《じしょう》法親王の後継者となった公現法親王が江戸に下向し、東叡山に入ったのは安政六年（一八五九）二月である。そして慶応三年（一八六七）五月二十四日、老衰退隠した慈性法親王の跡を継ぐ。上野戦争のちょうど一年前のことだ。

寛永寺に謹慎した慶喜の懇願を入れた公現法親王は、自ら駿府に赴き、明治元年（一八六八）三月七日、東征大総督有栖川宮熾仁《たるひと》親王に面会する。慶喜の助命と徳川氏存続、江戸市民のために攻撃中止を懇請したのだ。

熾仁親王はこれを了解しなかったが、公現法親王の奔走が江戸無血開城につながったとする『台東区史』上は、「主として輪王寺宮のお骨折りがあつたればこそ、慶喜が死一等を減ぜられたり、江戸が兵火からまぬかれたりしたのである」と評している。

北の丸公園の北白川宮能久親王像（千代田区北の丸公園１―１）

慶喜が水戸へ去った後、彰義隊は公現法親王を擁し、警固した。江戸入りした新政府軍は、公現法親王に上野から退去するよう勧告したが、失敗している。

五月十五日早朝、上野戦争が始まると、公現法親王は看経を済ませた後、わずかな供を連れて上野山を北側から脱出。廻り廻って酉《とり》の刻（午後六時）ごろ、合羽橋《かっぱばし》傍らの東光院（台東区西浅草3―11―2）にたどり着いた。上野から東光院まで、直線距離にすれば二キロにも満たないが、新政府軍の目をくぐり抜けるのは至難の業だったに違いない（十五日は下尾久《しもおぐ》〔荒川区〕の農家に一泊し、東光院入りは十六日との説もある）。

薬王山医王寺東光院は、平安時代のはじめ慈覚《じかく》大師（円仁《えんにん》）の創建。かつては小伝馬町にあったが明暦の大火後、現在地に移った。徳川将軍家の鷹狩りのおりの、御膳所だ。昭和二十年（一九四五）三月の空襲で焼け、現在の建物は戦後の再建である。

公現法親王の一行は東光院の裏門から入った。時の住職は幸有《こうゆう》和尚である。公現法親王はここで手厚いもてなしを受け、一泊する。ところが新政府軍の詮索《せんさく》は厳しく、翌日には市ヶ谷自証院（新宿区富久町4―5）へと落ちた。天台宗の自証院は三代将軍家光の側室お振《ふり》の方の菩提寺で、寛永寺とのゆかりもある。公現法親王は院主の坐室に十日近く潜み、二十五日夜、榎本艦隊の軍艦長鯨丸《ちょうげいまる》に乗り込んで海路仙台を目指した。新政府軍は江戸での公現法親王の足どりを、なかなかつかむことができなかったようだ。仙台で公現法親王は奥羽越列藩同盟の軍事総督として仰がれ、七月には仙台・米沢藩主に討薩の令旨《りょうじ》を下している。だが九月に仙台藩が降伏すると、公現法親王は謹慎に処された。赦されたのは翌二年九月のことだ。明治五年三月に北白川宮家を継ぎ、日清戦争には陸軍中将近衛師団長として従軍したが、台湾反乱の平定に赴いた明治二十八年十月二十八日、台南で戦病死した。享年四十九。

千代田区北の丸公園1―1の東京国立近代美術館工芸館（旧近衛師団司令部）の傍らに、軍服姿で馬に跨がった、公現法親王こと北白川宮能久親王の銅像がある。明治三十六年一月建立、作者は新海竹次郎。馬が両前脚を上げているのは、戦場で砲撃された瞬間を再現しているからだ。動乱に翻弄され、皇族にしては珍しいほど数奇な運命に彩られた生涯だった。

なお、東光院は公現法親王を匿ったことで新政府から数々の圧迫を受け、ついには幸宥和尚が責任を取り、還俗させられることになったと伝えられる。自証院は戦災で当時の面影を失ってしまったが、江戸東京たてもの園（小金井市桜町3―7―1）には、承応元年（一六五二）建立の旧自証院霊屋《おんたまや》が移築、保存されている。公現法親王が目にしたであろう、随所に極彩色の木彫や飾り金具の装飾を施した建物だ。

上野戦争の弾痕など

明治のころ、上野周辺では突然土地が陥没したり、発火したりという珍事があったらしい。これらは彰義隊士の埋めた弾薬や地雷、あるいは隠れるために掘った大穴のせいだと言われている。いまもこの周辺を散策していると、彰義隊の戦いの痕跡を見ることができる。

JR日暮里駅の西口は、ちょうど台東区と荒川区の境界線だ。荒川区側の一角は寺町で、寺院が軒を並べる。その中のひとつ経王寺《きょうおうじ》（荒川区西日暮里3―2―6）の山門の扉や柱には、十数箇所の弾痕が生々しく残っていて戦いの凄まじさを伝える。戦いに敗れた彰義隊の中には、このあたりの寺に逃げ込む者もいた。経王寺にも人数は定かではないが何人かが潜伏したため、新政府軍はこれを包囲、攻撃した。そのときの弾痕である。寺に伝わる話では兵士たちにはそのまま逃げ切った者もいれば、捕らえられた者もいたという。

JR日暮里駅の東側、芋坂《いもざか》の羽二重《はぶたえ》団子という菓子店（荒川区東日暮里5―54―3）も、彰義隊と関係がある。ここは文政二年（一八一九）、寛永寺出入りの植木職人が始めた茶店で、舌触りのなめらかな団子を売り物にしている。夏目漱石や泉鏡花の作品にも登場するらしいが、いまの店舗は近代的なビルである。

維新当時の当主三代目庄五郎は、彰義隊に使役として狩り出されたが、戦いが激しくなると逃げ帰り、団子の蒸籠《せいろ》を背負い、家族と共に疎開した。空き家となった店には戦いに敗れた彰義隊士が逃げ込み、変装などして日光街道方面に逃れて行った。兵士たちが遺していったと伝えられる槍や、当時の砲弾などが店内に飾られている。

寛永寺の旧本坊表門が東京国立博物館東側、両大師《りょうだいし》（開山堂。台東区上野公園14）の前に移されていて、ここにも門柱などに上野戦争当時の弾痕が残っている。寛永年間（一六二四—四四）の建築で、三間一戸、切妻造り本瓦葺きの薬医門。国指定の重要文化財だ。傍らには「東叡山輪王寺門跡」を示す巨大な石碑が建っている。

慶喜が謹慎した「葵《あおい》の間」が保存されている寛永寺（台東区上野桜木1—14—11）境内には、上野戦争の事跡を刻んだ碑がある。彰義隊の生き残り阿部杖策《じょうさく》（弘臧《こうぞう》）の発案で建立された。阿部は天野八郎と合わず、一時は勝海舟のスパイと疑われ、監禁のうえ殺されかけたこともある。隊名を「彰義」とするよう推したのも阿部だった。

経王寺の弾痕（荒川区西日暮里3—2—6）

阿部は明治七年（一八七四）五月、上野戦争碑を寛永寺に建てようと考え、漢文の碑文を書いた。山崎有信『彰義隊戦史』（明治四十三年）に「著者之《これ》を一読するに、其の事実たるや、実に彰義隊戦闘史を編纂するものゝ為めに、尤も必要なりと信ず」と評されるほど、史料的価値も高いものである。

ところが、建碑は難航した。完成し除幕式が実現したのは実に三十七年後の明治四十四年五月十五日のことである。その理由は阿部が寄附金等の募集を嫌い、独力での建碑を望んでいたからだとか

（『彰義隊戦史』）、「最初はその筋の反対に会い、建碑は難航した」（島峯颯平『彰義隊始末』昭和四十二年）からだとかいう。せっかくの碑文も当局により、最後には二百四十余字も改めさせられたというから、維新から半世紀近くを経てもなお、敗者たちの維新史を遺すことは、かなり苦難が伴っていたのだ。

清水観音堂の本尊

寛永寺の堂塔伽藍は、上野戦争で大半が焼失した。辛うじて残ったひとつに、いまでは国の重要文化財に指定されている上野公園内の清水観音堂（台東区上野公園1―29）がある。寛永八年（一六三一）、天海大僧正が京都清水寺を模して建てたもので、もとは少し北側の摺鉢山《すりばちやま》にあったが、元禄十一年（一六九八）、現在地に移された。かつては崖にかかる舞台上からの、琵琶湖になぞらえた不忍池《しのばずのいけ》の眺めが絶景だったらしい。

清水観音堂本尊は平盛久《たいらのもりひさ》念持仏と伝えられる千手観音菩薩座像だが、この仏像にも上野戦争がらみの逸話が残る。

幕末のころ、本尊の熱心な信者に広木弥兵衛という男がいた。弥兵衛は上野戦争翌日の明治元年（一八六八）五月十六日、灰燼《かいじん》に帰した中を参詣したが、本尊の姿が見当たらない。あわてて探したところ、堂の後ろの竹林の中で本尊は安座していたので、弥兵衛は大いに喜び、家に持ち帰って徹夜で礼拝した。そして翌十七日、奉祠の僧即心院主と相談した弥兵衛は、本尊を近くの本所太子堂に移しておいた。

新政府が寛永寺の僧の帰山を許したのは、明治二年二月十四日のことだ。そして十七日には弥兵衛の手で、本尊はもとの清水観音堂に戻された。堂も本尊も兵火を免れたのは、大慈大悲の妙智力にあらずやといわれた。

本尊を背負ったり、家に宿したりと、上野戦争によってますます因縁を深めた弥兵衛の参詣は明治二十三年当時で、実に一万三千余日におよんだという。

清水観音堂の外陣には、上野戦争を描いた大きな絵馬が掛かっている。明治二十三年、弥兵衛が奉納したものだ。崖の上に建つ観音堂を中心に、黒門などでの激戦が描かれていて、端には戦争に使われたと思われる砲弾が二つ張りつけられているのが面白い。

屋上の彰義隊士の墓

ＪＲ御徒町《おかちまち》駅前のＮＴＴ東京東支店（台東区上野5―24―11）の前身、下谷電話局は明治三十六年（一九〇三）の開局だが、関東大震災で焼失した。昭和元年（一九二六）に再建されたが、その工事中に不思議な人身事故が続出した。

作業中の人夫がツルハシを振り上げた拍子に後方に転倒し、同僚の首筋を刺して即死させた。あるいは足場板が突然割れて三名の職員が転落し、そこで作業をしていた職員の頭上に落ちて重傷を負わせた。

NTT東京東支店屋上の彰義隊士墓（台東区上野5－24－11）

他にも数々の奇妙な事故が起こったが、それがいつも十七日だった。やがて、ひとつの怪談話が囁《ささや》かれるようになる。実は基礎工事のとき、人骨や刀の鐔《つば》、小柄《こづか》などが発掘されていたので、何らかの祟《たた》りではないかというのだ。

そこで調べたところ、この地が彰義隊に参加した、御徒士《おかち》組の藤田重之丞が隠れ家とした屋敷跡であることが分かった。上野戦争の二日後、明治元年五月十七日、新政府軍はこの屋敷を包囲して焼き打ちし、潜んでいた重之丞を妻ユキ、家来一人、乗馬と共に殺してしまったのだ。

そこで電話局では僧侶を呼んで重之丞らの霊を供養すると、工事はとりあえず順調に進んだ。だが完成後も幽霊が出たり、事故が起こったので、昭和二年にはコンクリート製の墓碑が建立された。現在のものは昭和四十三年の命日に、下谷電話局公衆電話会により建てられた御影石《みかげいし》製で、旧館屋上にある。正面には「藤田家諸霊供養塔」、裏面には、

「藤田重之丞・藤田ユキ・家来各位・乗馬幽魂
慶応戊辰（四年）五月十七日、彰義隊に参加し此処に歿す。
江戸の名残りのはなのいろ　散りにしゆくへはわからねど　恩顧に殉ぜしもののふの　跡やゆかしととむらはん　森山彰一」

と刻む。命日にはいまも供養が営まれる。

各地に眠る彰義隊士たち

杉浦日向子《ひなこ》の彰義隊を描く漫画『合葬』文庫版（昭和六十二年）の小沢信男の解説の中に、「じつは筆者居住の大塚の路地の脇にも、彰義隊士慰霊の観音像が佇んでおります。十余年前に表通りへマンションを建設するので掘り返したら、人骨が二人分ほど出てしまい、労災もやっぱりあったりして、これも彰義隊残党とみなされたのでした」という話が出てくる。隊士たちの怨念は、いまなお大都会の各所を彷徨《さまよ》っているらしい。ここでは彼らの霊を慰めるため建てられた、四基の慰霊碑や墓碑を紹介する。

一基目は、都電荒川線面影橋《おもかげばし》駅近くの南蔵院（豊島区高田1―19―16）にある、彰義隊士の首塚と呼ばれる崩れた墓碑。ここに逃れてきたが息絶えた、播州明石藩の彰義隊士が埋葬されたと伝えられる。その名は傍らに建つ木標によると、津田芳之高利《よしゆきたかとし》・上田恵助安昌《けいすけやすゆき》・百江《ももえ》峯雅《みねまさ》言《こと》・大谷善三郎長鎮《ながしず》・青木藤助清澄《きよずみ》・小沢竜助景徒《かげと》・小沢理喜雄《りきお》・山本秀三郎利之・飯野粂次《くめじ》郎安房《ろうあわ》である（ただし、氏名を記した木標も現在は朽ちている）。

明石藩の藩祖松平直良《なおよし》は家康の孫にあたり、徳川将軍家との繋がりは深い。だが藩主松平慶《よし》憲《のり》は、新政府軍の軍門に下ったものの京都入りを拒まれ、国もとで謹慎同様の生活を続けていた。だから、半蔵門外にあった江戸屋敷を預かる大目付津田柳雪（高文）は、彰義隊からの協

（上）明石藩を脱走した松石隊戦死者の墓（南蔵院、豊島区高田１―19―16）
（右）広島藩が建てた彰義隊人夫の墓（不動院、足立区千住１―２―２）

力要請を表向きは断る。しかし藩邸内の藩士たちは、徳川家に対する義理を果たせないことが、心の中で大きな負担になっていった。

そこで津田は、三十名ほどを率いて藩邸を脱走して上野に走り、彰義隊に身を投じた。「公認の脱走」である。彼らは松平と明石から一字ずつ取って松石隊《まついしたい》と名乗り、五月十五日の上野戦争当日、別働隊百数十名と共に谷中門口を守って奮闘し、多くの戦死者を出した。その一人津田芳之は、津田柳雪の息子だ。小沢竜助（良助）と理喜雄（力雄）は兄弟で、弟はまだ十六歳の少年兵だった。

二基目は、精華公園西側の西福寺《さいふくじ》（台東区蔵前4―16―16）墓地に建つ、彰義隊士の供養塔。正面に「南無阿弥陀仏」、台座に「供養塔」とのみ刻まれている。上野戦争後、戦場に散乱していた彰義隊士の遺骸百三十二体を荼毘にふし、芝居小屋市村座の主高木秀吉が、徳川家にゆかりの深い（家康の側室お竹の方墓所）西福寺に密葬した。だが、昭和のはじめに他所へ改葬したため、その跡地に建てられた石碑なのだ。

三基目は、足立区役所に隣接する不動院（足立区千住1―2―2）境内に建つ、彰義隊に人夫として駆り出され、戦いに巻き込まれて亡くなった庶民の供養塔。正面に「南無阿弥陀仏」と刻まれ、台座には姓のない犠牲者たちの名が並ぶ。新政府軍に加わり彰義隊を討伐した芸州広島藩が、明治元年（一八六八）に建立したものだ。東京日日新聞社会部編『戊辰物語』（昭和三年）に収められた聞き書きに、彰義隊の人夫集めに関する次のようなものがある。

「金をやるといって人夫を集める。しかし人夫などには一文もくれなかった。町内の世話役などを呼び出していいつけるので、断ったら大変な事になるから皆な引き受けて戻る。下谷黒門町附近では一日五両ずつ支払うなどといったが、みんな嘘である」

四基目は西福寺（北区豊島2―14―1）仁王門前に建つ、六名の彰義隊士の供養碑「六士銘記」。碑文によると彼らは敗走中、飛鳥山石神井《しゃくじい》河畔で新政府軍に殺された。槍溝《やりみぞ》（旧王子村）の住人はこれを憐れみ、一基を建てて供養した。それを昭和十一年（一九三六）に道路整備のため、当寺に移したのだという。「一基」とは六地蔵石仏とされるが、昭和二十年四月、寺が戦災を受けたさい、分からなくなってしまった。いま、碑の隣には六地蔵石仏が並ぶが、これは制作年代も異なり、彰義隊士とは無関係と思われる。

謎の勇士碑（東光院、大田区田園調布本町35—8）

勇士たち

東急多摩川線沼部《ぬまべ》駅そばの東光院（大田区田園調布本町35—8）境内に入り左手、大師像の裏に、高さ数十センチの「勇士碑」と呼ばれる自然石の墓碑がある。これには、次のような悲しい物語が隠されている。

江戸開城、彰義隊の上野戦争などで、江戸の市中は避難民が右往左往し、流言飛語が飛び交い、どさくさに紛れて暴行略奪も繰り返された。そのように治安が悪化していた明治元年（一八六八）六月五日のこと。諸方遍歴中の「某藩の勤王の志士」三名が当地に来た。

三名は苛立《いらだ》った住民との間に意思を通わせることができず、一名が東池《ひがしいけ》の畔で殺された。他の二名は逃れて、近所の医師森家に救いを求めたが断られ、とうとう多摩川原で殺されてしまった。のち森家が東光院に墓を建て、供養したという。「勇士碑」と題した下に「常楽院苦心解脱居士」「安楽院迷心得脱居士」「明楽院疑項心悟居士」という三名の法名が並ぶ。「苦心」「解脱」「迷心」など、なにやら意味深長な語が並ぶ法名だ。

殺された「某藩の勤王の志士」とは一体何者だったのか。事件は、これ以上のことが何も分からないらしい。あるいは時期的に見て「勤王の志士」は、上野で敗れて逃れてきた、彰義隊の落武者だったかもしれない。というのも、落武者にまつわる似たような話が、東京にはいくつか残っているのだ。

たとえば杉並区和田には、同地に逃れてきた彰義隊士数名が、村人との間にトラブルを起こして殺されたという話が伝わる。村では半鐘を鳴らして人を集め、多人数で梯子《はしご》伏せにしたというから残酷だ。大正十年（一九二一）に地元の梅田新太郎がリンゴ箱一杯分の隊士の遺骨を発掘したのを機に、供養のため「十三塚之碑」を建立した。これが立正佼成会大聖堂東の東円寺（杉並区和田2―18―3）に現存している。

あるいは杉並区成田西4―13―13、住宅街のなかの成田共同墓地に残る儀右衛門塚は、彰義隊士高津儀《ぎ》右《え》衛門《もん》ら数名の慰霊碑だ。戦いに敗れた儀右衛門らは、この地の縁者野口家を頼ったが、断られた。そこで切腹して果てたのだという。その後、野口家では生まれた子供が次々と亡くなったため、儀右衛門らの祟りではないかと恐れ、明治四十一年五月十二日、慰霊碑を建てて弔ったというのだ。昭和三十一年（一九五六）に近くの塚山から、現在の野口家の墓域内に移された。

一寸先が見えない殺伐とした世相のなかで、庶民もいかに生き延びるかを懸命に模索していたのだろう。

東京遷都のこと

江戸は徳川家康が幕府を開いて以来、日本の政治の中心地ではあるが、「首都」ではない。

品川宿本陣跡の聖蹟公園
（品川区北品川2—7—21）

江戸時代を通じても、首都は京都のままである。それでも江戸は幕末になると、百万人以上の人口を有する世界最大の大都市だった。江戸を「東京」と改称するとの詔が発せられたのは、明治元年（一八六八）七月十七日のことだ。九月八日には慶応から「明治」へと改元され、同月二十日には明治天皇の東京行幸の詔が発せられた。すると京都市民に、衝撃が走る。千年の都が、東京に移ってしまうのではないかというのだ。

九月二十日、京都を発った明治天皇は、十月十三日に東京に入った。表面上はあくまで「行幸」である。以来、江戸城は皇居に定められ、東京城と改められた。天皇は人心の動揺を抑えるため、十二月にいったん京都に戻ったが、翌二年三月には再び東京に「行幸」する。そしてこれが事実上の「遷都」となった。だが、東京を首都とするという詔は、今日にいたるまで発せられていないのである。だからいまも京都では、天皇は東京に「行幸」したままなのだ、という考え方が根強くある。

事実上の東京遷都にかんする史跡として意識して保存されているのは、品川宿本陣跡の聖蹟公園（品川区北品川2—7—21）だろう。本陣は品川宿のほぼ中央に位置し、主に参勤交代の外様大名や外国使節に利用された。遷都当時の当主は鳥山金右衛門である。十月十二日、品川に到着した明治天皇は、内侍所《ないしどころ》を天王社内に奉安し、本陣に一泊し、翌日江戸城に入った。これを記念し、昭和十三年（一九三八）、本陣跡は聖蹟として東京市により整備、公園化された。敷地八百坪で、園内には「御聖蹟」の碑などがある。

品川宿も北品川商店街として、当時の面影を残す。京浜急行新馬場《しんばば》駅で下車し、山手通りを東へ十分ほど歩いた左手だ。また、聖蹟公園と山手通りをはさんで右手の荏原《えばら》神社（品川区北品川2―30―28）は内侍所が奉安された天王社で、境内には昭和十三年建立の「明治天皇御東幸内侍所奉安所」（海軍大将有馬良橘《ありまりょうきつ》書）の石碑がある。やはり遷都ではなく「東幸」になっている。明治二年の再行幸のさいも荏原神社に内侍所が奉安された。

遷都は御所の御用商人にとっても、未曾有の重大事となった。たとえば羊羹《ようかん》で知られる老舗菓子屋の虎屋は、十六世紀後半から京都で御所の御用を続けてきた。十二代目の黒川光正の決断により明治二年三月、東京に移り、商売を続け、今日にいたるのである。

生き残った榎本武揚

東武伊勢崎線鐘ヶ淵駅で降りて西へ徒歩数分、墨堤《ぼくてい》通りを越えると、旧木母寺《もくぼじ》境内の梅若《うめわか》公園（墨田区堤通2―6―10）中央に、高層住宅を背に榎本武揚銅像がある。大礼服に身を包み、右手に帽子、左手にサーベルを持ち、毅然《きぜん》と立つ姿だ。

明治の終わり、晩年の榎本はこの隅田川堤、向島の風景を愛し、別荘を構えていた。将軍家の御成《おなり》座敷だった百花園で茶碗酒をあおり、詩を吟じた。あるいは、騎馬で散歩することもあ

梅若公園の榎本武揚銅像（墨田区堤通２－６－10）

った。

　大正二年（一九一三）五月四日、旧幕臣江原《えばら》素六《そろく》らにより建てられた銅像（田中親光・藤田文蔵作）は、第二次世界大戦後の昭和二十二年（一九四七）、他の軍人銅像や忠魂碑と共に撤去の対象に挙げられ、審査がなされた。しかし榎本は海外侵略行為に関係なかったとの理由で、撤去から除外されたのだという。

　榎本武揚（釜次郎）は文久二年（一八六二）、幕府オランダ留学生に選ばれ、海軍を学んだエリートだ。慶応三年（一八六七）二月に帰国し、翌明治元年（一八六八）一月、海軍副総裁となり、新政府軍に対し主戦論を唱える。

　鳥羽・伏見の敗戦、江戸開城と続く時代の荒波にもまれ、生きる場所を失った旧幕臣たちを引き連れた榎本は、新天地を夢見て蝦夷地《えぞち》（北海道）に渡り、箱館（函館）政府を樹立する。榎本は選挙により、総裁となった。北の大地を開拓し、独立政権としての運営を考えたのだ。

　だがその夢は新政府軍の猛攻の前に、もろくも崩れ去った。榎本らにとり最後の砦であった五稜郭が陥落したのは、明治二年五月十八日のことである。

　降伏した榎本は三年の獄中生活を経、開拓使官僚、駐露公使といった明治政府の高官を歴任する。特に明治七年には特命全権公使としてロシアに赴き、翌年、樺太・千島交換条約を締結するという大役を果たした。

福沢諭吉は『瘠我慢《やせがまん》の説』を著し、こうした榎本や勝海舟の「転向」を非難する。旧幕臣の有力者は、明治政府のもとにおいては栄誉や地位に対する欲を捨て、痩せ我慢に徹するべきではないか、というのだ。海舟は泰然と受け流したが、榎本は激怒し無視したという。両者の違いがうかがえ興味深い。明治四十一年十月二十六日、愛した向島の住居（墨田区向島5―3）で没、享年七十三。「海軍中将子爵榎本武揚」と正面に刻んだ墓が吉祥寺《きちじょうじ》（文京区本駒込3―19―17）にある。

青い目のサムライたち

薩長を中心とする討幕勢力が急成長し、しかもイギリスと接近していることは、幕府の大きな脅威になっていた。これに対抗した幕府は、小栗上野介忠順《ただまさ》ら親仏派の画策によりフランスへの接近がはかられることになる。

極東進出をもくろむフランスは、イギリスのライバルでもあったから、話はとんとん拍子に進んだ。幕府はフランスから七百万ドルを借款し、火器を購入し、そして大金をかけてシャノアーヌ以下十九名（士官六名、下士官十二名、退役士官一名）から成る軍事顧問団を招く。

慶応三年（一八六七）一月、横浜に到着した軍事顧問団（当初十五名）は、太田陣屋（横浜市

フランス人ブスケの墓（青山霊園、港区南青山２―32―２）

中区日ノ出町1、通称フランス山）で幕府の兵士（伝習隊）にフランス式陸軍の三兵伝習を始めた。ところが間もなく鳥羽・伏見の戦いが勃発し、幕府は瓦《が》解《かい》して伝習は中止される。

顧問団は新政府軍に対して、抗戦を叫ぶ。自分たちが育てた日本初の西洋式軍隊に、よほどの自信があったようだ。だが陸軍総裁勝海舟は、これを認めなかった。

江戸が開城され、東北各地で旧幕軍が敗走する中、明治元年（一八六八）八月十九日、榎本艦隊が品川沖を脱出し、北へと向かう。この中に、七月二十八日に新政府から解散させられた軍事顧問団のフランス人が二人いた。ブリュネとカズヌーブである。途中仙台で軍事顧問団のマルラン、フォルタン、ビーフィエが加わった。さらに上海からはニコル、コラシュ、クラトー、ブジェ、トリブが箱館に駆けつけて、フランスの外人部隊は合計十名となった。

彼らは箱館を本拠に榎本武揚や土方歳三らと共に、新政府軍相手に奮戦する。翌二年五月十八日、五稜郭は陥落したが、その直前に九名のフランス人はフランス軍艦に救出され、横浜に向かっていた。ただ一人、新政府軍の捕虜となったコラシュは、供述書の中でイギリスの魔の手から日本を守ろうとしたことを述べ、「唯日本の為につくしたき心底なり」との言を残している。最後まで幕府に賭け、フランスの地位を確たるものにしたいという夢を見続けたのだろう。

　フランス軍事顧問団たちは、失意のうちに日本から去っていく。ただその中で、日本に残った者もいた。歩兵中尉のシャルル・デュ・ブスケである。

　ブスケは一八三七年生まれで、サンシールの士官学校出身。英仏連合軍の北京占領に従い、陸軍中尉となり、二十九歳で歩兵三十一連隊司令を務めた。専門は歩兵だったが、特に陸軍の制度・規則に詳しかったという。軍事顧問団解散後、榎本艦隊には投じず、明治元年八月、フランス公使館の通訳官（第一等通訳官）になり、陸軍の兵式をフランス式と定めるのに、陰で尽力したと思われる。

　明治三年十一月からは約一年、兵部省の兵式顧問に任ぜられ、さらに四年十一月から三年間は左院、正院雇い、八年七月から十三年秋ごろまでは元老院、東京府などの雇いとなっている。この間、軍政・軍令の一元化や、陸軍省の職制を建議するなど、日本陸軍の基礎づくりに貢献して、明治十五年六月十八日、東京麻布鳥居坂《とりいざか》の自宅で没した。享年四十五。

　ブスケは日本人女性田中花子を妻とし、四人の子供をもうけている。墓も青山墓地内の外人墓地に設けられ、まさに日本の土となった。墓碑の正面には生前ブスケが記したという漢字で「仏人治部輔氏之墓」とあり、傍らには細川潤次郎《じゅんじろう》による漢文で事跡を刻んだ、明治二十一年六月建立の「仏人治部輔氏之墓表」（大給恒《おぎゅうゆずる》篆額）がそびえる。

第四章
挫折する夢たち

福沢諭吉　雲井竜雄　大久保利通
西村茂樹　永倉新八　島田一郎

ふたつの有馬家の維新

九州筑後の久留米《くるめ》藩主である有馬家（二十一万石）から分かれた有馬氏倫《うじのり》は、紀州徳川家に仕えていた。しかし紀州藩主だった吉宗が八代将軍になるや幕府旗本に取り立てられ、伊勢西《にし》条《じょう》藩主（一万石）の地位を得る（のちに下野吹上《ふきあげ》に移転）。このため久留米の本家は外様、吹上は譜代という珍しい扱いを受けることになった。しかし、いずれの有馬家でも維新の激動をくぐり抜けるさい、痛ましい犠牲者を出した点で共通する。

久留米藩は幕末、藩内の尊攘派を弾圧し、二度にわたる「長州征伐」にも出兵して佐幕的態度をつづけた。藩首脳部は鳥羽・伏見の戦いの結果が伝えられても、藩民には知らせようとはせず、会津藩と結んで徳川再起を企んでいたほどだ。

ところが藩内で政変が起こる。明治元年（一八六八）一月二十六日、久留米藩佐幕派の中心人物で参政の不破美作《ふわみまさか》が、城より帰宅途中に暗殺されたのだ。襲ったのは二十一歳の小河真文《おごうまさぶみ》ら二十四名の若き藩士たち。小河らは薩長両藩と連絡を密にし、尊王第一に励むよう訴えた。

暗殺は不法行為だが、藩政府では慎重に処分を検討した。そして二月五日になり、藩主有馬頼咸《よりしげ》は小河らを咎《とが》めず、むしろ不破を倒した忠義を褒める。ここで藩論は一変。戊辰戦争では久留米藩は新政府軍として出兵し、頼咸は賞典禄一万石を得て時流に乗ったかに見えた。

さらに十七年ぶりに久留米藩きっての尊攘派だった水野正名《みずのまさな》が復帰し、藩の実権を掌握した。水野は四月、佐幕派の三十一名に断罪を下す。執政有馬監物《けんもつ》に永蟄居、他は揚屋《あがりや》牢に投じた。翌二年一月二十四日、水野は何の予告もなく禁獄中の佐幕派九名に切腹を申し渡す。「国是《こくぜ》の妨げとなる」とあるだけで、一片の理由も書かれていない断罪書である。

こうして翌日、久留米城下徳雲寺で九名が切腹させられた。九名のひとり、海軍力強化に尽くしてきた今井栄《さかえ》などは政争には関心の薄かった人物で、結局は水野の私怨によると噂された。それを表立って非難できなくなった時点で、久留米藩は崩壊の坂道を転がりはじめたのである。

その後、新政府の欧化政策に不満を抱いた水野らは、全国の不平分子と気脈を通じ、政府転覆計画を進める。ところが明治四年三月になり、政府は蜂起寸前だった久留米藩を武力制圧した。藩知事有馬頼咸に禁固三十日、水野に終身禁獄、小河に斬首などの処分を下し、暴走する久留米藩を解体してしまう。

吹上藩難九志士の墓
（祥雲寺、渋谷区広尾5―1―21）

久留米藩有馬家の東京における墓所は、地下鉄日比谷線広尾駅から徒歩数分の祥雲寺（渋谷区広尾5―1―21）だ。歴代藩主の合葬墓には、頼咸も入っている。その隣には吹上藩有馬家の墓所があり、一角に「明治二年九月十七日、藩難九志士之墓」とのみ刻んだ、高さ数十センチの墓がある。実は吹上藩でも、明治二年に痛ましい事件が起こっているのだ。

吹上藩は譜代にもかかわらず、戊辰戦争ではいち早く新政府に加わって東北で戦った。ところが戦費や四名の戦死者に対する下賜金をめぐり、不正があったという。藩主が幼かったため、重臣らが着服し、私腹を肥やしたというのだ。

これに憤慨した鈴木錞次・坪井鼎治・鈴木宗十郎・県一・中田善三・吉田立爾・島村平四郎・吉田新兵衛・鈴木政右衛門の九名は、不正の張本人とされた重臣の辻元宗之進・西村武平・平沢源太を江戸の藩邸において暗殺する。明治二年三月十七日早朝のことだ。彼らは自首して出、同年九月十七日には政府から八人に切腹、一人に斬首が命じられる。しかし、「主家ヲ思フノ情実」が認められ、それぞれの跡目を継ぐことは許された。鈴木政右衛門だけは士分ではなく吹上村組頭見習だったため、斬首に処されたのだ。彼らを「九志士」と称した墓が、藩主墓域に建てられたのを見ても、惜しまれて亡くなった人材だったことがうかがえる。

襲われた江藤新平

明治維新の原動力で、新政権の中枢にあった勢力を薩長土肥と呼ぶ。その一つ、九州肥前の佐賀藩（鍋島家、三十五万七千石）は幕末のころ、中央政局に関与することは少なかったが、殖産興業、洋式軍事工業を盛んにした。また長崎に近いため、海外情報に接する機会も多かった。

このように蓄えられた技術や情報、人材を新政府に提供することで、佐賀藩は政権の一翼を担ったのだ。

佐賀藩を代表し、新政府に送り込まれた一人に江藤新平がいる。佐賀藩の大参事として藩政改革を断行した三十六歳の江藤は、明治二年（一八六九）十一月八日、新政府の要職である中弁を任じられ、上京した。

その年の十二月十二日、激務の合間を縫って江藤は、葵《あおい》町に旧主鍋島直大《なおひろ》を訪ねる。めったに飲まない江藤が、その夜は酔い、午後十一時ごろ、駕籠で帰路についた。ところが駕籠が芝の琴平《ことひら》神社あたりを通りかかったところで、突如六名の刺客が白刃を振りかざしながら襲いかかってきた。江藤は右肩と右腋《わき》に重傷を受けながらも、気丈にも駕籠から飛び出し、小刀を抜き放ち「無礼者ッ！」と一喝する。それから刺客がひるんだ隙に、物陰に隠れて難を逃れたのだという。あるいはそばの池に飛び込んだとか、従者の知らせで鍋島邸から駆けつけた藩士に助けられたともいわれる。ともかく江藤は、間一髪のところで一命をとりとめた。

江藤新平襲撃現場の碑（千代田区霞が関3―8）

江藤遭難の報は、明治天皇にまで達する。天皇が見舞いの菓子一折と、養生料百五十両を下賜したことから見ても、事件が及ぼした衝撃の大きさが分かる。

襲ったのは六名とも佐賀藩の足軽で、十代、二十代の若者だ。池田園助《えんすけ》・村山甚蔵・百田栄次《えいじ》・袋貞十《さだと》・大園忠三郎・染川某、彼らは捕らえられ、切腹を命じられた。不憫《ふびん》に思った江藤は鍋島直大に再三助命の嘆願をしたが、朝臣に刃《やいば》を加えたと怒る直大の父鍋島閑叟《かんそう》が許さなかったという。

刺客らの自白によると、江藤暗殺のため十数人が佐賀から上京し、機会をうかがっていた。藩政改革により、足軽ら卒族は淘汰《とうた》されてしまったので、その恨みが江藤と相談相手の相良宗蔵《さがらしゅうぞう》に集まったらしい。だが江藤襲撃の背後には、改革そのものに不満を抱く、保守的な勢力が黒幕として存在したのではないかという見方もある（鈴木鶴子『江藤新平と明治維新』平成元年）。

また、「これが一因となって、後に明治四年四月の戸籍法で全国的に卒族の大半が、士族として遇せられるようになったといわれる」とも評される（園田日吉『江藤新平と佐賀の乱』昭和四十九年）。たしかに佐賀に限らずどこの藩でも、維新の最前線で戦い、最も多くの犠牲を出したのは、卒族と呼ばれる下級武士たちだった。

その後、江藤は明治五年四月に初代司法卿となり、司法制度の整備に尽力。六年四月には参議に任ぜられるも、十月に征韓論をめぐる政争に敗れて下野した。七年二月、不平士族に推されて「佐賀の乱」を起こすが敗走し、自ら定めた法によって裁かれ、同年四月十三日、佐賀で斬首に処された。享年四十一。賊名が解かれたのは、明治二十二年二月のことである。

江藤が襲われた現場には、大正五年（一九一六）六月、荒木博臣《ひろおみ》の遺言により、次男荒木三男が遭難遺跡碑を建てた。地下鉄銀座線虎ノ門駅の近く、千代田区霞が関3—8の三井ビル横に、いまも大きな石碑があり、土方久元《ひじかたひさもと》の題字、服部琢《ふくのたく》の撰文を刻む。佐賀藩出身の荒木博臣は、幕末以来の江藤の同志だ。司法卿時代の江藤に引き立てられ、後には大審院判事にまでなった。事件の夜も共に鍋島屋敷で酒を汲んでいたから、思い入れがあったのだろう。

碑の除幕式参列者の中には単騎シベリア横断で勇名を轟かせた、男爵・陸軍大将福島安正《やすまさ》の姿もあった。長野県出身の福島は、上京して苦学していた若いころ、ひょんなことから司法卿の江藤に見込まれ、何かにつけて援助を受けた。福島はその恩を忘れることなく、栄達を遂げてからも自宅の神棚には江藤を祭り、大正三年には佐賀を訪れ、江藤の墓参をしている。後進の面倒見がよかったと伝えられる、江藤の人情家としての一面がうかがえる。

高知藩留学候補生の死

芝の大門をくぐり、少し行くと左手にある安養院（港区芝公園２―３―２）は、増上寺塔頭のひとつだ。最初の芝区役所が置かれた寺でもある。江戸時代は土佐藩の庇護を受けたため、墓地の片隅に集められた古い無縁墓十余基には、「高知」「土佐」の文字が見える。

その近くに一列に並ぶ四基の自然石の墓は、将来を嘱望されながらも、無念の涙を飲んで死んでいった、若き高知藩（土佐藩あらため）士たちのものだ。いずれも上部に横書きで「高知藩」とあり、その下に縦書きで氏名や没年月日などが刻まれている。しかし一基の碑銘はほと

高知藩留学候補生の墓（安養院、港区芝公園２－３－２）

んど摩滅し、二基は真ん中あたりから割れていて、なんとも痛々しい姿である。

明治二年（一八六九）、谷神《かみの》之助《すけ》・小笠原彦弥・川上友八・小島捨蔵・真辺戒作の五名は高知藩の藩費留学生として、西洋に派遣されることが内定した。五名のうち四名は、いずれも戊辰戦争で小隊司令などを務め、軍功のあった十代、二十代の若者たちだ。人選には、土佐出身の新政府参与である板垣退助の推挙があったという。谷神之助はのちの立志社副社長谷重喜の弟だし、小笠原彦弥は前年、会津城下で戦死した大総督府軍監牧野群馬の弟である。

ところが明治三年一月四日夜、真辺を除く四名は新島原遊郭（中央区新富《しんとみ》）に遊びに出かけ、酔った勢いで同地を警備中の金沢藩士と衝突、数名を殺傷してしまう。日本を離れる不安が、酒が入った途端に爆発したのかもしれない。このため四名は、藩命により東京の高知藩邸において切腹して果て、藩同士の争いに発展することは避けられた。

重松実男『土佐を語る』（昭和十二年）には、土佐人気質の一つとして多血性を挙げ、「やはり明朗で変化の多い気候風土の影響からであらう、土佐人は気短かで熱し易くさめ易い。裁判事件の統計によると、土佐人は殺傷沙汰が多いやうであるが、それも陰惨な計画的悪質のものは少なく、深い遺恨といふわけでもない、些細な争ひから逆上して斬った突いたの例が多いといふことである」と述べられている。その悪しき典型とも言うべき事件であった。

ひとり残った真辺には一月六日、法律修業のため、書生長としてアメリカへ留学するようにとの藩命が下りる。さらに死んだ四名のかわりに、二月十二日には国沢新九郎に、五月八日には馬場辰猪《たつい》・深尾貝作《かいさく》・松井正美《まさみ》に留学が命じられた。同時に、諸事情から行き先がアメリカからイギリスへと変更される。

五名は七月二十一日、パシフィック・メール号で横浜を出港し、ロンドンに渡り、学んだ。高知藩は五名の学費を年五千ドルと定め、さらに一千ドルの非常手当を追加。その期間は三年と決めていた。ところが、時代の先端に立たされた留学生たちの運命も順風満帆ではなかった。海軍修業の課題を与えられたはずの馬場は政治哲学を学び、帰国後は自由民権運動の指導者となる（明治十九年に渡米し、二十一年、三十九歳で客死）。法律修業が課題のはずの国沢は、美術を学んで帰国した。

しかし深尾は留学中、ミドスバラー造船所付近の海岸で水死。松井は酒色に溺れ、アメリカ大陸の漂客に落ちぶれたという（平尾道雄『土佐百年史話』昭和四十三年）。

真辺はロンドンで馬場と争論し、ナイフをもって傷つけられるという物騒な逸話を残しているが、八年後に帰国した。ところが、自らの理想と異なる社会に失望して失鬱症《まさはる》になり、明治十二年五月二十日、東京の芝区金杉（港区芝1丁目）にあった同郷の友人吉田正春《まさはる》（自由民権運動家。吉田東洋《とうよう》の子）宅を訪れ、同所で自殺してしまった。享年三十二。いまも谷中霊園（台東区谷中7―5）の吉田の墓域に、「真辺戒作君墓」とのみ刻んだ墓碑が残る。

御門訴事件

「御門訴《ごもんそ》事件」とは、明治三年（一八七〇）一月十日、品川県が断行した社倉《しゃそう》政策に反対した農民の集団が、田無村八反歩（西東京市）から約五十キロ離れた品川県庁（中央区日本橋浜町2―59―1、総合スポーツセンターあたり）へ赴き、門訴した事件である。暴動を伴わない請願行動であり、この点、世直し一揆とは言えない。幕末の武州世直し一揆と、後年の自由民権運動の狭間《はざま》に位置する事件とされる。

社倉政策とは飢餓に備えての貯穀制度だが、土地が痩せ、しかも数年来の凶作で貧苦にあえぐ田無村新田十二ヵ村の農民にとっては、厳しい増税以外の何物でもない。新田側は品川県知事古賀一平（定雄、佐賀藩出身）に対し、出穀免除を願い出た。

しかし古賀は聞き入れず、明治二年十二月には新田の百姓惣代二名を宿預かりとし、軟禁する。これに憤慨した数百の農民たちは中野（中野区）まで押し出した。すると県知事側は免除を約束すると説得したから、農民たちは半信半疑のまま村へと引き返してゆく。

だが惣代二名は帰してもらえず、免除の約束も守られなかった。それどころか年が明けて一月六日の夜、県知事は新田十二ヵ村の名主に出頭を命じ、またもや宿預かりとして軟禁してしまったのだ。ここにいたり、農民たちの忍耐にも限界がきた。

再度の門訴を決意した農民たちは、隊列を組み品川県庁を目指す。その数は七、八百人とも四、五百人ともいわれる。迎え撃つ古賀県知事は、農民を門内に入れ、強訴の罪を被せ、武力で弾圧しようとした。

「太刀の続くかぎり斬り捨てろ」との号令の下、素手の農民の多くが傷つき、五十一名が捕えられた。近くの隅田川に飛び込み、逃れる者もいた。

二月十七日、事件の首謀者と目された名主や組頭など十五名に、判決が下る。それは最も重い者でも徒《ず》(島送り重労働三年)という、比較的軽い処分だった。しかし数人は病気などのために刑確定まで生きながらえることができず、獄舎や逃走先で寂しく死んでいったという。

明治二十六年、境域変更でこのあたりが東京府に組み入れられることになった。それを記念し、村民たちの手により、事件の犠牲者慰霊のための「倚鍤碑《いそう》」が建てられた。武蔵野市八幡《やはた》町3—8—3、五日市街道沿いに現存する碑には事件の概要と、犠牲者に対する哀悼の言葉がつづられている。

御門訴事件犠牲者慰霊のための倚鍤碑
(武蔵野市八幡町3—8—3)

碑文を書いたのは、時の衆議院議員の中島信行だ。中島は土佐藩出身で、幕末のころは坂本龍馬の片腕として亀山社中《かめやましゃちゅう》・海援隊で活躍し、維新後は自由党副総裁などを務めた。

最初、中島が用意した碑文は、明治になっても民を苦しめる武断政治を痛烈に批判し、民権は西洋だけに起こったものではない、とした内容だった。ところが政府に遠慮したのか、この碑文は使用されなかった。ともかく、体制側の文を得ただけでも、農民たちの勝利というべきであろう。民衆史の貴重なモニュメントだ。

また、西武新宿線武蔵関《むさしせき》駅前の日蓮宗本立寺《ほんりゅうじ》（練馬区関町北4―16―3）には、御門訴事件指導者の一人、井口忠左衛門の墓がある。井口氏は武蔵野一帯に住み着いた、関東武士の三浦氏の流れをくむ一族と伝えられる。本立寺も井口氏の開基で、広い墓地には「井口」の姓を刻んだ墓碑が多い。

その中で、「関前《せきまえ》の本家」と呼ばれ、代々、「井口忠左衛門」を名乗った名主の井口家の墓域には、高さ数十センチの十五代忠左衛門の墓がある。法名は明練院法達日光居士。この十五代は農民の指導者として投獄され、苛酷な取り調べのすえ、いったん出獄したが、明治三年二月八日、病死した。半世紀後の大正五年（一九一六）に建てられた墓碑には、十二新田が社倉積み立ての免訴を願う中で病のため没した旨が、漢文で銘記されている。

雲井竜雄事件

明治三年（一八七〇）はじめ、関東各地を駆け巡ったひとつの噂があった。「雲井《くもい》竜雄《たつお》」なる者が、旧幕府ゆかりの浮浪の士を救済してくれるらしいというのだ。

雲井竜雄は本名を小島竜三郎守善《たつさぶろうしゅぜん》といい、もと米沢藩の下級武士である。幼くして秀才と称えられ、慶応元年（一八六五）、二十二歳のときには江戸で安井息軒《そっけん》が主宰する三計塾《さんけいじゅく》に入門し、頭角を現した。特に詩才は天才的で多くの作品を残している。戊辰戦争のさいは薩長間の隔離を企て、会津藩を救援しようと奥羽越列藩同盟の正当性を主張する「討薩の檄」を草し、奔走。この策は成功しなかったが、奥羽諸藩の団結強化に役立った。

明治二年九月、藩校興譲館《こうじょうかん》の助教を辞し、遊学のためと東京に出た雲井は、集議院の寄宿生となる。そして建言を国政に反映させようとするが、かえって政府から疎まれ、奥羽大同盟の首謀者などと非難され、一ヵ月ほどで集議院を去った。

言論の無力を痛感した雲井のもとに、生活に窮したかつての部下や知人が訪れるようになる。雲井は持ち前の侠気から、頼ってくる者を食客として遇した。そして翌三年二月二十六日、東京芝二本榎の上行寺《じょうぎょうじ》と円真寺に「帰順部曲点検所《きじゅんぶきょくてんけんじょ》」の看板を掲げた。表向きはその名のとおり、政府に不満を抱く危険分子を説得し、帰順させるための施設である。だが真の狙いは、反政府勢力の組織化にあった。一貫して尊王佐幕の立場をとっていた雲井は薩長勢力を排し、天皇と旧幕府を結びつけて徳川政権再興を企んだのだ。

帰順部曲点検所がおかれた円真寺（港区高輪1—27—22）

帰順部曲点検所となった上行寺と円真寺が、雲井とどんな関係にあったかはこんにちとなっては詳《つまび》らかではない。上行寺は戦後、神奈川県に移転したが、円真寺は港区高輪1―27―22に現存する。都営地下鉄浅草線高輪台駅近く、住宅街に埋もれるように、小さな本堂がある。

帰順部曲点検所に集まったのは約五十名だったが、関東各地の同志は八千名を上回ったという。雲井は彼らを天兵（朝廷の常備兵）として採用するよう、政府に働きかける。

政府内では参議の広沢真臣《さねおみ》（長州出身）・佐々木高行《たかゆき》（土佐出身）が、雲井を支援した。雲井に説得された広沢は、五十両の資金を提供しているし、佐々木も雲井の言い分はもっともなので、周旋してやるつもりだという意味のことを日記に記している。

だが一方で政府は、雲井の極端な転向を怪しみ、密偵を放ち調べさせた。その結果、五月十三日に太政官は米沢藩に対し、雲井を帰国、謹慎させるよう命じる。その間、東京府は帰順部曲の浪士たちを召喚して取り調べ、ついに政府転覆の陰謀があることを突き止めた。関東各地で一斉に挙兵し、東京に進撃して政府高官らを襲撃するという計画だ。

いったん米沢に送られていた雲井は、八月、東京に呼び戻された。そして東京府において審理が行われ、太政官の決裁を得、一党五十八名にそれぞれ斬刑、流刑、杖刑《じょうけい》が言い渡された。特に雲井は「陰謀ノ魁首《かいしゅ》」として十二月二十六日（二十八日とも）、小伝馬町獄で斬首に処され、小塚原に梟首された。享年二十七。雲井は法廷で「真相」を語ろうとしなかったため、「事件の全貌は今日にいたるも容易に窺い知ることができない」（安藤英男『雲井竜雄研究　詩編』昭和四十八年）とされる。

雲井の遺骸は最初、小塚原に埋められ、のち谷中天王寺に改葬され、さらに明治十四年、故郷米沢（山形県）の常安寺に移された。

小塚原の回向院（荒川区南千住5―33―13）の墓地には「雲井竜雄遺墳」と刻んだ小さな墓碑が、谷中霊園（台東区谷中7―5）には米沢に移葬するさい建てた自然石の「竜雄雲井君之墓表」が現存する。谷中の方には、人見寧《ひとみやすし》の撰文による雲井の事跡が刻まれている。人見は旧幕府遊撃軍の幹部で、戊辰戦争では雲井と刎頸《ふんけい》の交わりを結び、新政府軍に抗した男だ。ただし碑文の中で「陰謀」には触れていない。

横山安武の諫死

明治三年（一八七〇）七月二十七日払暁、鹿児島藩（薩摩藩あらため）の藩士横山安武《やすたけ》が集議院門前で割腹自決して果てていた。享年二十八。幕末のころ、横山は島津久光の側近として活躍した。しかし明治三年二月、山口の諸隊脱隊騒動を報告するため、独断で帰国したことが久光の怒りに触れ、官を辞して野に下っていた。

横山の遺骸の傍らには、「時弊十条」なる政府批判の建白書が竹頭に挟んで掲げられていた（集議院の門扉に挟んだともいう）。新政府に対する痛烈な諫死だ。その十条とは次のとおりである（下中弥三郎『大西郷伝　第二巻』昭和十五年）。

「旧幕府の悪弊暗に新政に移り、昨日非とせし者、今日却て是とす、是其一なり。

大小官員外には虚飾を張り、内には名利を事とする、是其二なり。

朝令夕替万民狐疑を抱き、方向に迷ふ、是其三なり。

駅毎《ごと》に人馬の賃銭を増し、五分の一の税を収む、是其四なり。

直を尊ばずして能者を尊び、廉耻《れんち》上下を論ぜざる、是其五なり。

官の為めに人を求めず、人の為めに官を求む。故に各局の其職を勤むる者、傭工の其主に於けるが如き者あり、是其六なり。

酒食の交《まじわり》を重んじ、義理上の交際を軽んず、是其七なり。（『大西郷伝』では其八は欠）

黜陟《ちゅっちょく》（功のない者は退け、功のある者を登用する）の大典未だ立たず、賞罰愛憎を以《もっ》てす。故に春日某の如き廉直の者却て私恨を以て冤罪に陥る、是其九なり。

上下交々《こもごも》利を征《と》つて国危《あやう》し、在朝の君子恣《し》意妄行する、是十なり」

『伝習録』を読み、陽明学の強い影響を受けていた横山は、義と公とに照らして立てた志を貫くためなら断固行動すべしと考えた。そして派閥抗争、汚職の絶えない新政府の前途を憂いたあげく、一身をなげうち警告したのである。

ところが横山の実の弟である森有礼《ありのり》（のちの初代文部大臣）は、「兄さんな、ばかなこつ、しやった」と呟いた。犬塚孝明『森有礼』（昭和六十一年）では「情に訴えることを嫌い、合理性を好んだ森のことである。死んで国が救えるのか、とおそらくは森は言いたかったに違いない」と評しているが、対照的な兄弟だったようだ。幕臣出身の林董《ただす》が、「大義名分と情誼《じょうぎ》を重んずる西郷と、理性に長けたる現実主義政治家大久保」と評したように、薩摩人には極端な二つのタイプが存在していた。やがて、そのことが西南戦争を引き起こす一因にもなってゆく。

いずれにせよ、横山の事件は政府内外に大きな衝撃を与えた。天皇は横山の死を「時事誤聞」によるとしながらも、憂国の情より発したとして祭祀料百円を下賜する。

横山の遺骸は島津家ゆかりの伊皿子坂の大円寺に埋葬された。のち同寺が現在の杉並区和泉3―52―18に移ったさい、横山の墓も移された。いまも残る墓碑は自然石で「鹿児島藩　横山正太郎《しょうたろう》藤原安武　明治三年庚午七月二十七日」と刻む。墓前には二基の灯籠が建つが、献じたのは、一基は有馬純義《すみよし》、いま一基は十九名の同郷人たちだ。

また墓の傍らには、友人たちが建てた「横山君之墓碑」と題し、漢文で事跡を刻んだ碑がある。それによると横山は、平生は温厚な人物で、過激な言を吐くようなことはなかった。だが「憂国の念」やみがたく、ついに諫死に及んだのだという。

諫死した横山安武墓
（大円寺、杉並区和泉3—52—18）

横山と同じ視点で政府の腐敗ぶりを非難していた西郷隆盛は、その死を悼み、自ら追悼文を記して郷里鹿児島の旧福昌寺に石碑を建立している。

広沢参議暗殺事件

維新の元勲のひとり広沢真臣（藤右衛門）は長州萩城下出身で、もとの名を波多野金吾という。幕末には長州藩の高級官僚として活躍。特に外交手腕に長けていて、慶応二年（一八六六）の第二次幕長戦争では幕府の使節勝海舟と談判し、長州藩有利のうちに休戦協約を締結している。また翌三年十月には上京し、討幕の密勅を受けて長州藩に持ち帰っている。

樹立されたばかりの新政府に、長州藩から参与の「第一号」として送り込まれたのは、広沢だ。明治元年（一八六八）一月三日のことである。木戸孝允（桂小五郎）ですら参与になったのは一月二十五日だから、維新当時は広沢が長州を代表する「顔」だったことが分かるだろう。薩摩でいうなら、西郷隆盛・大久保利通《としみち》に匹敵する位置にいたのだ。さらに二年七月には参議に任ぜられ、九月には永世禄千八百石を賜って、政府で絶大な権力を持つことになる。

ところが明治四年一月九日未明、麴町区富士見町の屋敷で愛人と同衾《どうきん》中だった広沢は、刺客の襲撃を受けた。現場は九段の靖国神社西側、いまの白百合学園（千代田区九段北2—4—1）あたりである。

愛人はかすり傷で済んだが、広沢は咽喉部を三ヵ所もえぐられ、全身を十五ヵ所もメッタ斬りにされるという惨《むご》たらしい殺され方をした。享年三十九。広沢の遺骸は芝の青松寺（港区愛宕2—4—7）に埋葬されたが、明治十七年、市街地整備のため松陰神社（世田谷区若林4—35—1）に改葬された。場所は神社鳥居に向かって左側の、ブロック塀に囲まれた一角。墓碑の傍らには、皇室から贈られた鳥居の付いた神道碑もある。

広沢参議暗殺事件に政府は激しく動揺した。容疑者として八十余名が検挙され、天皇の詔勅まで発せられるという未曾有の事態となったものの、真犯人も暗殺意図も不明のままで事件は迷宮入りしてしまう。明治二年一月には参与の横井小楠《しょうなん》が京都で暗殺され、同年十一月には兵部大輔の大村益次郎がテロで受けた傷がもとで大阪で没していた。高官が次々とテロに倒れたとなると、政府としても面目丸つぶれである。

政敵だった木戸孝允が暗殺の黒幕という説、広沢が見捨てた雲井竜雄一派の残党が刺客だという説もあるが推測の域を出ない。事件はいまも、歴史推理小説に格好の題材を提供している。

攘夷論者を斬首

「人斬り彦斎《げんさい》」という物騒な異名を持つ河上《かわかみ》彦斎は、肥後藩（細川家。熊本藩）の下級武士出身だ。国学者林桜園《おうえん》に師事して尊王攘夷論の影響を強く受け、元治元年（一八六四）七月には、京都で開国論を説く佐久間象山を暗殺したとされる。

一口に攘夷といっても、その種類はさまざまだ。日本に接近する外国人を徹底して敵視し、排除しようとするのが、最も単純で純粋な攘夷だろう。外国の無礼を許さず、国権を張って戦うのだという河上が唱える攘夷も、それに近い。

だが開国以来、幕府の政策を非難する理論的拠り所として、攘夷を政治的に利用する動きも

河上彦斎墓と顕彰碑
（池上本門寺、大田区池上１—１—１）

出てくる。その代表が、周布《すふ》政之助《まさのすけ》や高杉晋作といった長州藩首脳部である。

関門海峡を通航する外国艦を次々と砲撃した長州藩を、河上は同志の国と信じ、脱藩して身を寄せた。ところが長州藩は元治元年八月、四ヵ国連合艦隊と砲火を交えて敗れると、突如講和を締結してしまう。失望した河上は、講和に奔走した晋作を罵り、慶応三年（一八六七）二月には熊本に帰国して獄につながれた。

一年後の明治元年（一八六八）二月、王政復古の恩赦により出獄した河上を愕然とさせたのが、新政府が攘夷の志を忘却していることだった。その年三月十四日に発せられた新政府の基本方針「五箇条の御誓文」には、「智識ヲ世界ニ求メ、大ニ皇基ヲ振起スベシ」と、はっきりと謳われていたのだ。かつて攘夷を唱えた薩長の藩士たちは、幕府打倒の目的が達せられると、今度は平気で外国人を朝廷に参内させた。

河上はかつての同志で、新政府の重鎮となっている木戸孝允（桂小五郎）を訪ね、激しく非難の言葉を浴びせかける。それから東北諸藩と結んで新政府打倒を企んだが果たせず、同年十月に豊後鶴崎《つるさき》（肥後藩の飛び地。大分県）の常備軍隊長を命じられた。このころ河上は、高田《こうだ》源兵衛と名乗っていた。

ところが河上は明治三年、山口（長州）藩の内訌に敗れた大楽《だいらく》源太郎を匿ったりしたため、政府の嫌疑を受け、東京に送られて伝馬町獄に投じられた。

大審院判事の玉乃《たまの》世履《せいり》は、河上に時勢の変化を説き、政府への協力を求める。しかし、あくまで攘夷の初志を貫こうとする河上は応じなかった。実は玉乃は、さきに木戸孝允がヨーロッパに向けて出発するにあたり、攘夷の説を捨てない河上の処分を依頼されていたのだ（荒木精之『定本河上彦斎』昭和四十九年）。

こうして一度の審理も受けぬまま、明治四年十二月三日（四日とも）、河上は斬首に処された。享年三十八。「其の方儀、朝憲を憚らず容易ならざる陰謀を相企て候不始末不届き至極に付、庶人に下し斬罪申し付ける」というのが判決文で、具体的な罪状はどこにも記されていない。

河上の遺骸は最初、品川東海寺の塔頭白雲庵に葬られ、高さ六十センチほどの墓碑が建てられた。正面に「応観法性信士」、右に「明治四年辛未十二月四日、通称高田源兵衛」、左に「良校庵貫道・緒方正房・緒方正徳建之」と刻む。後年、東海道線拡張にともない、肥後藩細川家と縁の深い池上本門寺（大田区池上1―1―1）墓地に移された。

その場所は五重塔の近くで、墓前には昭和元年（一九二六）、同郷の有志により建てられた「河上彦斎先生碑」があるので目立つ。熊本出身のジャーナリスト徳富猪一郎（蘇峰）が寄せた碑文は「河上彦斎先生は吾が東肥の産出したる俊傑の一人也」で始まり、河上の人となりを絶賛している。

河上の墓のそばには、同じく東海寺白雲庵から移された、肥後藩（肥之道後白川県士《ひのみちのしり》）の佐伯惟量（関次）の自然石の墓がある。佐伯は広沢参議暗殺の嫌疑をかけられ、厳しい拷問のすえに明治四年四月二十五日、獄死した。享年三十二。彼もまた、時代にそぐわない攘夷論者を亡き者にしようとした陰謀の犠牲者だといわれる。

慶応義塾、三田へ

近代私学の先駆とされる慶応義塾は安政五年（一八五八）、二十五歳の豊前中津藩士福沢諭吉が、藩命により江戸築地鉄砲洲にあった中津藩奥平家中屋敷で蘭学塾を開いたのを、はじまりとする。その場所は現在の中央区明石町9、聖路加《せいろか》国際病院の敷地内で、同病院の南側に書籍をかたどった記念碑がある。昭和三十三年（一九五八）四月、慶応義塾大学により建立されたその碑には、福沢の言「天は人の上に人を造らず……」が刻まれている。

その後、英学塾に転じた福沢の塾は、慶応四年、すなわち明治元年（一八六八）の四月、芝新銭座《しんせんざ》の久留米藩（有馬家）中屋敷跡に移り、新たに塾舎を設けた。戦争勃発の直前で、大工や左官の人件費も驚くほど安く、百五十坪の普請が四百両ほどの出費でできたという。また、年号に因み「慶応義塾」と称したのも、このときだ（明治と改元されたのは九月）。「義塾」とは共同結社の意味で、学ぶ者が同志として結束することを謳った点が特徴である。

その年五月十五日、彰義隊の上野戦争のさい市内は大混乱に陥ったが、福沢はいつもどおり平然とウェーランド経済書の講義を続けた。福沢の学問に対する態度がうかがえる。

芝新銭座の慶応義塾跡は、ＪＲ浜松町駅東口から線路沿いに北へ徒歩数分の区立神明幼稚園（港区浜松町1—13—1。平成十六年より休園）あたりだ。園前に「福沢・近藤両翁学塾跡」の石碑が建つ。近藤とは、慶応義塾の跡を譲り受けた、近藤真琴《まこと》創立の攻玉社《こうぎょくしゃ》のことである。

さらに慶応義塾は明治四年、現在の港区三田2—15—45に移るのだが、それについては福沢自身が語り残した、次のような逸話がある。

福沢が目をつけた三田の地は、島原藩の中屋敷があった。これを使用するには、東京府が島原藩に命じて献納させ、それを福沢に貸し与えるという手順が必要だ。福沢がいろいろな筋から働きかけていると、東京府の方でも西洋通の福沢に頼みたいことがあるという。それは、西洋式の警察を創設するための調査だった。

福沢は依頼を受け、明治四年四月までに各種の原書を集めて警察法についての部分を翻訳し、『取締之法』と題した冊子にして提出した。東京府はこれを参考にし、それまでの諸藩の兵卒による警備をあらため、巡邏を組織し、巡査と改称した。

引き換えに慶応義塾の三田移転は、福沢の希望どおりスムーズに進んだのは、言うまでもない。地所一万何千坪は拝借、建物六百何十坪は坪一円の割で納めることになり、三田の慶応義塾がスタートしたのは、明治四年春のことである。以後、実業界を中心に指導的立場に立つ多くの人材が、ここから巣立っていった。大正九年（一九二〇）には大学令により初の私立大学となり、昭和二十四年（一九四九）には新制大学となって今日にいたっている。

なお、慶応義塾が三田に移転した背景には、薩摩・長州の激しい対立が影を落としていたのではないかという興味深い説があるので、紹介しておく。

福沢がまとめた『取締之法』の現物は行方が知れなくなっていた。ところが明治三十四年九月になって長州出身の政治家宍戸璣《たまき》が没するや、彼が遺した書類函から見つかる。宍戸は明治四年当時、警察関係を所管していた、刑部省《ぎょうぶ》の部長クラスだ。この経緯から見ると、福沢に調査を依頼したのは、宍戸本人か長州系の役人である可能性が高い。

新政府はスタート時から、長州・薩摩両派が激しい対立を繰り返していた。

薩摩派は新たに創設される警察の主導権を握ろうと意気込み、明治三年暮れ、西郷従道《つぐみち》率いる警察要員を薩摩から海路、上京させていた。一方、長州派は警察制度についての具体策をもって薩摩派に対抗するため、福沢の門を叩いたのではないかというのだ（武藤誠『明治の炎』昭和六十二年）。

ちなみに、福沢の三田移転の希望は叶えられたが、警察の主導権は結局薩摩に握られてしまった。翌五年、初代大警視となったのは、薩摩藩の下級武士出身の川路利良《としよし》である。

土肥大作の墓

新治《にいはり》県参事の土肥大作《どひだいさく》が、県庁所在地の土浦市（茨城県）にあった自宅で自決して果てたのは、明治五年（一八七二）五月二十四日のことだ。大作の妻げんは二十八日、遺体に従って駕籠に乗り、夜を徹して東京に向かった。翌日夕方、遺体は東京四谷の真言宗愛染院《あいぜんいん》（新宿区若葉2―8―3）墓地に埋葬され、「新治県参事土肥君墓」と刻む、笠付きの立派な墓碑が建てられた。

幕末、土肥大作は四国讃岐の丸亀藩（京極家）において、尊攘派の中心人物として知られた。学問に秀で、はじめ藩校正明館で学んだが、のち江戸へ遊学して儒者羽倉簡堂《はぐらかんどう》の塾や、昌平黌に学んだ。

ただ、幕末の丸亀藩は五万石という小藩の悲しさからか、討幕か佐幕か態度を定めず、日和《ひより》見《み》を続けた。江戸時代はじめにいったん断絶の憂き目に遭った京極家は復活した後、万一に備え六万石のうちから一万石を割き、多度津《たどつ》に分家を作ったほどの用心深い藩なのだ。

文久三年（一八六三）七月、大作の六歳年少の弟土肥七助は脱藩し、京都に上り尊攘浪士の群に身を投じた。元治元年（一八六四）六月の池田屋騒動では新選組と白刃を交えたが虎口を脱し、江戸へと逃げている。その後、江戸の同志を引き連れ、大坂に戻った七助は、丸亀藩邸で一年ぶりに兄大作と再会した。二人は母親に別れを告げるため、共に讃岐に帰る。

それから七助は長州に走り、流浪の末に人知れず果てたといわれる。讃岐に残った大作は慶応二年（一八六六）九月、藩命により親類宅に監禁された。日和見を続ける丸亀藩が、幕府に

愛染院にあった土肥大作墓（旧写真）

気兼ねしてのことである。

ところが時代は急変し、明治元年一月十八日、高松藩追討のため、新政府方の土佐軍が丸亀城下に迫った。慌てた丸亀藩の変わり身の早さが面白い。新政府の面々に顔がきく大作の監禁を解き、高松征討先鋒の丸亀・多度津連合軍参謀に任命するのだ。

大作は新政府に召し出され、六月に三河県参事となった。しかし丸亀藩は明治二年二月、藩主の親書をもって大作を呼び戻し、十月には丸亀県大参事に任じる。丸亀藩が明治二年五月、全国諸藩に先駆けて廃藩置県を新政府に建言したのは、大作の意見によるものだ。

時は流れて明治四年七月十日夜、版籍奉還で家禄を失い、窮乏する丸亀の不平士族五十一名の一団は、土肥大作の邸宅を襲撃した。八十俵取りの小身者だった大作が、民部省六等出仕や権大参事となっていることに対する嫉妬もあった。改革者として矢面に立たされてしまったのだ。

大作方は書生六名が決死の覚悟で応戦し、襲撃側は即死者三名をはじめ多数が傷つき、約一時間後に引き上げていった。暴徒たちは身分を奪われて投獄されたが、大作も「難治県」といわれた関東土浦の新治県へ、参事として転勤させられてしまう。

そして、赴任して三ヵ月半たった五月二十四日夜、ひとり書斎に籠もった大作は、白麻の裃に着替え、畳一枚を裏返し、逆さ屏風《びょうぶ》を立て、香を焚いて部屋を清めるという古法にかなった切腹をして果てた。享年三十六。

この地で大作が、なぜ自殺したのかは分からない。耳が鳴ったり、頭痛がすると訴えていたそうだから、ノイローゼだったのかもしれない。大作の甥は、「関東は野人多く、気性激しく、争いを好み、恐らく、叔父、大作は県政の行きなやみに感ずるところあり、死をもって警告したのではないだろうか」（毎日新聞社高松支局編『明治百年』昭和四十三年）と語り残している。

妻げんは後年、陸軍軍人と再婚し、「ひさ」と改名した。彼女は大作切腹の姿が一生忘れられず、忠臣蔵の芝居のうち、判官《はんがん》切腹の場面を見ることができなかったという。

大作の墓は長らく無縁仏になっていたが、平成三年（一九九一）、それを知った遺族の希望により香川県丸亀市南条町の法音寺に移された。約百二十年ぶりの里帰りだった。墓の下からは、遺骨は出土しなかったそうだ。東京の土になってしまったのだろうか。

山城屋和助事件

議会開設八十周年を記念し、昭和四十七年（一九七二）に建てられた憲政記念館（千代田区永田町1―1―1）のあたりは、かつて陸軍省や参謀本部があり、軍国日本の心臓部であった。横浜南仲通りの豪商山城屋《やましろや》和助《わすけ》（和介とも書く）が、この陸軍省の一室で割腹自殺して果てたのは、明治五年（一八七二）十一月二十九日、くしくも徴兵の詔が出た翌日のことである。

和助は明治三年、宮内省の命で明治天皇の軍服を最初に調達し、翌年、兵部省《ひょうぶ》（のち陸軍省）御用商人として陸海軍に軍服を納め、巨万の富を築いた男だ。さらには長州出身の陸軍大輔山県有朋を通じ、兵部省の官金を密かに引き出して生糸貿易の資金にあて、莫大な利益を得た。当時の横浜生糸市場が、強力な資本を背景とする外国人バイヤーたちに牛耳られていたため、和助はこれに対抗しようと考えたのだという。

ところが普仏戦争の影響から、突然ヨーロッパ市場で生糸が大暴落し、和助は借りていた六十五万円（異説あり）が返せなくなった。このため渡欧して奔走するがうまくいかず、自殺に追い込まれてしまったのだ。享年三十六（三十七とも）。

六十五万円とは当時の政府歳入の十二パーセントにあたる。まさに史上空前の汚職事件だ。しかも和助の死により、真相は闇の彼方へと葬り去られてしまった。

当時のマスコミは、よく分からなかった山城屋和助の過去を知り愕然となる。和助は幕末のころ、長州藩の奇兵隊で小隊司令を務め、数々の軍功を立てた「野村三千三《みちぞう》」と同一人物だったのである。

野村三千三は周防《すおう》国玖珂《くが》郡本郷村（山口県）の医者の倅で、幼いころ両親を失い、萩城下に出て仏門に入った。十六歳で還俗した野村は、のち奇兵隊に入り活躍。明治になり奇兵隊時代の上司である山県から軍人になることを勧められたが、「どうせお前よりは出世できまい」と断り、商人山城屋和助が誕生したのだという話が伝わる。

自殺前、関係書類を一切焼却してしまったから詳細は不明だが、和助が山県はじめ長州出身の軍人や政治家とべったり癒着していたことは、間違いない。野村三千三の戸籍を抹消して誕生した「山城屋和助」は、山県らによって仕立てられた公金横流しのためのダミーにすぎなかったという説もある。

巨大な自然石に「山しろや和助墓」と刻んだ派手な墓が横浜市久保山墓地にあり、現在も出身地本郷村により管理されている。死を決意した和助が、ヨーロッパから持ち帰ったと伝えられる石で造った墓碑だ。進路を誤ったにせよ、度胸も才覚もある人物だけに、いまも故郷ではその死を惜しむ声も多い。

山城屋和助こと野村三千三墓（西方寺、杉並区梅里１—４—56）

また、東京の西方寺という浄土宗の寺にも和助の墓が建てられた。同寺はかつては新宿駅前にあったが、後に区画整理のため現在の杉並区梅里《うめざと》１—４—56に移された。こちらは墓地の一角に、正面に「野村三千三」の名を刻んだ墓碑がひっそりと建ち、遺族が供養を続けている。法名は「勇哲院賢英正風居士」、墓下には遺骨も納められているという。抹消したはずの本名を刻ませた墓を別に建てたところに、何か事情がありそうだが、詳しいことは分からない。向かって左には、二日後に和助に殉じた左官勝五郎の墓が並ぶ。

ちなみに明治五年は和助が自決した三日後の十二月二日で終わ

り、翌三日は明治六年一月一日となった。この瞬間、日本は太陰暦から太陽暦へと移る。年末が突然ひと月早まったため、借金が返せなくなり困窮した者たちも多かったという。

一方、山県有朋は事件によりいったん辞職し謹慎したが、翌六年六月には西郷隆盛らの計らいにより、陸軍卿となって復活した。やがて陸軍大将・元帥・公爵・勲一等従一位などの勲章をぶら下げ、大正十一年(一九二二)二月一日、八十五歳で没するまで、日本の軍部・政界の頂点に君臨しつづけるのである。

西郷山公園

東急東横線代官山駅から北に向かう通りは、渋谷区と目黒区の境界線になっている。十分ほど歩くと左手の目黒区側、青葉台2—10—28の住宅街の中に「西郷山公園」がある。ここは西郷隆盛の弟西郷従道の「目黒別邸」の跡地の一部だ。高台に位置しており、見晴らしがいい。

明治六年(一八七三)の中ごろ、薩摩出身の陸軍大将で参議も兼ねる西郷隆盛は病気療養中で、弟従道の渋谷金王町別荘を借りて住んでいた。同年六月二十八日、篠原冬一郎《とういちろう》(国幹)にあてた手紙には「小弟長々引き入り、何とも申し訳無く」云々と述べている。医師に勧められた西郷は、朝晩の散歩を行ったが、現在の西郷山公園あたりの高台を通っては眺めを楽しんだ。

当時、政府ではいわゆる征韓論が起こり、八月十七日には閣議で西郷の朝鮮派遣使節が内定した。ところが十月、ヨーロッパから帰国した岩倉具視・大久保利通が閣議に加わり、意見が対立。十月十五日には西郷の派遣が決定したにもかかわらず、二十四日になって突然中止となった。

これに憤慨した西郷は、ただちに陸軍大将兼参議・近衛都督の辞表を出し、鹿児島に帰ってしまう。西郷を慕う桐野《きりの》利秋《としあき》・篠原国幹らの武断派や、鹿児島出身の近衛兵の多くもこれに続いた。

従道は不平士族が集う不穏な空気が漂う鹿児島に、兄を置くのは危険だと心配した。それに、いかにしても西郷を政府に復帰させたいと念じていた。

明治七年、都督として台湾出兵から帰った従道は、目黒にある広大な屋敷が売りに出されていると知る。この屋敷は豊後竹田藩中川家の下屋敷だったものを高畑某が買い取り、豚などを飼っていたのだが、経済上の理由から手放すことになったのだという。

西郷山公園となった西郷邸跡（目黒区青葉台２—10—28）

従道が訪れて見分したところ、翠邸《すいてい》あり、瀑布《ばくふ》あり、大池あり、田園あり、静かで奥深い環境だ。巨木大石、自然の景観が、大変兄の好みであると思った従道は、ただちに買い取りを約束した。ここに兄を迎えようとしたのだ。

従道は翌日、代価一千二百円を高畑に渡す。さらに「これを以て、邸園と別盃を酌んで、心静かに退去せられよ」と、百円を包んで渡したので、高畑は感激したという（横山健堂『大西郷兄弟』昭和十九年）。

ところが従道の願いも空しく、西郷は明治十年二月、不平士族の首領に祭り上げられ西南戦争を起こす。そして激戦のすえに敗走し、九月二十四日、鹿児島城山《しろやま》で自決する。享年五十一。

政府に残り、海軍大臣（初代）・内務大臣・枢密顧問官などを歴任し、海軍大将・元帥に列せられた従道は、ここに洋館を建て、名僕といわれた熊吉《くまきち》の設計で庭園にさらに雅趣を加えた。西郷侯爵家の「目黒別邸」と呼ばれたこの屋敷には明治二十二年五月、明治天皇が行幸し、続いて皇太后、皇后も訪れる。明治三十五年七月十八日、従道が六十歳で没すると、家を継いだ従徳《つぐのり》は目黒別邸を「本邸」として使用し、それは昭和十六年（一九四一）、同家が渋谷区の明治神宮参道に接する屋敷に引っ越すまで続いた。また木造二階建ての洋館は昭和三十九年、愛知県犬山市の博物館明治村に移築され、保存されている。

岩倉具視襲撃される

見附《みつけ》とは桝形《ますがた》の城門のことで、江戸城には三十六の見附があった。その中のひとつ、中山道の喰違《くいちがい》見附は、清水《しみず》坂から紀尾井《きおい》坂を直進したところにあった。現在は千代田区紀尾井町6あたりに史跡を示す標柱が建つだけである。

明治七年（一八七四）一月十四日夜八時ごろ、赤坂仮御所（現在の港区元赤坂2丁目、赤坂迎賓館）を退出し、表霞ヶ関の自宅まで二頭立ての馬車で帰ろうとした右大臣岩倉具視は、喰違あたりで数名の刺客の襲撃を受ける。岩倉は眉下と左腰に軽傷を負ったが、濠に滑り落ちたため刺客に発見されず、危地を脱した。

政府関係者、特に明治天皇・皇后に与えた衝撃は大きく、このため宮内省は東京府・神奈川県に犯人捜索を厳命した。もとより越権行為であるが、大事の前の小事として、いずれも全力が尽くされた。また、内務卿大久保利通は大警視川路利良に捜索を命じ、川路はさらに大警部中川祐順にこれを担当させた。

現場に残されていた下駄が糸口になり、犯人が捕らえられたのは一月十七日のことである。襲ったのは武市熊吉《くまきち》・武市喜久馬《きくま》（熊吉の弟）・島崎直方《なおかた》・岩田正彦・山崎則雄《のりお》・下村義明・中山泰道《やすみち》・中西茂樹・沢田悦弥太《えつやた》で、いずれも土佐藩出身、大半は陸軍関係者だった。福島成行『征韓論余聞　赤坂喰違の事変』（昭和二年）の口絵に掲げられた中西茂樹の写真を見ると、断髪はしているものの、具足に身を固め、兜《かぶと》を抱えてポーズをとっており、時代に乗り遅れた士族の悲哀を感じさせる。

首領格の武市熊吉（三十五歳）は、戊辰戦争では板垣退助の下で斥候《せっこう》として活躍し、特に甲州勝沼の戦いでは敵陣深くまで潜入し、その剛胆ぶりを称えられた男だ。新政府でも板垣に信任されて陸軍大尉、明治五年には外務省十等出仕となり、征韓論が起こると板垣・西郷隆盛の命を受けて池上四郎（薩摩出身、西南戦争で戦死）と共に満州に赴き偵察し、翌六年四月に帰国している。

岩倉具視を襲った九士の墓（宝泉寺、中野区上高田4―13―1）

没落してゆく士族の将来を、外征に託そうとした武市は、熱烈な征韓論の支持者だった。岩倉がヨーロッパから帰国し、征韓論を斥けたことを恨み、同志と共に犯行におよんだのである。

政府は武市らを拷問して取り調べ、幾度かの評議を重ねた。その結果、五月二十九日、太政大臣は武市ら九名を除族の上、斬に処すよう指令を出す。伝馬町獄において斬首が実行されたのは七月九日のことだ。首を斬った山田浅右衛門（吉亮《よしふさ》）は、「赤心を人に知られて薄紅葉葉ちり行秋ははかなかりける」と、和歌を手向けた。

裸で俵詰めにされた遺骸は新宿牛込岩戸町の宝泉寺に運ばれ、同志たちの手で埋葬され、木製の墓標が建てられた。

武市らの賊名が除かれたのは、日清戦争講和談判が終結した明治二十八年のことだ。そこで三十一年七月には宝泉寺内に改葬され、翌三十二年三月には法要も営まれた。参列者の中には武市らと共に取り調べを受けた、片岡伝吉・山田平左衛門の姿もあった。

さらに明治四十三年、宝泉寺が現在の中野区上高田4―13―1に移ったさい、武市ら九名の遺骸も移葬された。そのとき、墓地のほぼ中央に「九士之墓」と題し、それぞれの氏名と、子爵谷干城《たにたてき》（土佐出身）の撰文を刻む、大理石の墓碑が建てられた。東京では谷が、高知では海南学校長吉田数馬が斡旋して募金を集め、建碑が実現したのである。

なお、武市らが捕らえられた明治七年一月十七日、「民撰議院設立建白書」が左院に提出されている。王政復古の理想が早くも崩れ、官僚政治化したことを鋭く非難し、国会議会開設の必要を説く、自由民権運動発展のきっかけとなった建白書だ。署名したのは古沢迂郎《うろう》（滋）・岡本健三郎・小室信夫・由利公正《きみまさ》・江藤新平・板垣退助・後藤象二郎・副島種臣《そえじまたねおみ》の八名だ。

この建白書は、『日新真事誌《にっしんしんじし》』（イギリス人ブラック発行の日刊新聞）に掲載されて賛否両論を巻き起こしたが、政府の反応は冷淡だった。喰違事件同様、失脚した征韓派の巻き返し程度にしか考えない者もいたくらいだ。政府が武市らを厳罰に処したのは、こうした「不穏分子」たちに対する見せしめの意味が強かったのである。

新選組復権

明治七年（一八七四）八月十八日に公布された太政官第百八号達書「賊軍ノ戦没者祭祀ノ事」（『太政官日誌』百十四号所収）により、戊辰戦争で新政府軍に抗した戦没者たちの祭祀を行うことがあらためて公認された。

これにより、新選組局長近藤勇の処刑後、遺骸が埋葬された板橋の地に、翌八年十一月、関係者が墓碑建設を申請。九年一月に許可を得て着手し、五月一日に完成した。

建碑発起人は「杉村義衛《よしえ》」と改名していた、もと新選組幹部永倉新八だ。当時は陸軍の軍医を務めていた松本順（良順）は、金百円を寄付したという。松本はもと幕府の医官で、近藤はじめ新選組の面々とも親交があった。

いまもJR埼京線板橋駅の東口前、北区滝野川7―8―1に残るその碑は、高さ約三メートル八十八センチ、幅一メートル七センチもある巨大な石柱で、訪れる者を圧倒する。驚かされるのは、大きさだけではない。維新から十年も経たぬうちに、敗者を称えたこれほどのモニュメントを造った人々の強烈な思いに感動させられる。敗者の歴史は自ら残さなければ、闇の彼方へ葬り去られてしまうからだ。

碑の正面には、「近藤勇宜昌・土方歳三義豊之墓」と二人の名を並べる（近藤の諱《いみな》は昌宜が正しい）。さらに側面には次のように、亡き新選組隊士たち約百名の名が刻まれており、新選組供養塔というべきものである。

右側面は戦死者たちだ。

「井上源三郎・原田左之助《さのすけ》・山崎烝《すすむ》・宮川信吉・伊藤鉄五郎・矢田賢之助・青柳牧太夫・池田小三郎・直田四目之進・和田十郎・宮川数馬・小林峯太郎・今井祐二郎・古川小二郎・鈴木直人・林小五郎・三品一郎・水口市松・宿院良三・木下巌・加賀爪勝太郎・蟻通勘吾・野邑利三郎・舟津釜太郎・柴岡万助・三浦常三郎・石井清之進・西館登・森本平八・湊市郎・菊地英・千田兵衛・小堀誠一郎・鈎木伝三郎・丸山駒之助・横山鍋三郎・大石鍬次郎《くわじろう》・一瀬寛治・田村大三郎」

左側面は病死、自決、刑死者等、ただし下段の方は戦死者といわれている。敵との戦いよりも、隊の内訌で死んだ者の数の方がはるかに上回るとされる、新選組の生々しい実態を見る思いだ。

「芹沢鴨・新見《にいみ》錦・山南敬助・沖田総司・平山五郎・野口健治・伊藤（東）甲子太郎《かしたろう》・藤堂平助・服部武雄・安比留栄三郎・毛内有之助《もうないありのすけ》・茨木司・中村三郎・富川十郎・佐野七五三之進《しめのしん》・佐伯又三郎・谷三十郎・安藤早太郎・武田観柳斎・浅野薫・松原忠司・大石鍬二郎（重複か）・芳賀宜動・林信太郎・川嶋勝司・安藤勇次郎・大谷勇雄・葛山武八郎・新井田仁左衛門・尾関弥四郎・奥沢栄輔・石川三郎・布施多喜人・田中寅蔵・柴田彦五郎・三品二郎・矢口健治・田内和・横倉甚五郎・佐久間健助・御倉伊勢武・荒木田左馬之助・楠小十郎・松本喜二郎・荒木信三郎・小幡三郎・木村良之助・細井鹿之助・河合耆三郎《かわいきさぶろう》・市橋鎌吉・石川伊太郎・
松崎静馬・小林敬之助・岡戸万次郎・大町網太郎・岩崎一郎・玉置良蔵・新井波磨男・小久保清吉・加藤寅吉・三好胖・竹内武雄・粕屋十一郎・長嶋五郎作・武部銀次郎・津田丑五郎・栗山仙之助・新選組歩兵　惣六・勇二郎・
近藤僕　久吉」

板橋駅前の新選組墓
（北区滝野川７—８—１）

裏面には、「近藤明治元年辰四月廿五日、土方明治二年巳五月十一日、発起人旧新選組長倉新八改杉村義衛建之、石工牛込馬場下横町平田四郎右衛門」とある（碑銘は釣洋一『新選組再掘記』昭和四十七年による）。

永倉新八は戊辰戦争のさい、甲州で敗れた後、近藤・土方と別れ、靖兵隊《せいへいたい》に参加して北関東から会津まで戦った。明治二年には松前藩に帰参し、典医杉村松柏の養子になり、義衛と名乗る。その後、小樽・樺戸《かばと》・千葉・東京と転々とし、大正四年（一九一五）一月五日、北海道小樽市で七十七歳の生涯を終えた。

永倉の十三回忌となる昭和二年（一九二七）、長男の杉村義太郎は父の分骨を、この新選組の墓の傍らに埋め、「新撰組永倉新八墓」と刻んだ墓碑を建てた。いまも永倉の墓は、かつての同志たちの墓を守っているかのようである。

思案橋事件

会津藩と長州藩は幕末のころ、激しい対立を繰り返した。元治元年（一八六四）七月の「禁門の変」で敗れた長州藩は「朝敵」の汚名を受けたが、戊辰戦争直前に復権し、今度は薩摩藩と共に「官軍」となって、会津藩を攻撃した。敗れた会津人はその後、勝者となった長州（山口県）を恨みつづけ、その感情は現在まで続いているといわれる。

だが、明治九年（一八七六）十月二十九日夜、東京の思案橋《しあんばし》で起こったいわゆる「思案橋事件」は、長州士族と通じた会津士族たちの反乱未遂事件だった。事の起こりは、長州藩士前原《まえばら》一誠《いっせい》と会津藩士永岡久茂《ひさしげ》とが、親交を結んだことだ。

戊辰戦争のさい、会津征討の越後口総督参謀だった前原は、会津落城後は現地にとどまり戦後処理にあたった。前原はかつて師である吉田松陰から「勇あり、智あり、誠実人に過ぐ」と評された人物だ。敗者になった会津藩に対しても、藩主松平容保の助命に尽力するなど、温情ある武士道をもって接した。そして若き会津藩のリーダーである山川大蔵《おおくら》（浩）や永岡と、信頼を深めることになる。

敗戦後、会津藩松平家は減封の上、下北半島の斗南《となみ》に移った。永岡らはこの厳寒の地を開拓し、貿易港として世界に羽ばたこうと壮大な夢を描いたようだが、結局、藩経営は失敗に終わり廃藩を迎える。

一方、前原は新政府の参議、兵部大輔にまで進んだが、あまりにも理想と異なる新時代に失望。明治三年九月、病気を理由に官を辞し、故郷萩に帰った。そしてついに政府方針に不満の不平士族たちの首領となり、明治九年十月二十八日未明、奥平謙輔・横山俊彦らと共に挙兵する。世に言う「萩の乱」である。彼らは天皇に君側《くんそく》の奸《かん》を除くことを訴えるため、東上しようとした。だが政府の素早い対応で鎮圧され、前原や奥平らは捕らえられて十二月三日、萩で斬首された。

一方、東京に届いた電報で前原の挙兵を確認した永岡ら十余名のもと会津藩士らは、十月二

思案橋事件で処刑された三人の会津士族墓（源慶寺、新宿区富久町９—23）

十九日夜、日本橋小網《こあみ》町にあった思案橋のたもとから五隻の船に乗り、千葉を目指そうとした。千葉県庁を襲って軍資金を得、佐倉鎮台の兵を利用して日光に籠もり、さらに会津とも連絡して前原らの挙兵に呼応しようと企てたのだ。

ところが不審を感じた思案橋の船頭は船を出さず、ひそかに日本橋警察署に通報する。駆けつけた警官四名と会津士族たちとの斬り合いが始まってしまった。その結果警官三名は深手を負ったが、中の一人が近くの火の見櫓《やぐら》から警鐘を乱打して急を知らせたので、永岡らは船で永久橋まで逃れたところで縛に就いた。これが「思案橋事件」だ。

首領格の永岡は、明治十年一月十二日、事件で受けた傷がもとで、鍛冶橋《かじばし》監倉署内において未決のまま死亡。遺骸は今戸の称福寺に埋葬されたというが、墓は現存しない（綱淵謙錠『苔』昭和四十八年）。

同年二月七日、事件の犯人のうち井口慎次郎・竹村俊秀・中原成業《しげなり》（高津仲三郎）の三名に斬罪の処分が申し渡され、同日、市ヶ谷囚獄署で斬首された。その遺骸は真宗東本願寺派の源《げん》慶寺《けいじ》（新宿区富久《とみひさ》町９—23）に埋葬され、自然石の墓碑が三基、いまも残っている。

二十三歳で死んだ井口の墓には、

「碌々《ろくろく》生を偸《ぬす》むは我が慚《は》ずる所。年華《ねんか》二十已《すで》に三を加う。精心百折《ひゃくせつ》すとも曾《かつ》て撓《たわ》まず。報国挺

身即ち是《これ》男なり」（読み下し。『苔』より、以下同）

の漢詩が、中原の墓には、

「ことしあらばまた魁《さきがけ》ん国の為わが魂をこゝに残して」

の和歌が、竹村の墓には、

「白露と消《きゆ》る命ハおしまねどなを思ハるゝ国の行末」

の和歌が、それぞれ銘記されている。百三十年近い風雪にさらされた墓は苔に覆われ、碑銘は薄れ、志をこの世に残して死んだ、若き壮士たちの深い無念を感じさせる。

また、彼らと戦い殉職した警視庁警部補寺本義久《よしひさ》の墓は、染井霊園（豊島区駒込5－5）にある。寺本は伊勢津藩（藤堂家）出身で、明治四年、上京して警視取締組になり、七年五月に警部補となった。享年三十。警視庁開設以来の三人目の殉職者で、「故警部補寺本義久之墓」の墓前には大警視川路利良が献じた石の灯碑がある。

明治七年の佐賀に始まり、熊本（神風連《じんぷうれん》）・秋月《あきづき》・薩摩（西南戦争）と、「萩の乱」「思案橋事件」の前後には、不平士族の反乱が頻発したが、維新の「勝者」と「敗者」が結びついた点で、二つの政府反乱事件は異色である。

徴兵令（明治六年一月）、廃刀令（明治九年三月）、そして金禄公債証書発行条例、いわゆる秩《ちつ》禄《ろく》処分（九年八月）で、特権を奪われた士族たちは、社会の中で追い詰められていった。長州士族も、会津士族も、維新の煽りを食らった犠牲者だったことに変わりない。それだけの犠牲を払ったにもかかわらず、王政復古の理想は怪しくなり、政府要人たちの腐敗堕落は目に余った。それが彼らは許せず、恩讐《おんしゅう》を越えたところで長州と会津が手を取り合ったのではないだろうか。だが彼らの命をかけた叫びもまた、闇の彼方に葬り去られてしまうのである。

なお、事件の舞台となり、歴史に名を刻んだ「思案橋」は明治初年の地図で見ると、いまの中央区日本橋小網町19あたりに架かっていた小さな橋のようだが、日本橋川に注いでいた東堀留川と共に失われ、現存しない。遊廓で遊ぶか、芝居を見るか、客が思案するところから、その名があったという。

利用された会津の恨み

征韓論をめぐる政争に敗れ、明治六年（一八七三）十月に下野した西郷隆盛とその一派は薩摩鹿児島の私学校を中心に子弟を育成し、士族の支配体制を続けた。県庁も巻き込んで、鹿児島県は中央政府の威信が届かない、独立国のような不穏な形勢が強くなってゆく。

一連の士族反乱の後、西郷は桐野利秋・篠原国幹と連署し、「政府へ尋問の筋これあり」と旧兵隊の者を多数同行、県庁に届け出た。そして明治十年二月十五日から十七日にかけ、一万三千の軍勢（薩軍）を率いて鹿児島を発し、ひとまず熊本を目指す。「西南戦争」の勃発である。

政府はただちに鎮圧に乗り出し、二月十九日、鹿児島賊徒征討の詔が発せられ、征討総督に有栖川宮熾仁《たるひと》親王、参軍に山県有朋・川村純義《すみよし》が任命された。時を同じくして大警視川路利良は陸軍少将に任じられ、別働隊第三旅団（警視隊）司令官となり出征する。

特に三月、田原坂《たばるざか》（熊本県）における激戦での、百一名からなる警視隊抜刀隊の奮闘は凄まじかった。徴兵令で集められた鎮台兵と違い、警察官の大半は士族だ。幼少期から剣術に親しんでいる彼らは銃器を持たず、太刀のみで薩軍の塁に肉薄し、飛び込んで斬撃に次ぐ斬撃を繰り返した。

当初は士気旺盛な薩軍だったが、優秀な火器と兵力を誇る政府軍に各地で敗れ、鹿児島城山に立て籠もったときはすでに五百人に満たなかった。九月二十四日、政府軍は城山に総攻撃をかけ、薩軍の兵士たちは次々と戦死し、西郷も自決して果て西南戦争は終結した。

草創期の警察の主導権を握ったのは、薩摩人だ。だが、明治六年の政争で多くの警察官や近衛兵が職をなげうって鹿児島に帰ってしまった。そこで川路は旧会津藩士より採用し、これを補充。ところが会津藩出身の警察官たちは西郷が「朝敵」となるや、戊辰の敵討ちとばかりに、小躍りして次々と出征を志願する。このため、またもや東京では警察官が不足し、新たに募集しなければならなかった。

戦地に赴く彼らが口ずさんだ、「抜刀隊」（外山正一作詞・ルルー作曲）という軍歌がある。

「我は官軍我敵は　天地容れざる朝敵ぞ　敵の大将たる者は　古今無双の英雄で　之《これ》に従う兵《つわもの》は　共に慓悍《ひょうかん》決死の士　鬼神に恥ぬ勇あるも　天の許さぬ叛逆を　起せし者は昔より　栄

えし例《ためし》あらざるぞ　敵の亡ぶる夫迄《それまで》は　進めや進め諸共に　玉ちる剣《つるぎ》抜き連れて　死ぬる覚悟で進むべし」

石光真人編著『ある明治人の記録』（昭和四十六年）は会津藩士の子で、維新により辛酸をなめた柴五郎（のち陸軍大将）の手記をもとにしている。その終盤近くに、別々に暮らしていた五郎と三人の兄たちが、「薩摩打ち懲らしてくれん」と、西南戦争を機に東京に集まってくる場面がある。

五郎は当時、東京の陸軍士官学校（新宿区市谷本村町5。現在の陸上自衛隊市ヶ谷駐屯地）に通っていたが、戦争勃発と知るや日記に「真偽未だ確かならざれども、芋（薩摩）征伐仰せ出されたりと聞く、めでたし、めでたし」と述べている。

病弱な「四朗兄」は床を蹴って出征。五郎に、「今日薩人に一矢《いっし》を放たざれば、地下にたいし面目なしと考え、いよいよ本日西征軍に従うため出発す。凱旋《がいせん》の日面会すべし。学業怠るなかれ」との一書を残す。「太一郎兄」も鹿児島県出仕を志願。会津から駆けつけた「五三郎兄」は、人員不足となった警視隊に志願して巡査百人ほどの長となった。会津士族の薩摩に対する恨みが、政府の政策に巧みに利用されたのだ。

西南戦争のモニュメント

西南戦争に動員された警察官の数は、九千五百人にものぼる。東京の警視庁だけでは足りず、各府県の警察官も召集され、鹿児島はじめ九州や関西の各県下に派遣された。

七ヵ月にわたる戦争における陸軍の死傷者数は一万五千八百一人（うち即死四千百九十一人、負傷後死亡一千八百二十九人）だが、そのうち警察官戦没者は六百七十余名という（岡忠郎『明治時代　警察官の生活』昭和四十九年）。

明治十二年（一八七九）九月になり、東京府は青山墓地の一画一千百八十坪を警視庁に与えた。その後、変遷はあったが青山霊園（港区南青山2―32―2）にはいまも「警視庁墓地」が一画を占め、その東端には大小さまざまな形の西南戦争戦死者の墓碑十数基が並ぶ。

さらに目を引くのが、警視庁墓地入り口にそびえる、高さ二メートル余の「警視第六方面第一分署　戦死士招魂之碑」（松平慶永書）だ。右側面には「陸軍中尉兼三等大警部油比文在」以下二十七名の戦死者名が刻まれている。

「最後の内戦」となった西南戦争の政府軍戦死者にかんするモニュメントは、東京都内でしばしば目にすることがある。たとえば靖国神社付属地だった九段会館（千代田区九段南1―6―5）駐車場の植え込み内には、西南戦争関係の石碑が三基も残っている。

一つは、百人のうち三十三人が戦死した陸軍士官学校一期生の慰霊碑。明治天皇からの御内《ない》帑《ど》金で同期生が明治十四年に建立した。川田剛（甕江《おうこう》）撰文、題字は征討総督だった有栖川宮熾仁親王である。

二つめは、東京府内の区戸長や書記が、明治十一年に建てた政府軍戦死者を慰霊する「表忠

田原坂で戦死した谷村計介の碑（千代田区九段南1—6—5）

碑」である。中村正直《まさなお》撰文、題字はこれも熾仁親王。

三つめは、田原坂において二十五歳で戦死した政府軍の谷村計介伍長を称えたひときわ巨大な碑で、「軍人亀鑑」（熾仁親王書）と題されている。明治十六年、陸軍軍人の谷干城ら十一名により建てられた。撰文も谷干城である。

あるいは九段下から靖国神社（千代田区九段北3—1—1）に向かうと、最初に突き当たる大鳥居（第一鳥居）前に巨大な石灯籠一対がある。明治十三年、西南戦争の戦没者慰霊のため、別働第二旅団により奉納されたものだ。棹《さお》部分にはそれぞれ「照闇」「揚輝」と刻まれている。

さらに靖国神社の境内に入ると、参道左右に石灯籠六十二基が整然と並ぶ。そのうちの六十基は、西南戦争戦没者慰霊のため明治十二年、華族一同から奉納された。棹の部分には「華族」の文字が刻まれている。この参道の景観は明治以来、変わらないものである（靖国神社監修『ようこそ靖国神社へ』平成十二年）。

他にも、護国寺（文京区大塚5—40—1）本堂右手に建てられた、西南戦争で戦死した東京警視第四方面第四分署警部巡査二十名の追悼碑（明治十三年建立、中村正直撰文）や、泉岳寺（港区高輪2—11—1）楼門脇の「殉難戦死之碑」、南泉寺（荒川区西日暮里3—8—3）の「戦死之墓」なども見ておきたい。

大久保利通暗殺

西郷隆盛（薩摩）・大久保利通（薩摩）・木戸孝允（長州）を「維新三傑」と呼ぶ。木戸は明治十年（一八七七）五月二十六日、西南戦争の最中に京都で病死。同じ年の九月二十四日、西南戦争に敗れた西郷は城山で戦死した。

唯一残ったのは、参議兼内務卿の大久保である。東京遷都・版籍奉還・廃藩置県と中央集権を成し遂げた政府の頂点に立つ大久保に、敵対する者はすでに皆無であった。このため独裁者とされる大久保だが、部下に対して絶大な指導力を発揮し、自らの責任からも逃げることはなかった。しかも、「為政清明《いせいせいめい》」を信条としたように、政治は清く、ガラス張りで、金銭に関しても淡白だった。死去したさい、残ったのは八千円の借金だけだったと伝えられる。後年、「明治年間の唯一の大宰相」と関係者に言わしめたゆえんだ。

内務卿時代の大久保の雰囲気を伝える、こんな逸話がある。

「甲東《こうとう》（大久保の号）が毎朝馬車を駆って内務省にいたり、玄関前にて車より降り、長い敷石の上や、廊下を歩むとき、かつかつたるその靴音は、省の隅々までも響きわたり、階上階下ともに雑談や笑声を止めて、省内はあたかも水を打ったように静まりかえった」（勝田孫弥『甲東逸話』昭和三年）。

ところが大久保は明治十一年五月十四日朝、三年町三番地（千代田区霞が関）の高台にあった私邸を出て赤坂仮御所へ向かう途中、東京麴町の紀尾井町で六名の刺客の襲撃を受けてしまう。そのとき、大久保は二頭立ての箱馬車の中で、書類に目を通していた。それは、盟友西郷からの手紙だったという伝説があるが、真偽のほどは分からない。

襲ったのは、石川県士族島田一郎（一良）ら六名の征韓派だ。彼らの一人がまず馬の足を斬り、馭者中村太郎を倒した。残りの者たちは大久保に殺到し、執拗に斬りつけ、さらに馬車から引きずり出して、短刀で喉に止どめをさした。その短刀は首を貫通し、地面に埋まっていたというから、いかに恨みが深かったかが分かる。ここに大久保は四十九歳の生涯を閉じた。島田らが持っていた斬奸状《ざんかん》には、「公議を杜絶《とぜつ》し民権を抑圧し以て政事を私する」が、大久保の罪の第一としている。

現在、清水谷《しみずだに》公園（千代田区紀尾井町2）に「贈右大臣大久保公哀悼碑」がある。明治十七年建立、三条実美揮毫、高さ五メートルもある巨碑だ。碑陰には重野安繹《しげのやすつぐ》撰、金井之恭《かないゆきやす》書による大久保を悼む碑文が刻まれている。この公園は事件当時、北白川宮家の一部で、公園前のゆるやかな坂道を、ほんの少し赤坂見附方面に進んだあたりが暗殺現場だ。

暗殺から三日後の五月十七日、大久保の葬儀は神式をもって盛大に行われ、遺骸は青山墓地に埋葬された。大久保邸に会する者一千百九十四名、青山墓地に会する者七百二十九名に達したという。

青山霊園（港区南青山2—32—2）の一角には「贈右大臣正二位大久保公墓」と正面に刻む、

ひときわ巨大な墓碑がそびえている。亀の台座に据えられ、鳥居も付いた墓だ。その大きさは、大久保が当時の日本で占めていた位置を、そのまま象徴しているといっても過言ではあるまい。傍らには、暗殺の側杖《そばづえ》をくった馭者と馬の墓まである。毎年命日には墓前で甲東祭がしめやかに行われる。

大久保が初代を務めた内務卿という地位は、殖産興業政策と警察行政をつかさどり、内閣制度における首相以上の権限を有していた。大久保亡き後、その椅子に座ったのは長州出身の伊藤博文だ。伊藤は佐賀出身の大隈重信と共に、大久保が最も大切に育てた後輩だ。大久保には出身藩閥意識はなかった。当時を知る速水《はやみ》堅曹《けんぞう》は、がらりと変わった役所の雰囲気を、こんなふうに語っている。

「大久保公が凶変の後へ伊藤公が内務卿になられた。これから役所の風や役人ら風がすっかり変わってしまって、何しろ大臣が先に立って舞踊をする仕末だから察しはつく」（『大久保利通補遺編』昭和五十五年）

大久保利通墓（青山霊園、港区南青山２—32—２）

伊藤は料亭や妓楼で派手に遊びながら政治の重大事を談論するといった悪弊を生んだのだ。これは現在にいたるまで連綿と続いている。大久保が死んだその瞬間、日本の政界から大切な何かが失われた。

近衛兵の反乱

天皇の親兵である近衛兵は、明治十年（一八七七）の西南戦争のさい、「赤い帽子と大砲がなけりゃ、花のお江戸に躍りこむ」と敵方の薩軍に歌われたほどの奮戦を見せた。ところが戦後の褒賞には不公平があり、緊縮財政から給与も削られてしまう。褒賞は将校に厚く、下士、兵卒には薄かったのだ。

これに不満を抱く近衛兵の反乱、いわゆる「竹橋《たけばし》事件」が起こったのは、明治十一年八月二十三日夜ふけのことだ。その前夜、関係者の一人は、「革命とは政府の不善なるを、他より起ちて改革するものにて、不良の事にあらず」と言い放っていた。

当時、陸軍は東京・仙台・名古屋・大阪・広島・熊本に鎮台を置いたが、近衛兵はそれらとは別に編成され、歩兵二連隊・騎兵一大隊・砲兵一大隊・工兵一小隊・輜重《しちょう》兵一小隊からなっていた。

蜂起したのは近衛砲兵大隊の二百数十人で、兵士たちは隊長宇都宮茂敏少佐と週番の深沢己吉大尉を殺し、山砲二発を打ち、厩に放火した。さらに隣営の歩兵連隊に決起を求めたが、応じる者はなかった。

そこで蜂起した中から九十余名は営外へ出、麴町区飯田町の参議大隈重信邸（千代田区九段南1丁目、区役所あたり）に第一発を打ち込むなどして気炎をあげ、当時、天皇がいた赤坂離宮（港区元赤坂2丁目、赤坂迎賓館）にまで迫ったが、ここで鎮圧されてしまった。

現在の千代田区北の丸公園3に建つ国立近代美術館と国立公文書館の裏あたりが、蜂起した砲兵大隊の営舎跡だ。明治四十年代に建てられたレンガ造りの近衛師団司令部が、国立近代美術館工芸館として残っているが、竹橋事件当時の面影を伝えるものは何もない。

反乱の参加者に対しては、苛酷な処分が待っていた。十月十五日、迅速な軍事裁判のすえ深川越中島《えっちゅうじま》の刑場で、まず五十三名が銃殺刑に処された。空前絶後の大量処刑だ。桶に納めた遺骸を五十三の塚穴へ葬ったとか、溝のような長い穴に仮埋めしたのだとか、あるいは大八車の荷台に麻縄で遺骸を縛りつけて運んできたとか、さまざまな話が伝わる(澤地久枝『火はわが胸中にあり』昭和五十三年)。さらに翌十二年四月十日には下士官二名が死刑となり、これに鎮圧時に自決した一名を加えた計五十六名の遺骸が青山墓地に埋葬された。

その地点は、現在の赤坂高校正門あたりと考えられている。明治二十二年二月に憲法発布の大赦令で兵士たちの罪が赦され、「旧近衛鎮台砲兵之墓」と正面に刻む、高さ一メートル余りの墓碑が建てられた。墓碑は後年、青山霊園西端の窪地に移され、現在にいたっている。

竹橋事件鎮圧側の坂元彪墓(青山霊園、港区南青山2—32—2)

同じ青山霊園には鎮圧側で戦死した兵士も眠る。傾いた、高さ一メートル余の自然石の表に「鹿児島県士族　陸軍少尉　坂元彪墓」、裏に「明治十一年八月廿三日、近衛砲兵隊暴動之際於東京竹橋戦死」

と刻まれている。ただし、墓の横に立つ真新しい看板には「東京都からのお知らせ」として、平成十五年九月から一年以内に連絡がなければ、「無縁仏として改葬することになりますのでご承知ください」とある。事務的な文言に、非情に進められる歴史の風化を感じずにはいられない。

近衛都督・陸軍卿の山県有朋は、「あってはならない」はずのこの事件を機に、日本の軍隊を比較的自由な空気を持つフランス式から、ドイツ式の絶対軍制へと改めてゆく。手はじめに、鎮圧から二ヵ月後には忠実・勇敢と共に「服従」の精神を基本とした「軍人訓戒」が発せられ、やがて「軍人勅諭」に発展した。こうして日本の兵士たちは、すべての「不善」に抗することを諦めさせられ、牙を抜かれてゆくのである。

首斬り浅右衛門

平成になり拡張された通りに面するビルとビルの谷間、新宿区市谷台町13に像高十数センチの小さな観音座像が祭られている。「青峰観音」と呼ばれ、以前は高村光雲作の等身大の観音立像だったそうだが、昭和十八年(一九四三)に金属供出で失われた。

現在の観音像は中国五台山から渡ってきたと伝えられ、昭和二十九年一月、町の有志が早稲田大学の福井教授から譲り受けた。大正十一年(一九二二)四月一日、台町が谷町から分離したのを記念して、地元では毎年四月一日をもって青峰観音の縁日としている。

江戸時代最大の牢獄だった伝馬町獄（二千六百十八坪）が牛込市ヶ谷に移ってきたのは、明治八年（一八七五）五月のことだ。観音像のあたりは、首斬り場があったという。明治の終わり、市ヶ谷監獄が現在の中野区新井に移転し、大正初期に慰霊のために処刑場跡とおぼしき場所に観音像を安置したのが、その起源である。

罪人の首を斬ったのは、山田浅右衛門だ。代々山田浅右衛門は浪人であるが、江戸時代を通じて刀剣の試し切りと、斬首を家業としてきた。「首斬り」の異名をとったことでも知られ、「浅右衛門」という名は襲名される。七代目吉利は幕末のころ、吉田松陰や橋本左内など安政の大獄連座者や、桜田門外や坂下門外で幕府要人を襲った浪士たちの首を斬った。

刑死者を供養した青峰観音（新宿区市谷台町13）

明治十一年七月二十七日、その年の五月十四日に紀尾井町で大久保利通を暗殺した石川県士族の島田一郎・長連豪《ちょうつらひで》・杉本乙菊《おとぎく》・杉村文一、石川県平民の脇田巧一、島根県士族の浅井寿篤《じゅとく》がここで斬首に処されている。脇田だけが平民なのは、明治十年十月、上京にあたり、商売を始めると偽り、士籍を脱したからだ。遺骸は同志猪山成之らにより引き取られ、その日の夜に谷中天王寺墓地に埋葬された。いまも谷中霊園（台東区谷中7）には六基の墓碑が横一列に並び、命日には読経が行われるという。彼らはテロリストとして果てたが、その真摯に国を憂いた志は民衆の間にも少なからぬ興味や共感を呼んだようで、翌十二年には事件に恋物語を織りこんだ絵草紙『島田一郎梅雨日記』が刊行されたりしている。

島田ら六名を斬った浅右衛門は、七代目吉利の三男で八代目吉豊の弟、吉亮《よしふさ》である。正式には襲名していないから、閏八代目などといわれる。しかし事実上、最後の浅右衛門とされる吉亮は他にも、明治三年に雲井竜雄、六年に武市熊吉ら喰違事件の犯人、十年に思案橋事件の元会津藩士、十二年に「毒婦」と騒がれた高橋お伝などを斬っている。

刑場に引き出された島田を睨みつけた浅右衛門は、いつものように「汝は国賊なるぞッ」と叫んで一歩進み、ついで右手の人差指を下すとき「諸行無常」、中指を下すとき「是生滅法《ぜしょうめっぽう》」、無名指を下すとき「生滅滅為《しょうめつめつい》」、小指を下すとき「寂滅為楽《じゃくめついらく》」、と、『涅槃経《ねはんぎょう》』の四句を心の中で唱えてから、首をはねた。そしてこれが斬首による最後の国事犯の処刑になったといわれる（長尾和郎『暗殺者』昭和四十六年）。

明治十三年に制定された刑法（明治十五年一月一日施行）からは、「斬」という刑がなくなり、死刑は絞首刑となったからだ。ここに浅右衛門の歴史的使命に幕が下ろされたのである。幕末から明治初期にかけ、経文を唱えながら時の権力に抗した者たちを斬りつづけた浅右衛門の「闇」の歴史もまた、興味深い。

台町の観音堂の落成式には、山田浅右衛門が家伝の刀を奉納したと、当時の新聞が報じている（武蔵義弘『知られざる東京の史跡を探る』平成十六年）。この浅右衛門は昭和四年（一九二九）

まで生きた九代目の吉顕だろう。ただし彼は斬首の剣をふるったことはなく、九代目と呼べるか疑問である。

六代目吉昌は天保三年（一八三二）、菩提寺である小石川の祥雲寺に「南無阿弥陀仏」と刻む供養塔を建て、その下に斬首した者たちから髻《もとどり》を切り取って納めていった。髻塚とか、毛塚とか呼ばれるものだ。明治三十九年、同寺は現在の豊島区池袋3―1―6、地下鉄有楽町線要町駅近くに移ったので、供養塔もこちらに現存しているが、髻を入れるための蓋が付いた台石は失われている。

その隣には昭和十三年十二月、有志たちにより建てられた「浅右衛門之碑」がある。初代貞武から八代目吉豊までの氏名や没年月日、法名、辞世の歌（ただし三代目以降）が刻まれている。すでに浅右衛門の継承者は絶えていて、古くなった歴代墓や髻塚の修復もかねて建立されたものである。

東京掃苔録

「掃苔（そうたい）」とは先人の墓所を訪ね、苔を払い、その事跡を調べてまわることである。東京の各所には幕末維新という変革の歴史に、さまざまな方面からかかわった人々が眠っている。ここでは地域ごとに、その墓所の所在を記録しておきたい。

＊個人の独立した墓ではなく、一族などと共に合葬されている場合もある。また、墓碑に氏名や法名が銘記されていない場合もあるが、原則として注記していない。あるいは、厳密には墓とは呼び難い供養碑も含まれている。

＊区ごとに分けたが、その中の人名の順序は不同である。

＊氏名の後にごく簡単なプロフィールを入れたが、紹介した人物の大半の履歴は、奈良本辰也編『幕末維新人名事典』（昭和53年）、日本歴史学会編『明治維新人名辞典』（昭和56年）、宮崎十三八・安岡昭男編『幕末維新人名事典』（平成6年）、新人物往来社編『幕末維新江戸東京史跡事典』（平成12年）のいずれかに出ているので、参照していただければと思う。

＊調査は昭和61年4月から平成16年5月までの18年間に行ったものである。出版にあたり一部は再調査したが、他所へ移されたり、無縁仏として処分された墓があるかもしれない（＊印をつけた墓については、初版刊行後に判明した事実を299ページに記載した）。また、部外者は墓参お断りという寺も、最近は増えつつある。そのため、訪れる前に確認されることをお勧めする。マナーを厳守し、有意義な掃苔を行う一助になれば幸いである。

【中央区】

*土生玄碩（眼科医。安芸出身。シーボルト事件に連座）　築地3—15—1　築地本願寺

【港区】

竹内玄同（丸岡藩士。蘭方医。安政五年幕府奥医師）　南青山2—26—38　梅窓院

平松時厚（公家。尊攘派。明治元年参与。新潟県令・貴族院議員）　南青山2—26—38　梅窓院

青山幸宜（郡上藩主。戊辰戦争で凌霜隊を組織させ旧幕軍に参加）　南青山2—26—38　梅窓院

中御門経之（公家。尊攘派。討幕を画策。王政復古で議定）　北青山3—5—17　善光寺

林鶴梁（上州萩原村出身。儒学者。安政五年銅山奉行）　赤坂1—11—3　澄泉寺

大国隆正（津和野藩士。国学者。平田篤胤門下。著書『古伝通解』）　赤坂1—11—19　陽泉寺

堀直虎（須坂藩主。慶応三年若年寄兼外国総奉行。明治元年一月自刃）　赤坂7—6—29　種徳寺

井上馨（長州藩士。聞多。英国公使館焼き打ち。維新後外相・蔵相）　西麻布2—21—34　長谷寺

岡本監輔（阿波出身。慶応元年樺太調査完了。維新後樺太開拓）　西麻布2—21—34　長谷寺

小森一貫斎（会津藩士。戊辰戦争で朱雀一番隊長、城明け渡し役）　西麻布2—21—34　長谷寺

山内豊福（土佐新田藩主。慶喜と宗家の板挟みで明治元年一月自刃）　南麻布2—9—22　曹渓寺

藤森弘庵（小野藩士。天山。儒者。江戸で私塾主宰。攘夷論者）　南麻布2—9—22　曹渓寺

ヘンリー・ヒュースケン（安政三年来日し米国公使館員。万延元年暗殺）　南麻布4—11—25　光林寺

ボーイ伝吉（土佐の漁師。漂流しハワイ生活後、帰国し暗殺された）　南麻布4—11—25　光林寺

京極高典（多度津藩主。文久二年頃から洋式兵制導入）　南麻布4—11—25　光林寺

京極朗徹（丸亀藩主。戊辰戦争では新政府軍として高松城接収）　南麻布4—11—25　光林寺

古河市兵衛（京都出身。横浜開港で生糸輸出。維新後鉱山経営）　南麻布4―11―25　光林寺

平井希昌（長崎出身。長崎奉行のもと翻訳・通訳。維新後米国駐在）　南麻布4―11―25　光林寺

菅野覚兵衛（土佐藩士。千屋寅之助。海援隊に参加。海軍少佐）　南麻布4―11―25　光林寺

秋月種殷（高鍋藩主。文久三年兵制改革。戊辰戦争で新政府軍）　六本木3―14―20　六本木墓地

本多助成（飯山藩主。戊辰戦争では新政府軍に一万五千両献納）　六本木3―14―20　六本木墓地

佐藤一斎（岩村藩士。儒者。天保十二年昌平黌教授。『言志四録』）　六本木7―14―6　深広寺

稗田利八（商出身。新選組隊士。昭和十四年九十歳で没）　麻布台2―3―18　真浄寺

中野方蔵（佐賀藩士。文久二年坂下門外の変に連座し獄死）　元麻布1―2―12　賢崇寺

西村貞陽（佐賀藩士。開拓使出仕。明治九年広業商会設立に関与）　元麻布1―2―12　賢崇寺

福沢諭吉（中津藩士。適塾生。万延元年渡米。慶応義塾主宰）　元麻布1―6―21　善福寺

三宅捨五郎（新徴組隊士。慶応二年五月脱走し処刑）　元麻布3―1―37　専称寺

沖田総司（新選組隊士。一番隊長・副長助勤。明治元年病没）　元麻布3―1―37　専称寺

沖田芳次郎（新徴組隊士。総司の甥。戊辰戦争に参戦）　元麻布3―1―37　専称寺

林忠崇（請西藩主。明治元年藩兵を率い小田原・東北を転戦）　愛宕2―4―7　青松寺

三好重臣（長州藩士。奇兵隊幹部。軍太郎。維新後陸軍中将）　愛宕2―4―7　青松寺

藤井靖六・原寅之助・内山文之進・佐藤左武郎・久山壽太・池永小五郎・生瀬清晃・土岐□恕・椋木直人・松岡梅太郎・佐藤辰三郎・木村鎌助・緒方鎌助・斉藤源吾・高佐友之進・石田八之丞・前田半造・佐々木兼祐・松原孫助・舟越助七・中村靖太郎・兼安松之助・大野重造・友市・与吉・利吉・佐助（長州藩戊辰戦争戦死者。「旧山口藩出身御親兵死歿合祀之碑」一基に明治二十二年に合葬された）　愛宕2―4―7　青松寺

長岡謙吉（土佐藩士。脱藩し亀山社中・海援隊士。維新後三河県知事）　芝公園2―3―2　安養院
小島捨蔵・小笠原彦弥・川上友八・谷神之助（高知藩米国留学候補生）　芝公園2―3―2　安養院
第二次幕長戦争幕府軍戦死者　芝公園3―1―13　安蓮社
徳川家慶（十二代将軍。嘉永六年ペリー来航直後に病没）　芝公園4―7―35　増上寺
徳川家茂（十四代将軍。紀州藩出身。慶応二年大坂で病没）　芝公園4―7―35　増上寺
和宮（家茂夫人。親子内親王。孝明天皇妹。文久二年降嫁。静寛院）　芝公園4―7―35　増上寺
近藤周助（剣士。三代目天然理心流宗家。勇の養父。慶応三年没）　芝公園3―5―4　金地院
前田正名（薩摩藩士。英和辞書を上海で印刷。明治二年仏国留学）　芝公園4―9―8　妙定院
橘耕斎（掛川藩士。安政元年ロシア密航。ロシア外務省通訳官）　高輪1―23―28　源昌寺
堀斎（十津川郷士。沖垣斎宮。天誅組・高野山挙兵に参加）　高輪2―11―1　泉岳寺
井田年之助（越後の商出身。戊辰戦争で会津攻撃の策を練る）　高輪2―11―1　泉岳寺
宮川助五郎（土佐藩士。慶応二年三条橋高札事件。戊辰戦争で軍曹）　高輪2―11―1　泉岳寺
藤川喜作・守田文右衛門・午島才吉・高橋四郎兵衛・戸村小源太・井原喜三郎・有野鹿之助・百々常吉・福永宗平・三宅市三衛門・工藤剛太郎・佐野四郎兵衛・藤木文助・橋野加賀吉・門田馬次・友田織之丞・梶川五郎左衛門・松田林蔵・大川左源太・松浦熊雄・日高砂蔵・渡辺他人丞・田部内蔵之進・大村豊次郎・川本久次郎・古清水初次郎・神原朝之進・中村豊吉・菅野徳之助・小笠原俊太良・山本他人輔・石井三蔵・川本四良七・佐田甚吉・沖久米六・細川吉蔵・林吉蔵・石川佐太平・松下文蔵（「明治戊辰芸州藩戦死者墓」一基に昭和十五年二月に合葬された）　高輪2―11―1　泉岳寺
岡部豊常（幕臣。京都町奉行で安政の大獄にかかわる。慶応元年病死）　高輪3―16―16　東禅寺
大槻磐渓（仙台藩士。儒者。親露開国論を幕府に提唱）　高輪3―16―16　東禅寺

(左上)福沢諭吉墓　港区善福寺
(右上)和宮墓　港区増上寺
(左下)但木土佐・坂英力墓　港区東禅寺（旧写真）
(右下)大鳥圭介墓　港区青山霊園

*但木土佐（仙台藩士。家老。成行。戊辰戦争で新政府に抗し斬首）　高輪3―16―16　東禅寺
*坂英力（仙台藩士。奉行。時秀。戊辰戦争で新政府に抗し斬首）　高輪3―16―16　東禅寺
平内大隅（大工棟梁。品川台場築造）　三田4―1―31　長延寺
戸沢正実（新庄藩主。戊辰戦争では奥羽越列藩同盟に加盟）　三田4―5―14　常林寺
山内香渓（会津藩士。戊辰戦争で江戸にとどまり奔走）　三田4―8―23　薬王寺
久松勝成（伊予松山藩主。幕長戦争で大島攻撃。戊辰戦争で謹慎恭順）　三田4―16―23　済海寺
高杉丹治（長州藩士。小忠太。晋作の父。藩主側近。大監察）　白金台3―2―19　瑞聖寺
高杉道子（長州藩士高杉丹治の妻。晋作の母。大西将曹次女）　白金台3―2―19　瑞聖寺
伊藤十蔵（長州藩士。周防の農出身。博文の父。南園隊士）　白金台3―2―19　瑞聖寺
松田謙三（長州藩士。小倉健作。維新後毛利家編輯掛）　白金台3―2―19　瑞聖寺
上野景範（薩摩藩士。文久二年上海渡航。維新後イギリス駐在）　白金台3―2―19　瑞聖寺
萱野権兵衛（会津藩士。長修。家老。会津藩降伏で責を負い自刃）　白金6―14―6　興禅寺
神保修理（会津藩士。長輝。京都で奔走。明治元年二月自刃）　白金6―14―6　興禅寺
上杉斉憲（米沢藩主。奥羽越列藩同盟を結び新政府に抗戦）　白金6―14―6　興禅寺
上杉茂憲（米沢藩主。斉憲の子。会津藩降伏を勧告）　白金6―14―6　興禅寺

■青山霊園（南青山2―32―2）

古賀定雄（佐賀藩士。一平。維新後品川県知事。御門訴事件鎮圧）　1種イ1号2側
大鳥圭介（幕臣。歩兵奉行。箱館政府で陸軍奉行。維新後工部省）　1種イ1号2〜3側
本田親雄（薩摩藩士。寺田屋事変で負傷者救護。維新後枢密顧問官）　1種イ1号4側
那珂梧楼（盛岡藩士。戊辰戦争で奥羽同盟のため周旋。維新後文部省御用掛）　1種イ1号4側

近藤芳樹（長州藩士。国学者。明倫館教授。著書『防長国郡志』）　1種イ1号6側
佐藤政養（幕臣。羽後出身。海舟門下。大坂鉄砲奉行。維新後民部省・工部省出仕）　1種イ1号8側
高島鞆之助（薩摩藩士。文久二年上洛。戊辰戦争参戦。維新後陸軍大臣）　1種イ1号9側
黒田清隆（薩摩藩士。了介。青森口総督府参謀。維新後北海道開拓、首相）　1種イ1号9〜10側
丸岡莞爾（土佐藩士。脱藩して長崎行。維新後沖縄・高知県知事）　1種イ1号10側
森有礼（薩摩藩士。慶応元年英国留学。維新後明六社に参加、初代文相）　1種イ1号12側
葛城彦一（加治木島津家臣。国学者。島津斉彬擁立に尽力。近衛家に仕える）　1種イ1号21側
杉田玄端（小浜藩士。医者。幕府に登用され開成所教授、翻訳御用頭取）　1種イ1号22側
大久保忠尚（遠江淡海国玉神社の神官。戊辰戦争で新政府軍に従う）　1種イ1号22側
長松幹（長州藩士。医者。京都で奔走、元治元年右筆。維新後修史事業）　1種イ1号24側
沢太郎左衛門（幕臣。開陽丸艦長。箱館戦争に参加。維新後開拓使・兵部省）　1種イ1号25側
野津鎮雄（薩摩藩士。薩英戦争・戊辰戦争従軍。西南戦争で第一旅団長）　1種イ1号26側
中江兆民（土佐藩士。篤介。明治四年仏国留学。人民主権説を紹介）　1種イ1号26側
黒木永子・貞子（薩摩藩出身の陸軍大将黒木為楨の妻・後妻）　1種イ1号28側
楫取寿子（長州藩士楫取素彦の妻。吉田松陰妹）　1種イ1号29側
斎藤利行（土佐藩士。渡辺弥久馬。慶応三年長崎英人殺害の談判。維新後参議）　1種イ1号34側
周布政之助（長州藩士。麻田公輔。藩政改革を推進。元治元年九月自決）　1種イ1号38側
久保断三（長州藩士。松下村塾生。松太郎。地方代官歴任。維新後名東県権令）　1種イ2号1側
上田章（紀州藩士。昌平黌に学び藩学寮長。維新後旧藩主の家扶）　1種イ2号2側
牧野忠泰（三根山藩主。戊辰戦争では奥羽越列藩同盟に加わるものち離脱）　1種イ2号6側

坂元彪（鹿児島県士族。陸軍少尉。明治十一年竹橋事件鎮圧で戦死）　1種イ2号7側
大久保利通（薩摩藩士。王政復古に尽力。維新後参議・内務卿）　1種イ2号15～17側
武富圯南（佐賀藩士。古賀侗庵門下。藩校弘道館教授。書画をよくする）　1種イ2号21側
河瀬真孝（長州藩士。石川小五郎。遊撃軍総督。維新後英国駐在）　1種イ3号3側
南貞助（長州藩士。高杉晋作従弟。英国留学。明治五年日本初の国際結婚）　1種イ3号5側
川路利良（薩摩藩士。禁門の変・戊辰戦争従軍。明治七年大警視）　1種イ4号1～3側
福羽美静（津和野藩士。国学者。維新後明治天皇侍講、貴族院議員）　1種イ4号7側
鍋島直大（佐賀藩主。文久元年襲封。明治元年議定。十三年イタリア在勤）　1種イ4号7～12側
黒田長溥（福岡藩主。殖産興業奨励。慶応元年勤王党弾圧。明治二年退隠）　1種イ4号13～17側
黒田長知（福岡藩主。公武合体運動推進。明治四年贋札事件で藩知事罷免）　1種イ4号13～17側
宮島誠一郎（米沢藩士。戊辰戦争で朝廷に建白。維新後貴族院議員）　1種イ4号21側
尾崎三良（三条家士。戸田雅楽。文久三年七卿落ちに従う）　1種イ4号22側
勝小吉（幕臣。海舟の父。著作『夢酔独言』）　1種イ4号22～24側
安保清康（薩摩藩士。備後出身。林謙三。長崎で海軍を学ぶ。維新後海軍中将）　1種イ4号25側
香川敬三（水戸藩士。鯉沼伊織。陸援隊士。維新後宮内官）　1種イ4号25～26側
大村純熙（大村藩主。戊辰戦争では新政府軍に従い賞典禄三万石）　1種イ4号27側
谷口藍田（肥前出身。羽倉簡堂門下。維新後藍田書院主宰）　1種イ5号6側
船越衛（広島藩士。尊攘派。幕長戦で長幕間周旋。戊辰戦争で東北遊撃軍参謀）　1種イ5号6側
大木喬任（佐賀藩士。義祭同盟に参加。東京遷都に尽力。維新後司法卿）　1種イ5号7～10側
三浦梧楼（長州藩士。五郎。奇兵隊幹部。維新後陸軍中将）　1種イ5号15～16側

橋本実梁（公家。文久二年国事御用掛。王政復古で参与。江戸開城のさい勅使） 1種イ5号20側
佐野常民（佐賀藩士。適塾等で西洋医学を学ぶ。日本赤十字社の基礎を作る） 1種イ5号26側
吉井友実（薩摩藩士。幸輔。慶応三年京都で討幕を推進。日本鉄道会社社長） 1種イ6号4側
中村重遠（土佐藩士。戊辰戦争で宿毛機勢隊結成。陸軍歩兵大佐） 1種イ6号5側
有地品之丞（長州藩士。戊辰戦争で中隊司令となり彰義隊攻撃。海軍中将） 1種イ6号6側
野村維章（土佐藩士。辰太郎。慶応二年海援隊に参加。維新後検事） 1種イ7号2側
小牧昌業（薩摩藩士。造士館教授。維新後奈良・愛媛県知事。宮内省御用掛） 1種イ7号3側
岡沢精（長州藩士。南園隊・振武軍士。藩内戦、戊辰戦争従軍。陸軍大将） 1種イ7号8〜9側
三浦玄中（長州小埴生村の医。産科の蘭方医。青木周蔵の父） 1種イ7号11側
得能良介（薩摩藩士。西郷・大久保らと国事に奔走。維新後紙幣局長・印刷局長） 1種イ7号12側
中牟田倉之助（佐賀藩士。長崎で海軍を学び孟春・朝陽艦長。維新後海軍中将） 1種イ7号17側
三島通庸（薩摩藩士。寺田屋事件に関係。明治十五年福島県令、自由党弾圧） 1種イ9号12〜16側
伊地知正治（薩摩藩士。造士館教授。戊辰戦争参加。維新後宮中顧問官） 1種イ9号22〜23側
山本権兵衛（薩摩藩士。戊辰戦争参加。維新後海軍大臣、首相） 1種イ9号26〜27側
元田永孚（肥後藩士。横井小楠と実学党結成。維新後侍講、教育勅語草案） 1種イ10号1側
沖剛介（鳥取藩士。尊攘派。元治元年幕府支持派を暗殺し切腹） 1種イ10号1側
沖守固（鳥取藩士。京都留守居役。明治四年岩倉使節団随従） 1種イ10号1側
神山太郎左衛門（土佐藩士。郡廉。慶応三年大政奉還建白副書に署名） 1種イ11号4側
河野敏鎌（土佐藩士。土佐勤王党員。維新後農商務・内務・司法・文部大臣） 1種イ11号10〜11側
西郷糸子（薩摩藩士西郷隆盛の妻。岩山氏。西郷銅像除幕式列席） 1種イ11号22側

長岡治三郎（大村藩士。三十七士血盟。戊辰戦争従軍。大阪大学初代学長） 1種イ12号1側
藤井希璞（有栖川家士。慶応三年幕府に捕縛。明治元年宮の東下に従う） 1種イ12号1側
渡辺昇（大村藩士。練兵館塾頭。三十七士血盟。維新後大阪府知事） 1種イ12号4側
片山東熊（長州藩士。奇兵隊士。維新後西洋建築家、代表作赤坂離宮） 1種イ12号18側
長与専斎（大村藩侍医。適塾塾頭。維新後文部省医務局長・貴族院議員） 1種イ13号2側
落合直亮（国学者・神道家。源一郎。薩邸浪士の副総裁。維新後浅間神社宮司） 1種イ13号3側
川上操六（薩摩藩士。戊辰戦争従軍。維新後ドイツ兵制研究。陸軍大将） 1種イ13号13側
後藤象二郎（土佐藩士。大監察。大政奉還に尽力。維新後逓相・農商務相） 1種イ13号24側
大江卓（土佐藩士。陸援隊士。明治五年マリア・ルス号の奴隷を解放） 1種イ13号24側
稲葉正邦（淀藩主。幕政改革に参加。鳥羽・伏見の戦いで旧幕軍を締め出す） 1種イ13号28側
鴻雪爪（備後出身の神道家。松平春嶽らの知遇をえる。維新後御岳教管長） 1種イ16号1側
酒井孫八郎（桑名藩士。明治元年家老として開城に尽力） 1種イ16号3側
山口素臣（長州藩士。戊辰戦争従軍。維新後日清戦争旅団長、陸軍大将） 1種イ16号3側
小柳津要人（岡崎藩士。明治元年脱藩し旧幕軍に従い箱根・箱館で戦う） 1種イ18号4側
安藤太郎（幕臣。箱館戦争で回天艦乗組。維新後禁酒運動） 1種イ20号3側
木村芥舟（幕臣。喜毅。咸臨丸提督で万延元年渡米。海軍所頭取。軍艦奉行） 1種イ20号4側
税所敦子（京都出身。歌人。薩摩藩士の妻。島津斉彬世子の守役） 1種イ20号20側
副島種臣（佐賀藩士。義祭同盟。新政府の参与・参議。明治二十五年内務大臣） 1種イ21号1側
南部甕男（土佐藩士。展衛。土佐勤王党員。七卿に随行し長州藩に赴く） 1種イ21号6側
佐々木高行（土佐藩士。大監察。維新後司法大輔、岩倉使節団に随行し渡欧） 1種イ21号8側

芳川顕正（徳島藩士。文久二年長崎遊学。維新後文部・司法・内務・逓信大臣）　1種イ21号9側
加納通広（新選組隊士。高台寺党。伊豆出身。道之助。維新後開拓使出仕）　1種イ21号15〜17側
田中房種（幕臣。東京博物館員。上野動物園運営に尽力）　1種ロ2号7側
岡守節（周防の医。吉田松陰門下。書家、号三橋。維新後内閣書記官）　1種ロ2号8側
丸山作楽（島原藩士。勤王派。維新後外務大丞。明治四年朝鮮経略を唱え下獄）　1種ロ4号6側
白峰駿馬（長岡藩士。脱藩して海援隊士。維新後造船業で活躍）　1種ロ5号8側
丹羽長国（二本松藩主。明治元年奥羽越列藩同盟に加わり新政府軍に抗戦）　1種ロ7号14〜15側
二本松藩戊辰戦争戦死者　1種ロ7号14〜15側
林董（幕臣。幕府派遣英国留学生。箱館戦争に参加。維新後逓信大臣）　1種ロ8号1〜14側
田辺太一（幕臣。慶応三年パリ万博参加。維新後新政府で外交に活躍）　1種ロ8号16〜17側
西周（津和野藩士。国学者。維新後明六社、文部省御用掛兼東京師範学校長）　1種ロ8号18側
津田仙（佐倉藩士。洋学・農学者。慶応三年渡米。明治九年学農社農学校開設）　1種ロ8号39側
肥田浜五郎（幕臣。伊豆出身。元治元年オランダ派遣、慶応二年軍艦頭）　1種ロ10号21側
小杉榲邨（徳島藩士。古典学者。明治十四年文部省で『古事類苑』編纂）　1種ロ10号26側
乃木希典（長府藩士。報国隊士。維新後陸軍大将・学習院長。明治天皇に殉ず）　1種ロ10号26側
高田平蔵（肥後藩士。明治二年一月上総沖で乗船難破、水死）　1種ロ12号6側
村上藤四郎（肥後藩士。明治二年一月上総沖で乗船難破、水死）　1種ロ12号6側
安野十郎（肥後藩士。足軽。明治二年一月上総沖で乗船難破、水死）　1種ロ12号6側
倉田芳助（肥後藩士。明治二年一月上総沖で乗船難破、水死）　1種ロ12号6側
亀井宇吉（紀州藩士。明治元年五月上野戦争で戦死）　1種ロ12号6側

林軍次　（福山藩士。明治元年閏四月下総行徳で戦死）　1種ロ12号6側
林仲蔵　（福山藩士。明治元年閏四月下総行徳で戦死）　1種ロ12号6側
津河安千代（紀州藩士。明治元年五月上野戦争で負傷後死）　1種ロ12号6側
有村雄助　（薩摩藩士。万延元年井伊大老襲撃に参画し、捕らえられ自刃）　1種ロ12号7～10側
有村次左衛門（薩摩藩士。万延元年桜田門外の変に参加し自刃）　1種ロ12号7～10側
海江田信義（薩摩藩士。有村俊斎。雄助・次左衛門兄。維新後奈良県知事）　1種ロ12号7～10側
中川忠純　（水戸藩士。藤田東湖門下。元治元年京都守衛。脱藩し陸援隊に参加）　1種ロ12号14側
秋月悌次郎（会津藩士。胤永。戊辰戦争に参加。維新後東京大学等教授）　1種ロ12号26側
村上英俊　（松代藩士。医師。安政元年蕃書調所教授。維新後仏学会創立）　1種ロ12号28側
田中久重　（久留米藩士。からくり儀右衛門。嘉永五年日本初の蒸気船製造）　1種ロ12号31側
西山志澄　（土佐藩士。土佐勤王党員。戊辰戦争に従軍）　1種ロ14号9側
西山加尾　（土佐藩士平井収次郎妹。龍馬初恋の女性という。志澄妻）　1種ロ14号9側
吉田清成　（薩摩藩士。慶応元年英国留学。明治六年米国特命全権公使）　1種ロ15号5側
松方正義　（薩摩藩士。島津久光側近。武器購入に尽力。維新後蔵相・首相）　1種ロ17号1側
林友幸　（長州藩士。半七。奇兵隊参謀。維新後元老院議官・貴族院議員）　1種ロ17号7側
四条隆平　（公家。文久三年八月十八日の政変で差控。明治元年北陸道鎮撫副総督）　1種ロ17号7側
関義臣　（福井藩士。海援隊士。維新後大阪府権判事、貴族院議員）　1種ロ17号8側
金井之恭　（上州の豪農。慶応三年赤城山挙兵計画。維新後貴族院議員等）　1種ロ17号11～13側
山川浩　（会津藩士。文久元年渡露。戊辰戦争で防衛総督。維新後高等師範校長）　1種ロ18号5側
山川健次郎（会津藩士。浩弟。維新後米国留学。東京・九州・京都帝大総長。山川家墓）　1種ロ18号5側

(左上)黒田長溥墓 港区青山霊園
(右上)有村次左衛門墓 港区青山霊園
(左下)井上清直墓 新宿区宗柏寺
(右下)徳川慶勝墓 新宿区西光庵

川村景明　（薩摩藩士。戊辰戦争従軍。維新後萩の乱・西南戦争鎮圧、陸軍大将）　1種ロ19号11側
長谷川好道（岩国藩士。第二次幕長・戊辰戦争従軍。維新後陸軍大将・元帥）　1種ロ20号4側
馬屋原彰　（長州藩士。先鋒隊士。攘夷・第二次幕長戦争従軍。維新後民部省出仕）　1種ロ20号14側
外島機兵衛（会津藩士。京都で公用人として活躍）　2種イ3号1～9側
旧近衛鎮台砲兵（明治十一年の竹橋事件を起こし処刑された五十六名）　2種イ11号29側
秦林親　（新選組隊士。高台寺党。筑後出身。篠原泰之進。戊辰戦争で新政府軍）　2種イ12号3側
西川理三郎（広島藩士。応援隊を率い戊辰戦争参戦）　2種イ13号1～8側
小野権之丞（会津藩士。京都で公用人として奔走。明治元年次席家老）　2種イ13号9側
高崎正風（薩摩藩士。文久三年八月の政変に関与。維新後御歌所長）　2種イ17号1～6側
ジョセフ・ヒコ（播磨出身。浄世夫彦。漂流し米国帰化。安政六年帰国。新聞創設）　外人墓地
デュ・ブスケ（フランス軍事顧問。慶応三年来日。維新後日本陸軍創設に尽くす）　外人墓地
立花種恭（下手渡藩主。幕政に参加し外国事務管掌・会計総裁）　立山1種イ1号1側
立見尚文（桑名藩士。戊辰戦争で雷神隊長。維新後陸軍大将）　立山1種イ1号5側
井上頼圀（江戸生まれの国学者。平田篤胤没後門人。維新後学習院教授）　立山1種イ3号1側
尺振八　（英学者。幕府外国方通弁。維新後大蔵省翻訳局長）　立山1種イ4号1側
一坂俊太郎（徳島藩士。維新後自由民権運動家、徳島市長兼衆議院議員）　立山1種ロ2号9番
杉孫七郎（長州藩士。文久元年渡欧。維新後宮内大輔・枢密顧問官）　立山1種ロ3号5番
島本仲道（土佐藩士。審次郎。土佐勤王党に参加。維新後司法省出仕）　立山1種ロ3号5番
相楽総三　（下総郷士。赤報隊長。小島四郎将満。明治元年信州下諏訪で斬）　立山1種ロ3号34番

＊青山墓地が開かれたのは明治七年のことだが、その一部、立山墓地は明治四年ころから使用されて

いた。明治九年に東京府営となり昭和十年、青山霊園と改称された。

【新宿区】

井上清直（幕臣。日米修好通商条約に調印。下田・軍艦奉行）　榎町57　宗柏寺
山口菅山（小浜藩士。儒者。江戸で私塾を開いた尊攘論者）　榎町77　済松寺
矢田堀鴻（幕臣。軍艦操練所教授方頭取。海軍総裁。維新後沼津兵学校長）　早稲田82　宗源寺
山高信離（幕臣。慶応三年パリ万博に参加。維新後博物館長）　弁天町1　宗参寺
井口慎次郎・中原成業・竹村俊秀（会津藩士。明治九年思案橋事件で刑死）　富久町9—23　源慶寺
竹内保徳（幕臣。勘定奉行兼外国奉行。文久二年遣欧使節）　愛住町21　養国寺
都筑峰重（幕臣。下田奉行。安政五年朝廷に開国を説く）　大久保1—16—15　全竜寺
都筑峰暉（幕臣。峰重の子。安政五年横浜開港に尽くし神奈川奉行）　大久保1—16—15　全竜寺
鈴木重嶺（幕臣。最後の佐渡奉行。維新後浜松県参事）　大久保1—16—15　全竜寺
佐久間信久（幕臣。歩兵奉行。明治元年鳥羽伏見で戦死）　舟町11—6　全勝寺
朝比奈昌広（幕臣。外国総奉行並兼江戸町奉行）　舟町11—6　全勝寺
中野梧一（幕臣。斎藤姓。箱館戦争に参加。明治四年山口県赴任。十六年自殺）　舟町13—2　西迎寺
松平信敏（幕臣。大坂西町奉行。勘定奉行。寄合席）　舟町13—2　西迎寺
林復斎（幕臣。儒官。大学頭。安政元年日米交渉で日本側全権）　市谷山伏町16　林家墓所
森田清行（幕臣。勘定組頭。万延元年渡米）　市谷左内町11　長泰寺
内藤頼直（高遠藩主。和宮降嫁、天狗党鎮圧、幕長戦争に尽力）　新宿2—9—1　太宗寺
塚本明毅（幕臣。軍艦奉行並。維新後陸軍人。改暦にかかわる）　新宿2—15—18　成覚寺

川村脩就（幕臣。新潟奉行。長崎奉行。日英・日露和親条約に関係）　新宿2―15―2　正受院
徳川慶勝（慶恕。尾張藩主。長州征伐総督。維新後名古屋藩知事）　新宿6―15―2　西光庵
徳川義宜（尾張藩主。戊辰戦争で新政府軍の東海道先鋒）　新宿6―15―2　西光庵
月岡芳年（江戸生まれの浮世絵師。残酷描写で有名）　新宿6―20―9　専福寺
筒井政憲（幕臣。安政元年日露和親条約を締結）　西新宿7―12―5　常円寺
中村時万（幕臣。日露和親条約・日米協約に関係。下田奉行。普請奉行）　若葉1―1―6　法蔵寺
塙次郎（学者。和学講談所で国史研究。文久二年暗殺）　若葉2―8―3　愛染院
勝田充（幕臣。神奈川開港取調掛として横浜開港に尽力）　若葉2―9　西念寺
山口義方（山城国川島村庄屋。長州藩から終身禄を受ける）　若葉2―9　西念寺
山田浅右衛門（浪人。七代。吉利。首斬り人。吉田松陰・橋本左内らを斬）　須賀町8―7　勝興寺
源清麿（信州出身の刀工。安政元年幕府に追われ自決）　須賀町10―2　宗福寺
榊原鍵吉（剣士。江戸生まれ。講武所師範役。維新後撃剣会を組織）　須賀町11―4　西応寺

【文京区】

榎本武揚（幕臣。明治二年箱館で新政府に抗戦。明治政府の海軍卿）　本駒込3―19―17　吉祥寺
桃井可堂（武州農民。文久三年赤城山挙兵を計画するも挫折）　本駒込3―19―17　吉祥寺
鳥山新三郎（安房出身の儒者。吉田松陰の米国密航未遂に連座）　本駒込3―19―17　吉祥寺
板倉勝静（備中松山藩主。寺社奉行。老中。明治二年箱館に籠もる）　本駒込3―19―17　吉祥寺
堤正誼（福井藩士。禁門の変や戊辰戦争に参加。明治天皇侍従）　本駒込3―19―17　吉祥寺
細谷安太郎（幕臣。横浜仏語学伝習生。箱館戦争では砲兵隊頭取）　本駒込3―19―17　吉祥寺

二宮尊徳（幕臣。相模出身の農政家。金次郎。報徳思想で農村復興）	本駒込3—19—17	吉祥寺
鳥居耀蔵（幕臣。目付。蛮社の獄で洋学弾圧。町奉行・勘定奉行）	本駒込3—19—17	吉祥寺
溝口直諒（新発田藩主。海防に尽力。開国論を幕府に上申）	本駒込3—19—17	吉祥寺
溝口直正（新発田藩主。慶応三年襲封。戊辰戦争では新政府軍）	本駒込3—19—17	吉祥寺
新庄直彪（麻生藩主。ペリー来航時鎖国論を建言。天狗党を追討）	本駒込3—19—17	吉祥寺
新庄直敬（麻生藩主。戊辰戦争では新政府軍に従う）	本駒込3—19—17	吉祥寺
林洞海（小倉藩士。佐藤泰然門下の医者。西洋薬物学）	本駒込3—19—17	吉祥寺
川田剛（備中松山藩士。儒・漢学者。甕江。維新後『古事類苑』編纂）	本駒込3—19—117	吉祥寺
安場一平（岩倉使節団随従。福島・愛知・福岡県令）	本駒込3—19—17	吉祥寺
安井息軒（儒者。飫肥藩出身。昌平黌教授）	千駄木5—38—3	養源寺
西村茂樹（佐倉藩士。明六社参加、国民道徳確立を唱える）	千駄木5—38—3	養源寺
井戸覚弘（幕臣。日米和親条約調印）	千駄木5—38—3	養源寺
中根長十郎（一橋家臣。慶喜側近。正剛。文久三年攘夷派により暗殺）	千駄木5—38—3	養源寺
高島秋帆（長崎町年寄。講武所砲術師範役。天保十二年徳丸ヶ原で演習）	向丘1—11—3	大円寺
細木香以（俳人。富商。法名は梅誉香以居士）	向丘2—1—5	願行寺
佐々倉桐太郎（幕臣。咸臨丸教授方で渡米。慶応元年軍艦役）	向丘2—17—4	浄心寺
雲竜久吉（力士。十代横綱。ペリー再来時に怪力を披露）	向丘2—25—10	海蔵寺
向山黄村（幕臣。外国奉行。慶応三年パリ万博全権公使）	向丘2—35—7	栄松院
深瀬仲麿（十津川郷士。洪庵門下。薩長間を奔走）	向丘2—37—5	高林寺
諸葛秋芳（長府藩士。報国隊器械方副役。東京・大阪師範学校長）	向丘2—27—11	大林寺

緒方洪庵（西洋医学者。適塾主宰。江戸で将軍侍医兼医学法眼）	向丘2—37—5	高林寺
忠内次郎三（幕臣。講武所剣術教授方。明治二年箱館戦争で戦死）	向丘2—37—5	高林寺
戸田氏共（大垣藩主。第二次幕長戦争に出兵。戊辰戦争で新政府軍）	向丘2—38—3	蓮光寺
佐竹五郎（大垣藩士。軍政改革に尽力。戊辰戦争で負傷し死す）	向丘2—38—3	蓮光寺
甲賀源吾（幕臣。回天艦長として明治二年宮古湾で戦死）	向丘2—38—22	光源寺
烏亭焉馬（江戸生まれの戯作者。襲名魔で近松門左衛門二代目を襲名）	白山2—14—5	大雲寺
鈴木春山（田原藩出身の蘭学者。渡辺華山と親交）	白山4—37—30	寂円寺
今井信郎（幕臣。見廻組に参加し龍馬を暗殺。箱館戦争従軍）	白山4—37—30	寂円寺
山岡八十郎（福山藩士。開国に反対し安政元年自決）	本郷1—8—3	昌清寺
遠藤謹助（長州藩士。文久三年英国留学。維新後造幣局長）	湯島4—1—8	麟祥院
嵯峨実愛（公家。正親町三条。討幕の密勅に連署。維新後刑部卿）	湯島4—1—8	麟祥院
堀利熙（幕臣。外国奉行。プロシア使節と交渉中自殺）	小石川2—23—14	源覚寺
水野忠誠（沼津藩主。老中。第二次幕長戦争で将軍に従う）	小石川3—7—4	真珠院
清河八郎（出羽出身の尊攘派浪士。文久三年暗殺）	小石川3—14—6	伝通院
細谷琳瑞（出羽出身の勤王僧で政治運動に奔走。慶応三年暗殺）	小石川3—14—6	伝通院
沢宣嘉（公家。七卿の一人。文久三年生野挙兵総帥。維新後外務卿）	小石川3—14—6	伝通院
中居屋重兵衛（上州出身の横浜の貿易商。井伊暗殺を支援）	小日向2—19—7	還国寺
田村銀之助（新選組最年少隊士。西南戦争鎮圧に従軍）	大塚3—28—12	智香寺
栗本鋤雲（幕臣。フランスとの提携に奔走。維新後ジャーナリスト）	大塚5—2—7	善心寺
古賀茶渓（幕臣。儒学者。謹一郎。蕃書調所頭取・製鉄奉行並）	大塚5—24	大塚先儒墓地

（左上）榎本武揚墓　文京区吉祥寺
（右上）高島秋帆墓　文京区大円寺
（左下）清河八郎墓　文京区伝通院
（右下）川路聖謨墓　台東区大正寺

田中光顕（土佐藩士。脱藩して長州で活躍。維新後宮内大臣）　大塚5－40－1　護国寺
大隈重信（佐賀藩士。維新後外相・首相。早稲田大学学祖）　大塚5－40－1　護国寺
三条実美（尊攘派公卿の中心人物。七卿の一人。維新後太政大臣）　大塚5－40－1　護国寺
山田顕義（長州藩士。吉田松陰門下。初代法相。日大・国学院学祖）　大塚5－40－1　護国寺
山県有朋（長州藩士。狂介。奇兵隊軍監。維新後首相・元帥・陸軍大将）　大塚5－40－1　護国寺
清岡公張（土佐藩士。半四郎。脱藩し長州に奔る。維新後司法省出仕）　大塚5－40－1　護国寺
大倉喜八郎（実業家。越後出身。戊辰戦争で巨利。大倉財閥創始者）　大塚5－40－1　護国寺
井原昂（土佐藩士。岩神主一郎。土佐勤王党員。維新後島根県知事）　大塚5－40－1　護国寺
南部利剛（盛岡藩主。戊辰戦争で奥羽越列藩同盟に参加）　大塚5－40－1　護国寺
南部利恭（盛岡藩主。戊辰戦争で敗走後、父利剛と共に謹慎）　大塚5－40－1　護国寺
前田利同（富山藩主。戊辰戦争では新政府軍に派兵）　大塚5－40－1　護国寺
伊達宗敦（仙台藩知事。維新後英国留学、貴族院議員）　大塚5－40－1　護国寺
中山忠能（堂上公家。王政復古に尽力。明治天皇外祖父）　大塚5－39　豊島ヶ岡墓所
中山慶子（忠能娘。孝明天皇女房で明治天皇生母）　大塚5－39　豊島ヶ岡墓所
有栖川宮熾仁親王（戊辰戦争では東征大総督。維新後陸軍人）　大塚5－39　豊島ヶ岡墓所
有栖川宮幟仁親王（国事御用掛。維新後神道発展に尽力）　大塚5－39　豊島ヶ岡墓所
小松宮嘉彰親王（仁和寺宮。会津征討越後口総督。陸軍で活躍）　大塚5－39　豊島ヶ岡墓所
北白川宮能久親王（輪王寺宮。維新後陸軍中将等。台南で病死）　大塚5－39　豊島ヶ岡墓所

＊豊島ヶ岡墓所は東京遷都後、明治天皇第一皇子稚瑞照彦尊が逝去したため、明治六年九月、護国寺の一部を正式に皇族墓所としたのがはじまり。関係者以外の参拝はできない。

【台東区】

井上毅（肥後藩士。維新後憲法・皇室典範起草に尽力）　谷中4—2—5　瑞輪寺
河鍋暁斎（下総出身の日本画家。代表作「暁斎漫画」「地獄極楽図」）　谷中4—2—5　瑞輪寺
大沼枕山（尾張藩士。漢詩人。梁川星巌の玉池吟社に参加）　谷中4—2—5　瑞輪寺
酒井忠毗（敦賀藩主。安政六年露国使節、元治元年四ヵ国公使と応接）　谷中4—2—5　瑞輪寺
日尾荊山（秩父出身の儒・国学者。『堤中納言物語』など研究）　谷中4—2—33　本通寺
仮名垣魯文（戯作者・新聞記者。幕末・明治の世相を風刺）　谷中4—2—37　永久寺
伊東玄朴（肥前出身の蘭方医。江戸神田に種痘所創設。蘭方医初の法印）　谷中4—4—33　天竜院
菊池教中（宇都宮藩士。坂下門外の変を援助。文久二年投獄）　谷中4—4—33　天竜院
狩野芳崖（長府藩絵師。維新後日本画近代化に尽力。「悲母観音」）　谷中5—2—22　長安寺
山岡鉄舟（幕臣。講武所教授。江戸開城に尽力。維新後宮内少輔）　谷中5—4—7　全生庵
石坂周造（彦根浪士。鉄舟義弟。維新後日本の石油事業創始）　谷中5—4—7　全生庵
三遊亭円朝（落語家。代表作「牡丹灯籠」「累が淵」）　谷中5—4—7　全生庵
松本楓湖（常陸出身の日本画家。菊池容斎門下。天狗党に参加）　谷中5—4—7　全生庵
松岡万（幕臣。文久三年浪士組取締役。維新後大警部）　谷中5—4—7　全生庵
村上俊五郎（阿波出身。文久三年浪士組上洛の幹部。清河八郎一派）　谷中5—4—7　全生庵
依田雄太郎・鈴木豊次郎（幕臣。慶応三年原市之進暗殺者）　谷中5—4—7　全生庵
高橋泥舟（幕臣。講武所槍術教授。明治元年徳川家恭順に尽力）　谷中6—1—26　大雄寺
師岡正胤（江戸の人。国学者。文久三年足利将軍木像梟首事件）　谷中6—2—35　多宝院

浅野長祚（幕臣。安政五年条約勅許のため奔走。中国書画研究）　谷中7―10―4　安立院
徳川家定（十三代将軍。開国問題・継嗣問題の最中、安政五年七月没）　上野桜木1―14―11　寛永寺
天璋院（家定夫人。薩摩出身。近衛家養女）　上野桜木1―14―11　寛永寺
徳川家達（十六代徳川宗家。田安家出身。明治元年閏四月相続）　上野桜木1―14―11　寛永寺
川路聖謨（幕臣。日露和親条約締結。明治元年三月自決）　池之端2―1―21　大正寺
藤田重之丞（幕臣。彰義隊士。明治元年五月新政府軍に殺される）　上野5―24―11　NTT東京東支店
江川太郎左衛門（幕臣。英龍。西洋砲術家。品川台場や反射炉築造）　寿2―9―7　本法寺
島田虎之助（中津藩士。剣客。直心影流男谷精一郎門下。海舟の師）　松が谷2―1―2　正定寺
伊豆長八（左官職人。入江氏。鏝細工・漆喰細工）　松が谷2―1―2　正定寺
梅田雲浜（小浜藩士。浪人し尊攘運動。安政の大獄に連座し獄死）　松が谷3―3―3　海禅寺
藤井尚弼（西園寺家諸大夫。安政の大獄に連座し獄死）　松が谷3―3―3　海禅寺
松長長三郎（幕臣。新潟奉行所吏員。明治元年自刃）　下谷1―8―22　法清寺
安藤虎五郎（幕臣。市川姓。彰義隊士。箱館戦争に参戦後病没）　西浅草1―2―7　長敬寺
彰義隊士（遺骸百三十二体を密葬、のち移葬。供養塔）　蔵前4―16―16　西福寺

■谷中霊園（谷中7―5）寛永寺・天王寺墓地等も含む

平野富二（長崎出身。本木昌造に学ぶ。維新後石川島造船所創設）　碑甲1号1側／墓乙11号14側
佐々木男也（長州藩士。南園隊総督。第二次幕長戦争従軍。維新後百十銀行支配人）　甲1号1側
池田種徳（芸州藩士。徳太郎。文久三年浪士組に参加。戊辰戦争で遊撃軍参謀）　甲1号5側
南摩綱紀（会津藩士。蝦夷駐留。維新後東大教授・弘道会副会長）　甲1号7側
三代目中村仲蔵（歌舞伎俳優。舞鶴屋。維新後中村座・久松座座長）　甲1号11側

福地桜痴（幕臣。源一郎。幕末に二度渡欧。維新後「東京日日新聞」創刊） 甲1号12側
雲井竜雄（米沢藩士。戊辰戦争で討薩の檄起草。政府転覆計画が発覚し明治三年斬） 甲2号4側
安達顕（尾張藩士。文一郎。尊攘運動のため脱藩し上京） 甲3号6側
花柳寿輔（劇界・舞踊界の立振付師。花柳流の創始者。市川鯉吉） 甲3号7側
古谷簡一（幕臣。藤吉。安政五年箱館奉行配下。北方に詳しく樺太条約に関与） 甲4号8側
滋野清彦（長州藩士。謙太郎。奇兵隊幹部。維新後陸軍中将） 甲8号9側
佐藤尚中（佐倉藩医。蘭方医ポンペ門下。維新後順天堂医院創設） 甲9号1側
川上冬崖（信濃出身。画家。幕府絵図調査役。明治十四年自決） 甲9号8側
高松保実（公家。尊攘派。安政五年幕府と折衝したい旨上書） 甲10号1側
高松実村（公家。明治元年新政府軍率い中山道進軍） 甲10号1側
藤沢次謙（幕臣。軍艦奉行・歩兵奉行。維新後静岡に移り沼津兵学校設立） 甲13号2側
佐久間秀脩（姫路藩士。尊攘派。元治甲子の獄に連座。維新後裁判官） 甲新13号4側
古屋左久左衛門（幕臣。歩兵頭。筑後出身。戊辰戦争で越後・箱館と転戦し戦死） 乙2号10側
ペール・ニコライ（ロシア人。文久元年来日しロシア領事館司祭。和漢書研究） 乙2号新1側
小花作助（幕臣。文久元年小笠原島開拓御用。維新後内務省小笠原出張所所長） 乙3号3側
石川桜所（医師。伊東玄朴門下。安政四年種痘所教授、文久二年慶喜侍医） 乙3号5側
新井忠雄（新選組隊士。高台寺党。陸奥出身。赤報隊事件に連座） 乙3号7側
古沢滋（土佐藩士。迂郎。土佐勤王党に参加し投獄。維新後自由民権運動や各県知事） 乙3号9側
柴山典（久留米藩士。尊攘派。文久三年幽閉。維新後宮谷県権知事） 乙3号10側
横尾東作（仙台藩士。戊辰戦争で各国公使に奥羽越列藩同盟の檄文送致に奔走） 乙4号4側

岸本辰雄（鳥取藩士。戊辰戦争で新国隊半隊司令。維新後明治大学創設）　乙4号9側
箕作秋坪（幕臣。津山藩出身。安政六年蕃書調所教授。慶応二年樺太境界交渉）　乙5号1側
高松凌雲（筑後出身の医師。慶応二年幕府奥詰。維新後同愛社結成）　乙5号2側
大原重徳（堂上公家。文久二年勅使として東下。王政復古で参与。維新後集議院長官）　乙6号5側
重野安繹（薩摩藩士。薩英戦争では講話談判員。維新後修史事業に従事）　乙6号5側
大島高任（盛岡藩士。蘭学を修め反射炉・製鉄高炉築造。維新後鉱業発展に尽くす）　乙7号1側
田口卯吉（幕臣。維新後経済学者・歴史家・政治家。『東京経済雑誌』創刊）　乙7号3側
村田経芳（薩摩藩士。戊辰戦争で外城一番隊長。維新後陸軍で村田銃を発明）　乙7号9側
江木鰐水（福山藩士。儒者。阿部正弘顧問。維新後士族授産に尽力）　乙7号10側
浅井寿篤・島田一郎・長連豪・脇田巧一・杉本乙菊・杉村文一（大久保利通暗殺者）　乙8号3側
中村元起（高遠藩士。昌平黌で学ぶ。維新後長野県の教育行政担当）　乙8号5側
吉田正春（土佐藩士。東洋の息子。維新後自由民権運動家。探検家）　乙8号5側
真辺戒作（土佐藩士。戊辰戦争従軍。維新後英国留学。明治十二年自殺）　乙8号5側
伊藤圭介（名古屋出身。尾張藩医。博物学・本草学者。維新後東大教授）　乙8号6側
鷲津毅堂（尾張藩奥儒官。古学流。維新後司法権大書記官。永井荷風の祖父）　乙8号10側
浅田宗伯（漢方医。慶応二年大奥侍医、法眼。維新後東宮侍医）　乙8号10側
田中芳男（信州出身の博物・物理学者。蕃書調所物産局出仕。維新後農務局長）　乙8号10側
酒井忠邦（姫路藩主。他藩にさきがけ版籍奉還を建白。明治四年米国留学）　乙8号14側
平山敬忠（幕臣。安政元年日露追加条約の審議に立ち会う。維新後神道家）　乙9号1側
岡内俊太郎（土佐藩士。重俊。慶応三年長崎で小銃千挺購入。維新後司法官僚）　乙9号7側

（左上）大原重徳墓　台東区谷中霊園
（右上）島田一郎墓　台東区谷中霊園
（左下）徳川慶喜墓　台東区谷中霊園
（右下）阿部正弘墓　台東区谷中霊園

阿部正恒（福山藩主。明治二年新政府軍に従い蝦夷に渡り転戦） 乙9号9側
伊達宗城（宇和島藩主。幕政に参加。一橋派。維新後参議・大蔵卿） 乙9号11側
山本速夫（三河吉田藩士。元治元年脱藩。明治元年高野山挙兵に参加） 乙9号19側
白根多助（長州藩士。尊攘派。会計に強い。維新後埼玉県令として税法を整備） 乙10号左7側
渋沢栄一（武州血洗島の豪農出身。一橋家臣。維新後実業界の巨頭） 乙11号1側
渋沢平九郎（武州下手計村の豪農出身。明治元年振武隊に加わり飯能で戦死） 乙11号1側
岡本健三郎（土佐藩士。小監察。維新後民撰議院設立建白に署名。実業家） 乙11号13側
三条西季知（公家。七卿の一人として長州藩へ西下。維新後参与・権大納言） 乙12号1側
坊城俊章（公家。元治元年侍従。慶応元年参与。維新後山形県知事） 乙12号8側
岩村通俊（土佐藩士。戊辰戦争で軍監。維新後開拓大判官として北海道開拓） 乙12号9側
戸田忠至（宇都宮藩士。慶応三年より高徳藩主。文久三年山陵奉行） 乙13号1側
鶴田皓（佐賀藩士。斗南。戊辰戦争従軍。維新後司法及太政官書記官、法律調査員） 乙13号左3側
秋元志朝（館林藩主。徳山藩出身。幕長関係修復のため周旋するが元治元年隠居） 乙14号1側
秋元礼朝（館林藩主。明治元年戊辰戦争で新政府軍） 乙14号1側
覚王院義観（真如院住職。明治元年慶喜助命に奔走し彰義隊を扇動。同二年獄死） 真如院墓地
徳川慶喜（十五代将軍。水戸徳川家出身。慶応三年大政奉還。維新後公爵） 寛永寺墓地
阿部正弘（福山藩主。老中首座。ペリー来航で開国政策をとる） 寛永寺墓地
松平斉民（津山藩主。確堂。文久三年国事周旋の内勅を受け、尊王に藩論統一） 寛永寺墓地
大橋一蔵（越後の豪農出身。明治九年萩の乱に連座。明訓校設立） 天王寺墓地
白根専一（長州藩士。福沢諭吉門下。維新後司法省出仕、愛媛・愛知県知事） 天王寺墓地

大野右仲　（唐津藩士。明治二年箱館戦争で新選組に入隊し頭取）　天王寺墓地
村垣範正　（幕臣。外国・神奈川奉行。万延元年遣米使節副使）　天王寺墓地
大橋訥庵　（儒者。攘夷論『闢邪小言』を著す。坂下門外の変に連座し出獄後病死）　天王寺墓地
島田篁村　（江戸の人。漢学者。海保漁村門下。維新後学習院教授。文学博士）　天王寺墓地
菊地海荘　（紀伊出身の詩人。私財を投じ窮民救済。海防・殖産に尽力）　天王寺墓地
芳野金陵　（下総出身の儒学者。駿河田中藩出仕。文久二年昌平黌儒官）　天王寺墓地
黒川真頼　（上野出身の国学者。維新後文学博士。東大名誉教授）　天王寺墓地
津田出　（紀州藩士。明治二年藩大参事となり改革断行。徴兵制提唱）　天王寺墓地
塩谷宕陰　（江戸の人。儒学者。浜松藩、幕府出仕）　天王寺墓地
新田俊純　（高家格。慶応三年新田勤王党を結成し戊辰戦争で活躍）　天王寺墓地
戸塚文海　（幕医。徳川慶喜侍医。維新後東京滋恵医院創立、海軍軍医）　天王寺墓地
河田煕　（幕臣。文久三年横浜鎖港問題で渡欧。開成所頭取）　天王寺墓地
原田一道　（岡山藩医。文久三年幕使に従い渡欧。維新後貴族院議員）　天王寺墓地
小室信夫　（丹後の豪農・商。勤王家。徳島藩大参事。維新後自由民権運動）　天王寺墓地
関藤藤陰　（福山藩士。藩執政。戊辰戦争で長州軍と交渉し和議成立）　天王寺墓地
織田完之　（三河出身。豪農。松本奎堂らと交流し尊攘運動に奔走）　天王寺墓地
小山鼎吉　（医師。下野出身。文久二年坂下門外の変に連座。維新後浦和県大参事）　天王寺墓地

【墨田区】

瀬川如皐　（歌舞伎作者。三代目。作品「切られ与三」「東山桜荘子」）　向島5―3―2　弘福寺

佐善元立（鳥取藩士。修三。文久三年、同志と京都で佐幕派重臣を襲撃） 向島5―3―2 弘福寺
安政の大地震無縁仏（慶応二年建立） 両国2―8―10 両国回向院
榊原新左衛門ら水戸藩士（水戸藩内戦で刑死。義士墓） 両国2―8―10 両国回向院
肥後藩艦四十七名（明治二年箱館戦争に向かう途中で沈没、溺死） 両国2―8―10 両国回向院
台湾従軍兵粮方（明治七年台湾出兵。有馬屋建立） 両国2―8―10 両国回向院
岩瀬京山（戯作者。山東京山。代表作『蜘蛛の糸巻』） 両国2―8―10 両国回向院
祐天仙之助（侠客。甲州出身。新徴組隊士。文久三年討たれる） 太平1―25―12 法恩寺内陽運院

【江東区】

松田東吉郎（福井藩士。藩主の命で奔走。安政六年自刃） 白河1―3―32 霊巌寺
森陣明（桑名藩士。常三。新選組頭取改役。明治二年切腹） 白河1―3―32 霊巌寺
榊原政敬（高田藩主。長州再征軍先鋒、戊辰戦争では新政府軍） 白河1―3―32 霊巌寺
黒川盛泰（幕臣。講武所奉行並兼歩兵奉行。明治元年南町奉行） 平野2―4―25 浄心寺

【品川区】

松平履堂（幕臣。講武所砲術教授、頭取。維新後陸軍省） 上大崎1―5―15 清岸寺
陣幕久五郎（力士。第十二代横綱。薩摩藩お抱え） 上大崎1―5―10 光取寺
板垣退助（土佐藩士。東山道総督参謀。維新後自由民権運動） 北品川3―7―15 高源院墓地
青山忠良（篠山藩主。天保十一年大坂城代、弘化元年老中） 北品川3―11―9 東海寺
青山忠敏（篠山藩主。生野の変鎮圧。禁門の変で御所護衛） 北品川3―11―9 東海寺

細川韶邦（熊本藩主。公武合体運動。戊辰戦争で新政府軍）　北品川3—11—17　細川家墓所
細川護久（熊本藩知事。韶邦弟。文久三年上洛。戊辰戦争従軍）　北品川3—11—17　細川家墓所
長岡護美（熊本藩大参事。細川護久弟。維新後参与、軍務副知事）　北品川3—11—17　細川家墓所
井上勝（長州藩士。文久三年英国秘密留学。維新後鉄道頭）　北品川4—11—8　東海寺墓地
鈴木主税（福井藩士。近習役として奔走。西郷隆盛と交流）　南品川4—2—17　天竜寺
岩佐純（福井藩士。長崎で西洋医学を学ぶ。維新後明治天皇侍医）　南品川4—2—17　天竜寺
奥平昌服（中津藩主。文久三年品川整備。幕長戦争出兵）　南品川4—2—35　清光院
奥平昌邁（中津藩主。明治元年徳川家存続を嘆願。四年米国留学）　南品川4—2—35　清光院
末松謙澄（豊前の豪農。伊藤博文娘婿。文相。著書『防長回天史』）　南品川4—2—35　清光院
岩倉具視（公家。討幕の密勅を画策。明治四年遣欧使節）　南品川5—16—22　海晏寺
岩倉具定（公家。具視の第三子。明治元年東山道鎮撫総督）　南品川5—16—22　海晏寺
松平慶永（福井藩主。号春嶽。政事総裁職。公武合体を推進）　南品川5—16—22　海晏寺
由利公正（福井藩士。三岡八郎。新政府で太政官札発行。東京府知事）　南品川5—16—22　海晏寺
中根雪江（福井藩士。松平慶永を助け将軍継嗣、条約改正等に尽力）　南品川5—16—22　海晏寺
伊東祐亨（薩摩藩士。戊辰戦争に参加。海軍大将。元帥）　南品川5—16—22　海晏寺
伊東祐麿（薩摩藩士。祐亨の兄。薩艦春日丸副艦長。海軍中将）　南品川5—16—22　海晏寺
寺島宗則（薩摩藩士。松木弘安。薩英戦争で捕虜となる。維新後外交官）　南品川5—16—22　海晏寺
山尾庸三（長州藩士。英国留学。維新後横須賀製鉄所創設）　南品川5—16—22　海晏寺
児島惟謙（宇和島藩士。維新後大審院長、大津事件を裁く）　南品川5—16—22　海晏寺
野口九郎太夫（会津藩士。禁門の変・戊辰戦争参加。斗南藩会計掛）　西品川1—6—26　妙光寺

馬島春海（長州藩士。吉田松陰門下。奇兵隊書記。私塾主宰）西品川1―6―26　妙光寺
伊藤博文（長州藩士。松陰門下。英国留学。維新後初代総理大臣）西大井6―10―18　伊藤家墓所
山内容堂（土佐藩主。豊信。幕政改革に参加。大政奉還を慶喜に説く）東大井4―8―4　大井公園
鵜殿鳩翁（幕臣。長鋭。日米和親条約調印。文久三年浪士取扱）小山1―4―15　長応寺

【目黒区】
三谷春道（長州藩士高杉晋作の従僕。国松。維新後第二代品川駅長）中目黒3―1―6　正覚寺
東久世通禧（公家。七卿の一人。維新後枢密院副議長）中目黒4―12―19　長泉院
渋沢喜作（豪農。一橋家臣。成一郎。振武軍を組織。維新後実業家）中目黒5―24―53　祐天寺
日野春草（土佐藩士。寺村左膳。山内容堂側近。大政奉還に尽力）中目黒5―24―53　祐天寺
柳原光愛（公家。議奏。公武合体に尽力）中目黒5―24―53　祐天寺
柳原前光（公家。光愛の子。明治元年東海道鎮撫副総督）中目黒5―24―53　祐天寺
柳原愛子（光愛の子。大正天皇生母）中目黒5―24―53　祐天寺
岡千仞（仙台藩士。鹿門。勤王家。双松岡塾主宰。維新後東京図書館長）中目黒5―24―53　祐天寺
羽倉用九（幕臣。簡堂。天保九年伊豆諸島視察。水野忠邦失脚に連座）碑文谷1―8―14　正泉寺

【大田区】
勝海舟（幕臣。江戸城開城に尽力。維新後海軍卿）南千束2―2　洗足池畔
河上彦斎（肥後藩士。高田源兵衛。攘夷論者。明治四年斬首）池上1―1―1　池上本門寺
佐伯惟量（肥後藩士。広沢参議暗殺犯の嫌疑で拷問死）池上1―1―1　池上本門寺

岡本柳之助（紀州藩士。明治四年砲兵隊長。大陸に渡り右翼浪人）　池上1－1－1　池上本門寺
花房義質（岡山藩士。慶応三年に秘密渡欧。維新後外交官）　池上1－1－1　池上本門寺
野口之布（加賀藩士。昌平黌に学ぶ。勤王党。維新後藩史編纂）　池上1－1－1　池上本門寺
松平頼学（西条藩主。和歌山藩主徳川慶福補導役）　池上1－1－1　池上本門寺
松平頼英（西条藩主。第二次幕長戦争・戊辰戦争に参加）　池上1－1－1　池上本門寺
井戸弘道（幕臣。米国大統領親書を受領した浦賀奉行）　池上1－1－1　池上本門寺法善寺墓地
竹本正雅（幕臣。外国奉行。英仏の幕府援助を拒否）　池上1－1－1　池上本門寺善国寺墓地
十九貞衛（大村藩士。三十七士同盟。戊辰戦争参戦）　池上1－1－1　池上本門寺承教寺墓地
渡辺廉蔵（刈谷藩士。彰義隊士。大総督府に潜入し斬）　池上3－20－4　馬頭観音堂
某藩の勤王の志士三名（明治元年六月死。勇士碑）　田園調布本町35－8　東光院

【世田谷区】

大久保忠愨（小田原藩主。台場建設、大砲鋳造。安政大震災復興を指導）　太子堂4－15－1　教学院
大久保忠礼（小田原藩主。元治元年京都守衛。慶応三年甲府城代）　太子堂4－15－1　教学院
大久保忠良（小田原藩主。明治元年家督相続。西南戦争で戦死）　太子堂4－15－1　教学院
岡本隆徳（小田原脱藩の尊攘派。維新後陸軍法官部長）　太子堂4－15－1　教学院
岡本秋暉（小田原藩士。隆徳父。渡辺華山と交流した画家）　太子堂4－15－1　教学院
吉田松陰（長州藩士。兵学者。松下村塾主宰。安政の大獄で斬）　若林4－35－1　松陰神社
頼三樹三郎（山陽三男。尊攘運動家。安政の大獄で斬）　若林4－35－1　松陰神社
小林良典（公卿鷹司家諸大夫。攘夷派。安政の大獄で獄死）　若林4－35－1　松陰神社

来原良蔵（長州藩士。尊攘運動に奔走し、文久二年自刃）若林4―35―1　松陰神社
福原乙之進（長州藩士。尊攘派。文久三年江戸で自刃）若林4―35―1　松陰神社
綿貫次郎助（長州藩士。元治元年藩邸没収に抗議し自刃）若林4―35―1　松陰神社
中谷正亮（長州藩士。尊攘運動に奔走。文久二年病死）若林4―35―1　松陰神社
脇屋卯三郎（幕臣。もと長州商人。元治元年長州藩に内通し切腹）若林4―35―1　松陰神社
神田源八・安間半蔵・吉田七兵衛・山田清太郎・尾上作兵衛・杉権之進・布谷佐兵衛・伊藤久平・吉田松之丞・中津弥十郎・有田吉兵衛・今井市郎・横田勝兵衛・藤邨駒吉・林重蔵・太田孫蔵・浜田平吉・友谷八郎・邨清五郎・吉富勘作・中島伊左衛門・野上仙蔵・牧西仙之助・藤田平兵衛・松本百助・隅友治郎・田中儀兵衛・中村半兵衛・伊藤清吉・石丸愛蔵・松田勝蔵・明石弥兵衛・佐伯新八・松本喜惣太・井原五郎・世良熊蔵・内村半次郎・内田連次・藤吉・与助・藤十郎・川邨佐吉・松原新兵衛・原田九郎（元治元年長州藩江戸屋敷没収のさい、諸藩江戸屋敷に預けられ幽囚中に没した長州藩士。一基に合葬）若林4―35―1　松陰神社
来原春子（長州藩士来原良蔵妻。桂小五郎妹。旧姓和田）若林4―35―1　松陰神社
広沢真臣（長州藩士。慶応二年幕府と休戦談判。維新後参議）若林4―35―1　松陰神社
野村靖（長州藩士。吉田松陰門下。維新後神奈川県令・逓信大臣）若林4―35―1　松陰神社
桂太郎（長州藩士。戊辰戦争で第四大隊を率いる。維新後首相）若林4―35―1　松陰神社
土屋蕭海（長州藩士。儒者。尊攘運動に奔走するも元治元年病死）世田谷4―27―4　勝国寺
土屋平四郎（長州藩士。蕭海の弟。壬戌丸機関長。維新後海軍機関大佐）世田谷4―27―4　勝国寺
井伊直弼（彦根藩主。大老。安政の大獄断行。万延元年暗殺）豪徳寺2―24―7　豪徳寺
井伊直憲（彦根藩主。直弼長男。戊辰戦争では新政府軍側）豪徳寺2―24―7　豪徳寺

井伊直安（与板藩主。直弼三男。戊辰戦争では新政府軍側）　豪徳寺2－24－7　豪徳寺
遠城謙道（彦根藩士。慶応元年に僧となり直弼の墓守り）　豪徳寺2－24－7　豪徳寺
日下部鳴鶴（彦根藩士。書家。明治二年太政官大書記官）　豪徳寺2－24－7　豪徳寺
岡本黄石（彦根藩士。家老。漢学者で勤王家）　豪徳寺2－24－7　豪徳寺
彦根藩戦没者十一名（戊辰戦争小山の戦いで戦死。瘞首塚）　豪徳寺2－24－7　豪徳寺
小笠原長行（唐津藩主。老中。長州再征軍。外国事務総裁）　北烏山5－8－1　幸竜寺
幾島安之丞・青木弥平・小金丸茂三太・是松新兵衛・田中誠・柴田三郎・高木吉左衛門・藤田俊郎・野瀬清蔵・深川利作・長蔵・久次・半三郎・六蔵・仁助・梅吉・又吉・太七・藤市（戊辰戦争福岡藩戦病死者の雄忠碑）　北烏山5－11－1　浄因寺
水野忠弘（山形藩主。戊辰戦争で新政府軍に抗す）　北烏山6－23－1　妙高寺

【渋谷区】

斎藤弥九郎（越中出身の剣術家。篤信斎。江戸で練兵館主宰）　代々木5－2－1　福泉寺
高木三郎（庄内藩士。海舟門下で米国留学。維新後外交官）　広尾1－1－18　法雲寺
島津忠寛（佐土原藩主。戊辰戦争の功で賞典禄三万石）　広尾2－5－11　東北寺
樺山舎人（佐土原藩士。久舒。薩英戦争・戊辰戦争に従軍）　広尾2－5－11　東北寺
荒井郁之助（幕臣。箱館政府の海軍奉行）　広尾5－1－21　祥雲寺
有馬頼咸（久留米藩主。慶頼。洋式兵制改革。戊辰戦争で新政府軍）　広尾5－1－21　祥雲寺
鈴木鐔次・坪井鼎治・鈴木宗十郎・県一・中田善三・吉田立爾・島村平四郎・吉田新兵衛・鈴木政右衛門（明治二年処刑。吹上藩難九志士）　広尾5－1－21　祥雲寺

黒田長義（秋月藩主。長崎護衛。文久二年没）　広尾5―1―21　祥雲寺
大給恒（奥殿藩主。若年寄。陸軍総裁。維新後博愛社設立）　広尾5―1―21　祥雲寺
浜野定四郎（中津藩士。英語学者。慶応義塾々長）　広尾5―1―21　祥雲寺
安部信発（岡部藩主。元治元年天狗党の領内通過を阻止）　広尾5―1―21　祥雲寺
織田信成（柳本藩主。文久三年天誅組鎮圧。崇神天皇陵を修復）　広尾5―1―21　祥雲寺
高橋由一（佐野藩士。洋画家。川上冬崖・ワーグマンに師事）　広尾5―1―21　祥雲寺
斎藤大之進（幕臣。文久元年英国公使館警固。翌二年渡欧）　千駄ヶ谷2―35―1　瑞円寺

【中野区】
河竹黙阿弥（狂言作家。二代目河竹新七。「十六夜清心」「都鳥廓白浪」）　上高田1―2―7　源通寺
水野忠徳（幕臣。浦賀・長崎奉行を経て安政五年初代外国奉行）　上高田1―27―6　宗清寺
新見正興（幕臣。外国奉行。万延元年遣米使節正使）　上高田4―10―1　願正寺
武市熊吉・武市喜久馬・山崎則雄・島崎直方・下村義明・岩田正彦・中西茂樹・中山泰道・沢田悦弥太（土佐藩士。明治七年喰違事件で処刑）　上高田4―13―1　宝泉寺
相馬充胤（中村藩主。教育や民政に尽力。安政年間北海道開拓）　上高田4―13―1　宝泉寺
大関増裕（黒羽藩主。幕府海軍奉行・若年寄。碑銘は山岡鉄舟筆）　上高田4―14―1　功運寺
川住行教（西尾藩士。ペリー来航時江戸近海備向掛）　弥生町4―12―1　正蔵院
伊庭八郎（幕臣。剣士。遊撃隊。明治二年箱館で戦死）　沼袋2―19―28　貞源寺

【杉並区】

篠崎彦十郎・児玉雄一郎ら薩摩藩邸焼き打ち事件殉難者　和泉3—52—18　大円寺
黒田平左衛門・湯地次右衛門・有吉庄之丞・竹下猪之丞・隈元太一左衛門・岩下平之助・海江田諸右衛門・野村庄八・唐鎌勘助・奥新五左ヱ門・税所竜右ヱ門・床次吉之助・藤野休八・竹迫十次郎・北条慎一郎・益満休之助・川北五郎左ヱ門・貴島勇右ヱ門・伊地知惣吉・左近允弥兵衛・有川彦右ヱ門・佐土原新助・肝付十郎・坂本亮之助・橋口与助・原田敬助・河野壮八・鮫島金兵衛・田中太郎太・愛甲嘉右ヱ門・門松喜蔵・有馬早八郎・堀孫六・上村直之進・樺山十兵衛・床次勇四郎・財部与八・山田司・日高喜次郎・福永弥七郎・林六郎兵衛・鮫島四郎兵衛・鈴木武五郎・向井納四郎・梅太郎・喜助・弥三郎・清助・鶴吉・寅吉・由蔵・勇蔵・橋口清太郎・松元小八・池田荘之進・彦四郎・次郎・金次郎・袈裟次郎・孫右衛門・春口伝助・有村源治郎・徳蔵・峰吉・喜助・金次郎・谷村小吉・菊池竹庵・助市・藤助・石川初太郎・坂本五四郎（戊辰薩藩戦死者墓に合葬）　和泉3—52—18　大円寺
佐土原藩戊辰戦争戦没者　和泉3—52—18　大円寺
横山安武（薩摩藩士。島津久光側近。明治三年諫死）　和泉3—52—18　大円寺
八田知紀（薩摩藩士。桂園派の歌人。維新後歌道御用掛）　和泉3—52—18　大円寺
今川範叙（幕府高家衆。安政元年京都御使。明治元年若年寄）　和田1—44—24　長延寺
杉浦梅潭（幕臣。文久二年洋書調所頭取。慶応二年箱館奉行）　和田1—44—24　長延寺
鈴木重胤（国学者。淡路島出身。平田篤胤門下。文久三年八月暗殺）　和田1—44—24　長延寺
長谷川平兵衛（幕臣。馬術指南。慶応元年閏五月京都で没、自決とも）　和田2—16—13　立法寺
彰義隊士（村人に殺された数名。十三塚之碑）　和田2—18—3　東円寺
大久保忠恒（幕臣。慶応二年ベルギーとの修好通商・航海条約締結全権）　永福3—56—29　理性寺
辻元崧庵（幕府侍医。安政元年法印。安政元年軍艦建造を幕府に進言）　梅里1—1—1　真盛寺

三野村利左衛門（信州出身。戊辰戦争で新政府軍に献金）梅里1—1—1 真盛寺
山城屋和助（長州奇兵隊士。野村三千三。維新後政商。明治五年自決）梅里1—4—56 西方寺
成瀬正肥（犬山藩主。明治元年朝命で尾張藩付家老格から立藩）堀ノ内3—43—27 修行寺
高津儀右衛門ほか数名（彰義隊士。敗れて自刃）成田西4—13—13 共同墓地

【豊島区】

伊達慶邦（仙台藩主。奥羽越列藩同盟主。明治二十三年改葬、墓跡碑）駒込6—11—4 西福寺
蒔田広孝（浅尾藩主。元治元年京都見廻組頭。禁門の変に出動）駒込7—4—14 勝林寺
久貝正典（幕臣。安政五年講武所総裁兼大目付。安政の大獄処断）巣鴨5—32—5 白泉寺
千葉周作（剣士。奥州出身。北辰一刀流開祖。玄武館設立）巣鴨5—35—6 本妙寺
久世広周（関宿藩主。老中。公武合体策を推進。外国御用取扱）巣鴨5—35—6 本妙寺
森山多吉郎（通訳。長崎出身。文久二年幕府使節に従い渡欧）巣鴨5—35—6 本妙寺
三浦休太郎（紀州藩士。安。慶応三年天満屋で襲われる。東京府知事）西巣鴨4—8—28 妙行寺
新門辰五郎（侠客。江戸町火消し十番組頭取。徳川慶喜と親交）西巣鴨4—8—40 盛雲寺
神木隊戊辰戦死者二十六名（高田藩士。旧幕軍に投じ上野・箱館で戦う）南池袋2—20—37 本立寺

■**染井霊園**（駒込5—5）

戸田光則（松本藩主。天狗党鎮圧、幕長戦争に出兵。戊辰戦争で新政府に恭順）1種イ2号9側
宍戸璣（長州藩士。山県半蔵。慶応元年幕府問罪使と談判。維新後元老院議官）1種イ3号1側
寺本義久（津藩士。明治九年思案橋事件で殉職した警視庁警部補）1種イ3号5側
中村清行（吉田藩士。明治元年東海道総督府会計掛。維新後第十五銀行支配人）1種イ3号8側

（左上）斎藤弥九郎墓　渋谷区福泉寺
（右上）千葉定吉・重太郎墓　豊島区雑司が谷霊園
（左下）雲井竜雄墓　荒川区回向院
（右下）小笠原忠忱墓　府中市多磨霊園

樺山資紀（薩摩藩士。戊辰戦争に参加。明治十年熊本鎮台参謀長。海軍大臣） 1種イ3号10側
福原実（長州藩士。戊辰戦争で陸軍局出仕。維新後陸軍少将・沖縄県知事） 1種イ3号13側
小原重哉（岡山藩士。尊攘派。元治元年新選組密偵を暗殺。維新後判事） 1種イ3号14側
徳川昭武（水戸藩主。慶応三年パリ万博へ参加。松戸徳川家） 1種イ3号17側
松浦詮（平戸藩主。蘭学・鋳砲を奨励。明治元年二条城行幸の前駆） 1種イ4号1側
松平定敬（桑名藩主。元治元年京都所司代。戊辰戦争で新政府に抗戦） 1種イ4号2〜3側
川田小一郎（土佐藩士。勧業・鉱山・通商業務担当。維新後日銀総裁） 1種イ4号6側
酒井忠績（姫路藩主。文久三年老中上座。元治元年土佐勤王党弾圧） 1種イ4号6側
酒井忠惇（姫路藩主。慶応三年老中上座。明治元年新政府軍に無血開城） 1種イ4号8側
山脇十左衛門（桑名藩士。臥雲。京都で他藩との折衝役） 1種イ4号19側
山脇隼太郎（桑名藩士。十左衛門の子。明治二年箱館戦争で新選組に参加） 1種イ4号19側
杉亨二（統計学者。長崎出身。元治元年開成所教授職。日本初の人口調査） 1種イ6号11側
井上正順（高岡藩主。戊辰戦争では新政府に恭順） 1種イ7号6側
青山真道（苗木藩士。明治二年大参事として藩政改革。易を学び大成） 1種イ8号2側
福岡孝弟（土佐藩士。慶応三年参与。明治元年五箇条の御誓文起草） 1種イ8号3側
坪井信道（蘭方医。美濃出身。江戸で日習塾主宰。天保九年長州藩侍医） 1種イ8号6側
坪井信良（越中出身の医師。信道養子。福井藩侍医。安政四年将軍奥医師） 1種イ8号6側
井上正直（浜松藩主。寺社奉行・老中。戊辰戦争で新政府軍に従う） 1種イ8号6側
小河一敏（岡藩士。尊攘派。文久二年寺田屋事件に連座し投獄） 1種ロ1号4〜5側
藤堂高猷（津藩主。文教興隆、藩政改革。戊辰戦争では新政府軍） 1種ロ4号8〜12側

下岡蓮杖（伊豆下田出身の写真師。文久二年横浜で開業）　1種ロ6号5側
土方久元（土佐藩士。土佐勤王党員。文久三年七卿に従い西下。維新後宮内大臣）　1種ロ6号12側
平田鉄胤（秋田藩士。国学者。文久二年京都周旋。維新後天皇侍講・大学大博士）　1種ロ6号17側
正木退蔵（長州藩士。吉田松陰門下。英人スティブンソンに松陰を紹介）　1種ロ9号4側
松浦武四郎（郷士。伊勢出身。樺太・千島踏査。幕府御雇。維新後開拓使出仕）　1種ロ10号2側
久米幹文（水戸藩士。神道家。斉昭に従う。著書『水屋集』『手むけくさ』）　2種ハ5号5側
新田邦光（徳島藩士。神道家。戊辰戦争に従軍。維新後神道修成派結成）　2種ハ8号35～43側
岩崎弥太郎（土佐藩士。吉田東洋門下。維新後三菱商会を設立し西南戦争で軍事輸送）　岩崎家墓所

■雑司が谷霊園（南池袋4―25）

沢為量（公家。安政五年条約反対。明治元年奥羽鎮撫副総督）　1種1号3側
岩瀬忠震（幕臣。安政五年日米修好通商条約締結）　1種1号8側
川本幸民（三田藩士。江戸へ出て蘭方医。マッチ試作、ビール醸造、電信機試作）　1種2号1側
成島柳北（幕臣。儒者。維新後ジャーナリストとして政府批判）　1種4号6側
中島錫胤（徳島藩士。永吉。文久三年足利将軍木像梟首事件）　1種4号A2側
加藤弘之（出石藩士。ドイツ学先覚者。維新後東京大学総長）　1種4号B3側
小栗上野介（幕臣。忠順。財政・軍事担当。戊辰戦争で主戦論を唱え、新政府軍に斬）　1種4号B5側
千葉定吉（剣士。北辰一刀流。陸奥出身。周作弟。嘉永六年鳥取藩剣術師範）　1種6号5側
千葉重太郎（剣士。北辰一刀流。鳥取藩士。定吉長男。維新後開拓使出仕）　1種6号5側
諫早生二（長州藩士。吉田松陰門下。幕府に恭順し藩内戦で敗走。維新後教部省出仕）　1種9号44側
渡辺重石丸（豊前出身。神官・国学者。維新後内務省社寺局出仕）　1種11号6側

中浜万次郎（土佐出身。天保十二年漂流し米国で教育を受ける。嘉永四年帰国） 1種15号19側
大井憲太郎（豊前出身。長崎・江戸開成所で学ぶ。維新後自由民権運動、大阪事件首謀者） 1種16号3側

【北区】

近藤勇（武州上石原村出身。新選組局長。明治元年板橋で斬首） 滝野川7—8—1 寿徳寺境外墓地
土方歳三（武州石田村出身。新選組副長。明治二年箱館で戦死） 滝野川7—8—1 寿徳寺境外墓地
永倉新八（松前脱藩。新選組二番隊長） 滝野川7—8—1 寿徳寺境外墓地
大島久直（秋田藩士。戊辰戦争で奥羽鎮撫総督護衛。維新後陸軍大将） 田端1—25—1 与楽寺
横山猶蔵（福井藩士。安政五年君命で京都で周旋。同年病没） 田端3—21—1 大久寺
彰義隊士（飛鳥山石神井河畔で殺された六人） 豊島2—14—1 西福寺

【荒川区】

永井尚志（幕臣。開明派。外国奉行・若年寄。大政奉還に尽力） 日暮里3—1—3 本行寺
市河米庵（加賀藩士。書道家。明清の書の影響を受ける） 日暮里3—1—3 本行寺
市河万庵（幕臣。米庵の子。書道家。先手鉄砲方） 日暮里3—1—3 本行寺
森春濤（尾張出身。漢詩人。『新文詩』創刊） 西日暮里3—2—6 経王寺
大橋佐平（越後出身の実業家。長岡藩御用達。博文館書店創設） 西日暮里3—3—8 養福寺
市橋長義（西大路藩主。高島秋帆門下。戊辰戦争で新政府軍） 西日暮里3—8—3 南泉寺
尾関隼人・山本半弥・伊藤梓・岸静江・川島倉次・永井金三郎・笹瀬豊次郎・関屋鑑一郎・那波民衛・
河村鋼之助・近沢竜之進・増田倉次・西川亀太郎・桜木長吉・力石金司・小林久太郎・大村喜八郎・

安達市太郎（浜田藩の幕長戦争と鳥羽・伏見の戦いにおける戦死者。旧浜田藩殉難諸士碑）　東日暮里5—41—14　善性寺

小花和重次郎（幕臣。明治元年四月野州安塚で戦死）　東日暮里5—41—14　善性寺

彰義隊士および榎本武揚ら幕臣の墓・慰霊碑　南千住1—59—11　円通寺

吉田松陰・橋本左内・頼三樹三郎・梅田源次郎（雲浜）・成就院信海・茅根伊予之介・小林良典・鵜飼吉左衛門・鵜飼幸吉・須山万・六物空満・日下部祐之進・飯泉喜内・水口秀三郎・平尾信種（安政の大獄関係者）　南千住5—33—13　小塚原回向院

金子孫二郎・稲田重蔵・関鉄之介・佐野竹之介・斎藤監物・山口辰之介・黒沢忠三郎・鯉淵要人・大関和七郎・森五六郎・広岡子之次郎・森山繁之介・杉山弥一郎・蓮田市五郎・岡部三十郎・後藤哲之介・有村次左衛門・島男也・佐久良東雄・大貫多助・宮田瀬兵衛・妓女滝本（桜田門外の変関係者）　南千住5—33—13　小塚原回向院

川辺左次衛門・高畑房次郎・小田彦三郎・黒沢五郎・河野顕三・中野方蔵・平山兵介・川本杜太郎・横田藤太郎・小島強介・得能淡雲（坂下門外の変関係者）　南千住5—33—13　小塚原回向院

蓮田東三・信太仁十郎・住谷悌之助・窪田新五右衛門・柴田市太郎・笠井伊蔵・中村太郎・西川練蔵・中島久蔵・落合鋪之助・村田雷助・榊鉞三郎・伊藤軍兵衛・千葉昌平・石井金三郎・雲井竜雄（幕末維新関係の国事犯等）　南千住5—33—13　小塚原回向院

＊小塚原回向院の墓の人名は同院発行リーフレット『史蹟小塚原回向院と烈士の墳墓』による。

【板橋区】

佐竹義堯（秋田藩主。戊辰戦争で新政府軍に味方する）　小豆沢3—7—9　総泉寺

佐藤時之助（秋田藩士。明治四年偽金造りの責を負い獄死） 小豆沢3—7—9 総泉寺
根本通明（秋田藩士。藩校明徳館学長。維新後文学博士） 小豆沢3—7—9 総泉寺
大縄織江（秋田藩士。財政改革。明治四年少参事心得） 小豆沢3—7—9 総泉寺
初岡敬治（秋田藩士。孤松。戊辰戦争で他藩応援。明治四年斬首） 小豆沢3—7—9 総泉寺

【練馬区】

井口忠左衛門（名主。十五代。御門訴事件首謀者で明治三年獄死） 関町北4—16—3 本立寺

【足立区】

安藤広重（浮世絵師。歌川広重。代表作「東海道五十三次」「名所江戸百景」） 伊興本町1—5—16 東岳寺
彰義隊人夫（明治元年、広島藩が建てた供養塔） 千住1—2—2 不動院

【葛飾区】

安積艮斎（陸奥出身の儒者。佐藤一斎門下。昌平黌教授） 堀切3—25—16 妙源寺
東条一堂（上総出身の儒者。神田お玉が池で瑶池館主宰） 堀切3—25—16 妙源寺

【二十三区外】

近藤勇（新選組局長。農出身。天然理心流宗家。明治元年斬首） 三鷹市大沢6—3—11 龍源寺
宮川信吉（新選組隊士。近藤勇従兄弟。慶応三年闘死） 三鷹市大沢6—3—11 龍源寺
小金井小次郎（侠客。三宅島に流され石炭造りを指導） 小金井市中町4—13 金蔵院墓地

木曾源太郎(肥後藩士。生野挙兵、禁門の変に参戦。維新後徴士)　府中市片町2―4―1　高安寺
海保漁村(幕臣。儒学者。幕府医学館教授。家塾伝教廬主宰)　府中市紅葉丘2―26　普賢寺
西園寺実満(京都生まれの学者。維新後温和学堂主宰)　府中市本町1―5―4　善明寺
松本捨助(新選組隊士。本宿出身。明治元年勝沼で負傷)　府中市西府町3―4　本宿共同墓地
成合清(桑名藩士。戊辰戦争で軍監。箱館で新選組入隊)　府中市若松町5―9―5　大長寺
糟屋良循(医者。土方歳三三番目の兄。新選組に関わる)　府中市白糸台3―10―7　観音院
三河屋幸三郎(俠商。八丈島生まれ。彰義隊の遺骸を埋葬)　西東京市ひばりが丘4―8　本願寺墓地
並木綱五郎(剣士。北辰一刀流。田無で道場を主宰)　西東京市芝久保町2―11　芝久保墓地
佐藤彦五郎(日野宿名主。日野農兵隊隊長。新選組を後援)　日野市日野本町2―12―13　大昌寺
井上源三郎(八王子千人同心。新選組幹部。明治元年一月戦死)　日野市日野本町3―6―9　宝泉寺
土方歳三(新選組副長。石田村農出身。明治二年箱館で戦死)　日野市石田145　石田寺
石坂弥次右衛門(八王子千人同心。日光を戦火から守る)　八王子市千人町1―2―8　興岳寺
粟沢汶右衛門(八王子千人同心。組頭。千人隊賄方)　八王子市千人町2―14―18　宗格院
松本斗機蔵(八王子千人同心。徳川斉昭に海防を上書)　八王子市千人町2―14―18　宗格院
斎藤一諾斎(甲斐全福寺住職。新選組に参加。維新後寺子屋主宰)　八王子市堀之内547　保井寺
小川興郷(一橋家臣。彰義隊士。椙太。上野彰義隊士墓創建)　八王子市加住町1―4―15　大乗寺
横倉甚五郎(新選組隊士。箱館戦争参加。明治三年獄死)　八王子市鑓水1356　大法寺

■多磨霊園(府中市多磨町4)

小笠原忠忱(小倉藩主。第二次幕長戦争で敗走。戊辰戦争では新政府軍)　2区1種4側
小泉信吉(紀州藩士。福沢諭吉門下。維新後開成学校教授)　3区1種17側

安田善次郎（越中出身。元治元年江戸で両替商開業。維新後政商）　3区1種24側
本多忠民（岡崎藩主。京都所司代。老中。明治二年隠居）　3区1種25側
安藤直裕（紀州田辺藩主。紀州藩主補佐。第二次幕長戦争で前軍総督）　4区1種14側
間部詮勝（鯖江藩主。京都所司代。老中。安政の大獄を指揮）　4区1種29側
阿部正外（白河藩主。老中。明治元年奥羽越列藩同盟に参加）　6区1種5側
原六郎（但馬の豪農。生野の変首謀者。戊辰戦争参戦。維新後実業家）　7区1種5側
東郷平八郎（薩摩藩士。戊辰戦争で春日艦士官。日露戦争で連合艦隊司令長官）　7区特種1側
西園寺公望（公家。山陰道・北陸道鎮撫総督。維新後文相・首相）　8区1種1側
徳大寺実則（公家。文久三年八月十八日の政変で失脚。明治元年参与。侍従長）　8区1種1側
黒木為楨（薩摩藩士。戊辰戦争参戦。日露戦争で第一軍司令官）　8区1種2側
狩野良知（秋田藩士。著作『三策』。維新後内務省出仕）　8区1種13側
児玉源太郎（徳山藩士。戊辰戦争に参加。維新後陸軍大将）　8区1種17側
西郷従道（薩摩藩士。隆盛弟。寺田屋事変、薩英戦争に参加。維新後海軍大将）　10区1種1側
柴山愛次郎（薩摩藩士。文久三年寺田屋事件で鎮撫使に斬られる）　10区1種13側
柴山良助（薩摩藩士。江戸留守居役。英国と同盟交渉。明治元年伝馬町獄で自決）　10区1種13側
大久保一翁（幕臣。忠寛。若年寄。江戸開城に尽力。墓碑銘は勝海舟揮毫）　11区1種2側
川村純義（薩摩藩士。戊辰戦争では薩軍四番隊長。維新後海軍軍人）　11区1種2側
河田景与（鳥取藩士。佐久馬。文久三年保守派重臣を暗殺。戊辰戦争に参戦）　11区1種12側
本多康穣（膳所藩主。京都御所警固。戊辰戦争で桑名藩討伐）　12区1種3側
長三洲（豊後出身。漢学者・書家。長州奇兵隊幹部。維新後文部省学務局長兼侍書）　12区1種17側

長梅外（豊後出身。漢学者。三洲父。英彦山座主右筆。長州藩へ亡命）12区1種17側
渡辺国武（高島藩主。戊辰戦争に参加。維新後大蔵大臣・逓信大臣）14区1種1側
箕作阮甫（津山藩士。幕臣。蕃書調所教授等）14区1種2側
箕作麟祥（阮甫孫。維新後法律家）14区1種2側
広瀬青邨（漢学者。淡窓養子。府内藩出仕。維新後東京で東宜園主宰）21区1種6側
高見弥市（土佐藩士。大石団蔵。土佐勤王党員。文久二年吉田東洋を暗殺）22区1種5側

補遺

【港区】

■青山霊園（南青山2―32―2）

村橋久成（薩摩藩士。ロンドンへ密航留学。開拓使でビール工場造営）1種イ10号2側
長野桂次郎（立石斧次郎。トミー。万延元年渡米。岩倉使節団参加）1種ロ6号6側
曽根荒助（長州藩士。戊辰戦争従軍。日露戦時の大蔵大臣）1種ロ12号28側

【大田区】

月形潔（福岡藩士・尊攘派。樺戸集治監典獄）西粕谷1―12―1　安泰寺

【台東区】

■谷中霊園（谷中7―5）

加藤有隣（笠間藩儒者。桜老。長州に招かれ明倫館教授）乙6号4側

＊土生玄碩の墓には杉並区の築地本願寺和田堀廟所へ移転、築地本願寺には碑のみ残る。坂英力の墓は仙台市の日浄寺へ、但木土佐の墓は宮城県黒川郡大和町の保福寺へ移転。

おわりに

最後に、本書が成るまでの経緯を述べておきたい。私事にまつわる点も多いが、なにとぞお許し願いたい。

いまから二十年近く前、大学進学のために故郷神戸から上京した私は、少なくとも四年間は東京で生活するのだから、この地でしかできない何かをやろうと思った。考えたすえ、東京に残る幕末史跡のすべてを、写真と文章で記録しようと決めた。というのも、東京の幕末史跡をまとめた書籍というのが、それまで一冊も出版された形跡がないのだ。東京に住み、幕末に関心を寄せる当時の私にとり、それは自分自身が最も欲していた情報だったのである。

まず、図書館や書店をまわり、各区史やさまざまな本・古地図から幕末に関する史跡を調べては訪ね歩いた。多くの史跡は碑や説明板があるのはいい方で、ほとんどはすっかり忘れ去られ、ビルや空き地に変貌していた。しかし、現地に足を運んで、江戸時代の区画がそのまま残っているのを〝発見〟したり、激動の時代に思いを馳せたりするのは、歴史との接点を持ったような気分が味わえて、実に有意義な時間だった。

あるいは、広大な青山・谷中・染井・雑司が谷・多磨の各霊園や、町中の寺院墓地に眠る先人たちを訪ねるのも、よい勉強になった。そのために使ったのが、当時としては最新の情報源であるはずの日本歴史学会編『明治維新人名辞典』（昭和五十六年）だった。これには大半の人物の項目に墓所の所在が記されている。一千ページを越える大部の辞典の中から東京都にある墓所を書き出すという大変な作業を、学友たち（中野・磯野・今泉各君）が手伝ってくれた。

ところが実際、辞典から得た情報をもとに歩いてみると、とんでもないことになった。三回に一回（あるいはそれ以上）の割くらいで、墓が現存していないのだ。これは辞典執筆者の多くが新たに確認したわけではなく、『関八州名墓誌』（大正十五年）や『東京掃苔録』（昭和十五年）といった、古い文献のデータをそのまま引き写したのが原因であることが分かってきた。

関東大震災や東京大空襲をくぐり抜け、つねに都市整備や開発が繰り返されてきた東京で、通用するはずのない戦前のデータが大手を振ってまかり通っている。しかも私が東京の住民だった昭和末期はバブル経済絶頂期で、あちこちで「町壊し」が行われるのを見るにつけ、あらためて記録作りが重要であることを痛感した。

上京してから半年ほど経ったある日のこと。ふとしたきっかけで、歴史出版を手がける新人物往来社の編集者吉成勇さん（現・合資会社歴研主幹）と知り合った。吉成さんは、私の話す東京の幕末史跡に興味を示し、記録が完成した暁には書籍として出版しようと言ってくれた。

思いがけず出版という目標ができたので、私はますます張り切って史跡をまわり、記録づくりに精を出した。吉成さんもいろいろと便宜をはかって下さり、作業は大いにはかどった。しかし結果から言えば原稿は一応完成したものの、出版はされなかった。わずかに、吉成さんが編集長をつとめる月刊誌『歴史研究』に昭和六十三年四月号から約二年半にわたり「東京幕末維新史蹟めぐり」として、月一ページ連載したにとどまった。

大学卒業後、間もなく東京を離れた私は山口県に住むようになったが、年数回上京するたび、時間を見つけては史跡を訪ね歩くことだけは、なかば義務のように続けていた。その間にも佐賀藩主鍋島閑叟、老中安藤信正、長州藩士福原芳山、備中松山藩儒者三島中洲、丸亀藩士土肥大作、文人画家田崎草雲、薩摩藩三田屋敷焼き打ち事件犠牲者の墓などが、東京からなくなっていったのを知り、感慨深いものがあった。

昨年の春、拙著『長州奇兵隊』を担当して下さった中央公論新社の酒井孝博さんと東京でお会いしたさい、幕末の「読む年表」を書かないかという話になった。私は軽々しく引き受けたものの、実際に取りかかってみると、書いていても、読み直してみても、何とも面白くない。それに年表だから、酒井さんの注文どおり私の主張を入れれば入れるほど、バランスが崩れてゆく気がして、とにかくまとまらなかった。

半年以上悪戦苦闘し、諦めかけていたとき、かつて取材した東京の史跡を散りばめながら幕末史を書けないものだろうかとの思いが、頭をよぎった。早速、わが家の押し入れに突っ込んだままの段ボール二箱分の原稿や写真、コピーやメモ類を取り出し、眺めていたら、なんとなくイメージが沸いてきた。

こうして昨年暮から今年の春にかけて一気に書き上げたのが、本書である。再確認のために「テロ対策特別警備中」の貼り紙を脇目に何度も上京し、久しぶりに連日取材に没頭したのも実に楽しい時間だった。割愛した史跡や話も多いのだが、ともかく十九歳のときに立てた拙《つたな》い「志」が、紆余曲折しながらもようやくひとつの形になったような気がしている。

以前、構想していたのは地域ごとに分類した史跡ガイドだったが、このたび書いたのは時代順だ。本書で扱った「幕末」とは、ペリー来航から戊辰戦争の終結までを一応の区切りとしている。しかしその前後も、盛り込んだ。特に第四章は「明治維新」に裏切られ、散っていった人々の思いに感ずるものがあるので、あえて華々しい文明開化のイメージとは逆行する歴史を書かせてもらった。

あらためて感じたのは、文久三年（一八六三）三月の将軍上洛から慶応三年（一八六七）十二月の薩摩藩邸焼き打ちまでの五年間、歴史の舞台はすっかり西日本に移り、江戸は取り残されていたということだ。その意味するところは幕末史上で、決して小さくはないと考えている。この空白部分に関しては、いずれ関西篇を書きたい。

「はじめに」でも述べたが、二十年近くも東京の幕末史散歩を行ってきたせいで、私の頭の中では東京という街が巨大なテーマパークか、野外博物館になっている。地名を耳にすると、その近くには誰々の墓があったとか、何々の跡だとか、そんなことばかりが思い浮かぶ。

もし、本書を携えて、東京の幕末史散歩を試みようとされるなら、地図を備えられ、それに印をつけて歩いていただければと思う。私が愛用しているのは、各区・各市ごとに分けられた地図が一冊になっているものだ。最近ではウォークを楽しむための地図も、ずいぶんたくさん発行されている。本文中では、できるだけ細かい番地を記しておいたし、東京は現地の番地表示も親切なので、適当な地図さえあれば、わりと簡単にお目当ての史跡にたどり着けるはずだ。

本書により一人でも多くの方が、都会の中で幕末史に思いを馳せられ、歴史散歩を楽しんでいただければ幸いである。そして本書が二十一世紀初頭、東京における幕末史跡の現状を伝えるひとつの記録となることを願っている。

最後になりましたが、つねに温かい支援を下さる吉成勇さん、東京の大学に行くことを許してくれた神戸の両親、東京取材のさいはいつも便宜をはかってくれる大学以来の親友平山智康君、出版を担当して下さった中央公論新社の酒井孝博さんをはじめ、ご協力いただいたすべての方々に感謝しながら筆を措きたいと思います。ありがとうございました。

平成十六年五月　春風文庫にて

一坂太郎

参考文献

本書の骨格となっているのは、あとがきでも述べているとおり十数年前に書いた未刊行『東京幕末維新史蹟めぐり』である。ただし当時メモを取っていなかったため、いまとなっては私自身、どんな参考文献を使ったのか、十分に思い出せない。ここに紹介させていただくのは、現在、本書を書くにあたって私の机の周囲に集まっている参考文献（出版順）であるから、これが全てではない。また本文中で一度でも紹介したものや、辞典、各区市史などは除かせていただいた。

本書を書くにあたり、著書を通じてお世話になった多くの先学に感謝の意を捧げます。

岩崎英重『維新前史　桜田義挙録』全三冊（明治四十四年）
渋沢栄一編『徳川慶喜公伝』全七冊（大正六年）
末松謙澄編『修訂防長回天史』全十二冊（大正十年）
大川信義『大西郷全集』全三冊（大正十五年〜昭和二年）
東京市役所『講武所』（昭和五年）
徳富蘇峰『近世日本国民史』全百冊（昭和九年ほか）
維新史料編纂会『維新史』全六冊（昭和十六年）
吉田常吉編『航海日記』（昭和三十四年）
山本秋広『安藤対馬守と幕末』（昭和三十四年）
藤島一虎『幕末剣客物語』（昭和三十八年）
吉田常吉『井伊直弼』（昭和三十八年）
矢富熊一郎『維新前夜石見乃戦』（昭和四十年）
武部敏夫『和宮』（昭和四十年）
小西四郎『日本の歴史19　開国と攘夷』（昭和四十一年）
我妻栄『日本政治裁判史録』明治前（昭和四十三年）
金子浩司『幕末の日本』（昭和四十三年）
『史談会速記録（合冊）』全四十五冊（昭和四十六年ほか）

小山松勝一郎『清河八郎』（昭和四十九年）
石井孝『勝海舟』（昭和四十九年）
荒木精之『定本河上彦斎』（昭和四十九年）
栗原隆一『御用盗始末記』（昭和五十年）
五十嵐和敏『よくわかる幕末』（昭和五十年）
遠藤幸威『皇女和宮』（昭和五十一年）
東京都歴史教育研究会編『東京都の歴史散歩』全二冊（昭和五十二年）
谷川健一『最後の攘夷党』（昭和五十二年）
惣郷正明『サムライと横文字』（昭和五十二年）
西郷従宏『元帥西郷従道』（昭和五十六年）
松岡英夫『岩瀬忠震』（昭和五十六年）
『NHK歴史への招待（14）』（昭和五十六年）
北原糸子『安政大地震と民衆』（昭和五十八年）
篠原宏『陸軍創設史』（昭和五十八年）
竹橋事件の真相を明らかにする会『自由民権・東京史跡探訪』（昭和五十九年）
小西四郎編『勝海舟のすべて』（昭和六十年）
遠矢浩規『利通暗殺』（昭和六十一年）
彰義隊史談会編『彰義隊』全四冊（昭和六十二年～平成元年）
荒俣宏『日本妖怪巡礼団』（平成元年）
吉田常吉『安政の大獄』（平成三年）
勝部真長『勝海舟』上下（平成四年）
千鹿野茂『探訪江戸明治名士の墓』（平成五年）
田中潔『青山霊園』改訂版（平成六年）
歴史群像シリーズ特別編集『幕末江戸』（平成七年）
宮永孝『幕末異人殺傷録』（平成八年）
人文社編集部『江戸から東京へ　明治の東京』（平成八年）
青山忠正『幕末維新・奔流の時代』（平成八年）
野口武彦『安政大地震』（平成九年）
鈴木暎一『藤田東湖』（平成十年）
一坂太郎『東京の中の防長』（平成十年）
氏家幹人『大江戸死体考』（平成十一年）
『旧幕府（合冊）』全五冊（平成十五年）
江戸いろは会『29のテーマでめぐる江戸歴史散歩』（平成十五年）
武蔵義弘『知られざる東京の史跡を探る』（平成十六年）
『高幡不動尊の新選組関連資料』（刊記無）
松本勇介「新出史料による吉田松陰改葬日の見直し」（『日本歴史』二〇一九年六月号）

【ラ 行】

【ワ 行】

【ヤ　行】

【マ 行】

【ナ　行】

【ハ　行】

【タ 行】

【サ　行】

【カ　行】

人名索引

読み方の不明な人名については一般的と思われる読み方に従った

一坂太郎（いちさか・たろう）

1966年兵庫県芦屋市生まれ．大正大学文学部史学科卒業．東行記念館学芸員を務めるが同館閉館にともない退職．現在，萩博物館特別学芸員，防府天満宮歴史館顧問．春風文庫主宰．

著書『幕末歴史散歩　京阪神篇』（中公新書）
『長州奇兵隊』（中公新書）
『幕末維新の城』（中公新書）
『高杉晋作』（文春新書）
『高杉晋作を歩く』（山と溪谷社）
『坂本龍馬を歩く』（山と溪谷社）
『わが夫 坂本龍馬』（青志社）
『松陰と晋作の志』（ベスト新書）
『高杉晋作探究』（春風文庫）
『高杉晋作覚え書』（私家版）
『龍馬が愛した下関』（新人物往来社）
『吉田松陰門下生の遺文』（世論時報社）
『高杉晋作の手紙』（新人物往来社）
『昭和史跡散歩 東京篇』（イースト新書）
ほか

春風文庫 URL
https://syunpuubunko.amebaownd.com/

幕末歴史散歩《ばくまつれきしさんぽ》 東京篇《とうきようへん》
中公新書 *1754*

2004年6月25日初版
2020年10月30日6版

著　者　一坂太郎
発行者　松田陽三

本文印刷　三晃印刷
カバー印刷　大熊整美堂
製　本　小泉製本

発行所　中央公論新社
〒100-8152
東京都千代田区大手町 1-7-1
電話　販売 03-5299-1730
　　　編集 03-5299-1830
URL http://www.chuko.co.jp/

Published by CHUOKORON-SHINSHA, INC.
Printed in Japan　ISBN978-4-12-101754-3 C1221